Entitled
厭女的資格

How Male Privilege Hurts Women

父權體制如何形塑出理所當然的不正義？

凱特・曼恩／著
巫靜文／譯

Kate Manne

名家推薦

《厭女的資格》精采地分析了男人如何僅僅因為身為男人就享受到哪些系統性的優勢和特權。本書中對現實案例的深刻討論、優雅文字，與具有說服力的理論為我們提供了一個修正鏡頭，使我們得以藉此檢視世界，讓我們可以擺脫自己未能察覺的模糊與扭曲。這是我們所居住的世界，儘管清晰可能使人痛苦，曼恩也為我們帶來保持希望的理由。

——麻省理工學院，哲學與女性和性別研究教授，莎莉・哈斯藍爾

我希望本書沒有必要存在。我希望我們不需要目光如此清晰、如刀片般銳利地解構男性資格感的概念，還有這種被賦予的資格感如何殺害我們。但這本書有其必要，凱特・曼恩正是那位我希望可以來書寫這個主題的知識庫。

——《她的身體與其它派對》作者，卡門・瑪麗亞・馬查多

富有挑戰性、充滿爭議、主題廣泛且論證有力，凱特・曼恩這位出色的年輕哲學家以一連串當代議題說明，她針對父權體制與厭女情結提出的知名理論強力證明了父權體制和厭女情結無所不在，從我們日常生活中的對話、醫療體制，再到選舉過程，遍地可見。

——《How Fascism Works》作者，傑森・史丹利

凱特・曼恩是二十一世紀的西蒙・波娃。她在《厭女的資格》一書裡，極具說服力地展示了如今仍

帶有性別主義的文化規範背後,有哪些僵化的社會假設。曼恩的文字銳利而堅定,但與此同時又輕鬆好讀,本書將為每一個對抗父權體制的人提供繼續奮鬥時所需要的彈藥。

——《Troll Nation》作者,亞曼達·馬寇特

若我們想要理解這個世界,曼恩對男性資格感的精采分析不可或缺。針對這個關鍵又複雜的主題,她的思考一如往常鋒利、敏銳、深刻。此刻更甚以往,《厭女的資格》絕對是必讀之作。

——《Rage Becomes Her》作者,索拉雅·切梅利

在《厭女的資格》一書中,曼恩直擊性別、權力、不平等的中心:男性認為他們應該獲得什麼,女性又學習到自己應該給予什麼。最後的成果是,她對當代生活中幾乎每一個面向裡的男性資格感提出了堅定控訴。《厭女的資格》正是我們在理解當代並想像更好的未來時所需要的作品。

——《The H-Spot》作者,吉兒·菲力波維奇

儘管本書主題令人沮喪,曼恩卻帶著振奮程度毫不遜色的洞見,著手分析男性資格感千變萬化的表現形式。她的思路如此優雅,她指出,在某種道德經濟裡,女人永遠都虧欠了男人,而男性被賦予的資格感正是症狀之一。這套理論具有突破性,本書勢必能夠鼓勵並激發其他女性主義作者。《厭女的資格》是這個世代難得一見的智慧作品,且一如以往,曼恩成功為女性主義留下更豐富堅實的果實。

——《衛報》專欄作家,莫拉·多尼根

《厭女的資格》是一本令人痛苦，卻讓事情回歸正軌的書。曼恩引領我們穿過某些我們的文化所帶給女人的、最暴力的創傷；從#MeToo運動揭發的小人，到行兇的「非自願性守貞者」，曼恩由此出發，帶我們走過女性地獄的每一層。然而，曼恩在面對這些不可思議的問題時驚人地清晰和冷靜，她習慣用幾句簡單卻讓你經年難忘的句子，清楚呈現一些難以言說的問題，這讓她成為探索這間鬼屋時最值得信賴的嚮導。她是我們這個時代最不可或缺的聲音之一。

——《Dead Blondes and Bad Mothers》作者，莎蒂・多爾

曼恩以清晰易懂的文章說明，男性資格感——包括獲得性、權力、知識、女性的關懷、醫師的注意力、被假定無辜的資格——如何強化厭女情結。曼恩檢視了敵意行為如何促使所有女人和非二元性別者「安分守己」，以及厭黑女情結和厭跨女情結造成的特殊效應，並完整（甚至是詳盡）說明，我們如何以世界上另一半的人口為代價，優先對待順性別男性的需求和欲望。

——《Asking for It》作者，凱特・哈汀

凱特・曼恩利用優雅的文字和令人無法反駁的證據，表達出二十一世紀的憤怒。《厭女的資格》以曼恩過往的著作為基礎，討論父權體制的力量，以及世世代代的女性年復一年為了最基礎層面上的平權奮鬥後，所感受到的永恆挫折感。曼恩是當代最像預言家、最有才華的女性主義之聲，她的作品就如同陽光一般不可或缺。你的憤怒可能不會因為本書的結尾而減輕，但至少你不會覺得如此孤單。

——《No Visible Bruises》作者，瑞秋・路易絲・史奈德

獻給我的女兒

目次

導讀：當代厭女的幽微性………9
Introduction: Eating Her Words

1 揮之不去——特權男性的資格感………17
Indelible—On the Entitlement of Privileged Men

2 遠非自願——受人愛慕的資格感………33
Involuntary—On the Entitlement to Admiration

3 不容例外——得到性的資格感………61
Unexceptional—On the Entitlement to Sex

4 不被渴望——同意的資格感………95
Unwanted—On the Entitlement to Consent

5 能力不足——得到醫療照護的資格感………121
Incompetent—On the Entitlement to Medical Care

6 難以管束──身體控制的資格感⋯⋯⋯⋯151
Unruly—On the Entitlement to Bodily Control

7 不獲支持──坐享家務勞動的資格感⋯⋯⋯⋯185
Insupportable—On the Entitlement to Domestic Labor

8 不出風頭──擁有知識的資格感⋯⋯⋯⋯209
Unassuming—On the Entitlement to Knowledge

9 無法當選──權力的資格感⋯⋯⋯⋯239
Unelectable—On the Entitlement to Power

10 永不氣餒──女孩的資格感⋯⋯⋯⋯275
Undespairing—On the Entitlement of Girls

謝辭⋯⋯⋯⋯275

名詞對照表⋯⋯⋯⋯285

編按：全文引用文獻所標頁數，皆為原文版頁數。本書因注釋字數較多，隨頁注時有落於下一跨頁之情形，還請留意。

導讀　當代厭女的幽微性

劉亞蘭（真理大學人文與資訊學系副教授）

從一則廣告談起……

「厭惡女人」。這是我們對「厭女」（misogyny）的一般解釋。

今年年初，有一則菜瓜布的廣告，吸引了我的注意。廣告內容是這樣的：年輕太太在廚房正準備要洗鍋子，她的丈夫笑容可掬地走過來說：「辛苦啦，我來洗。」隨即丈夫便拿起了菜瓜布開始洗滌鍋子。太太看到後，卻不開心抱怨：「又拿錯菜瓜布了，要刮壞幾個不沾鍋？」這時鏡頭帶到丈夫心理極受傷的面部表情。下一幕回到太太的特寫鏡頭，旁邊出現了菜瓜布業者要表達的雙關語：「刮傷──總在不經意中發生。」接著，太太發覺自己不假修飾的話語，傷害了丈夫原本好意要幫忙的心情，想安慰在黑暗處打電動（？）的丈夫，便有點撒嬌地對他丟出抱枕說：「我只是好心提醒。」下一幕，一個穿著白袍的男人（菜瓜布專家）出現在太太身邊，對她說：「心，跟餐具一樣，容易被刮傷。」於是出現了菜瓜布業者的產

9

品說辭:防刮細緻菜瓜布可以如何如何……廣告最後,又回到剛才丈夫在廚房的畫面,此時太太拿出了這個新款菜瓜布,丈夫臉上出現了驚喜的笑容,背景聲音:「呵護最愛,不留傷害」,於是兩人在廚房一起愉快洗碗,畫面最後停留在這款菜瓜布的特寫介紹上。

這則廣告,看起來不但跟「厭女」扯不上一點關係,而且廣告裡出現的兩個男人:丈夫和菜瓜布專家,一個是幫妻子做家事的新好男人,另一個則是幫妻子解決家事/婚姻難題的專家,哪裡「厭女」了?其實這則廣告正好生動表現出性別權力關係在這個時代的複雜性,而這個複雜性正是當代厭女現象的一個重要特徵。亦即,女性被交付執行某些特定情緒、家務、性和再生產勞動,更被認定要同時以一種充滿愛與關懷的方式,滿懷熱情執行它們。而遵從這些相關的社會角色時,要盡可能看起來自然,甚至是自由選擇的結果。其中最明顯的例子包括,充滿愛意的妻子、安撫情緒、為家事難題尋找答案,而且都要充滿愛意與好臉色。在這則廣告裡,正預設了女性被「理所當然」交付的幾項任務:做家事、安撫情緒、為家事難題尋找答案,而且都要充滿愛意與好臉色。

而這個「軟性」的社會權力,包括女性對相關社會規範的內化、對女性陰柔氣質的偏好,以及將相關照顧工作定調為可以帶給個人滿足感、對社會有其必要、在道德上有其價值,女性父權的規範和期待,為了可以獲得維持,便必須低調而安靜地操作,不明說它們的強迫性質。而這個廣告有趣的地方還在於,這個「理所當然」被巧妙地包裝在丈夫的善意裡,沒想到妻子竟然不領情還抱怨,那個「理所當然」的情緒就露出真面目,出現在丈夫委屈受傷的臉上。

導讀：當代厭女的幽微性

因為家事「理所當然」是妻子的工作，丈夫來幫忙，拍拍手都來不及了。

此外，當代厭女更重要的一個特色是，一旦有女性不符合這個表現，做妻子/母親/的卻無法體察、照料男性的情緒，或是，女性在知識上違逆了男性自己設定的威權身分，給予女性解釋的優勢和發言位置時，或是女性想要追求最高的權力位置以及屬性最為陽剛的權威位置時，這個厭女機制便會以一種隱晦的方式，帶著敵意、威脅、懲罰性質的規範執行隨伺在側，或在背景進行操作。這個機制對女性帶來的後果不一，從造成生命威脅的暴力到微妙地感到不被贊同的社會訊號都有。若再以上面那則廣告為例，「幸好」妻子發現到丈夫心理受傷，使用了新的菜瓜布，照顧到男性的情緒，故事才得以「善終」。

當代厭女現象的幽微性：權力生產與交織性

當代的厭女情結跟過去相比，之所以變得複雜，甚至難以辨識，是因為西方世界（台灣的情況也是）伴隨著女性主義運動和相關的法律改革，女性在教育和工作狀況的改善，性別平等已經獲得相當的進展。當性別平權變成是一種「政治正確」的意識時，厭女情結便以一種更幽微的方式存在於你我之間。

而本書作者凱特‧曼恩的兩本著作：《不只是厭女》和《厭女的資格》，和過往討論厭女

11

現象的女性主義書籍相比,最大的不同便在於,曼恩以非常具體而精準的方式,對當代這種幽微而不容易清楚辨識的厭女情結,做出了清楚的回應。

首先,曼恩清楚區分,父權體制、性別主義(sexism)、厭女這三者環環相扣的關係:性別主義是父權秩序的「辯證部門」,作為一種意識形態,扮演著合理化與正當化父權社會關係的功能。而厭女則是父權秩序的「執法部門」,這個部門的功能是監管並執行性別化的規範和期待。《不只是厭女》這意味著,父權體制不是鐵板一塊的權力與規定,父權體制的權力是靈活而具生產性的,它藉由男性話語生產出各種對女性的監控和規範,以及隨之而來對不服從者的威脅和懲罰。在這種情況下,只有不順從的女性,而不是所有的女性,會受到最直接的處罰,但卻對所有的女性都產生了寒蟬效應,進而不知不覺讓女性內化了這套價值。而曼恩對當代厭女現象的說明,正是體現了父權體制這套靈活的權力生產運作。

因此,曼恩在《不只是厭女》還提點出另一個重點:她反對一般對於「厭女情結」的素樸理解(naïve conception),這種天真式的解釋是:「個別主體所擁有的一種屬性,他們傾向於對任何與每一個女性,或至少一般性地針對女性,感覺到仇恨、敵意或其他類似情緒,僅僅因為她們身為女性」。曼恩認為這種解釋,無法說明大多數的厭女者不只是討厭女性,也討厭條件看似比他們好的男性。同時,他們也不討厭所有的女性,但特別討厭無視於他的女性。

曼恩認為這個天真式的解釋太過心理主義,只把厭女者當作是心理學上的不健康或不理性狀

12

導讀：當代厭女的幽微性

對女性的宰制。

其次，曼恩對厭女現象的權力觀察與分析，也正好說明了各種權力關係之間的交織性，像是階級、種族（特別是白人至上主義）、跨性別（各種非二元性別）等與父權厭女權力關係的交錯。因此，曼恩在《厭女的資格》裡，對於跨性別和黑人女性所面對的特殊厭女情結形式：厭跨女情結（transmisogyny）和厭黑女情結（misogynoir）特別關切。這也，說明了，「厭女情結的經驗並沒有普世性，因為性別化的規範與期待總是和其他不正義的體系交織運作，創造出不同形式的壓迫，再由不同群體的女性來面對。」

什麼是《厭女的資格》的資格？

作為一個關心性別議題的讀者，如果妳／你覺得曼恩的《不只是厭女》讀起來概念有點抽象，不易理解，那麼，閱讀曼恩這本三年後出版的《厭女的資格》，一定可以獲得很大的滿足。雖然《不只是厭女》和《厭女的資格》這兩書的內容高度關聯且具連動性，但《厭女的資格》可說是《不只是厭女》的大眾簡易版，不但把《不只是厭女》裡艱澀的哲學論證和術語完全拋到一旁，而且《厭女的資格》的每一章（都代表著一個厭女現象），曼恩皆運用

13

態，而忽略了厭女者其實是在一個社會權力關係下的系統性面向，用來顯示出父權意識形

大量豐富的新聞或身邊的社會案例，讓讀者每一章讀起來都欲罷不能，想一口氣讀完。

《厭女的資格》這裡的「資格」(entitlement)指的是什麼意思？這個「資格」其實是延續《不只是厭女》的第四章〈奪取（抹煞）他的所有物〉，指的是當代厭女現象的一個核心概念，亦即，厭女情結是來自於某些男性認為他對女性有一些理所當然取用的資格和權利，而如果女性沒有做到這些，他便認為女性對他有所虧欠，可能激起一種類似「她以為她是誰？」的怨懟感受，這就是厭女情結產生的重要原因。這種怨懟的情緒，來自於一種理所當然但卻是錯誤的假想。因為厭女者對於誰擁有什麼權利，誰得付什麼權利，誰被假設擁有優先權，誰理應擁有別人的注意力，誰應該付出誰應該取用，自有一套故事版本。而《厭女的資格》這本書，把厭女者對女性理所當然、可以取用的權利和資格，用九個（九章）精采的實際案例，生動呈現出女性在當代所面臨的性別處境是如何的幽微：表面上看起來，女性具有比以前增多（第七章）、女性在知識和政治權力上的賦權（第八―九章）；然而，我們會發現，戀愛和婚姻的性自主權（第二―四章）和身體控制權（第五―六章）、男性分擔家事的時間在每一章各式各樣的厭女案例裡，這些權利卻又一一被索回：女人被期待要付出傳統上視為具有陰柔屬性的資源（例如性、照護、養育、生殖勞動、情緒勞動），同時，女人也被禁止從這些男人身上拿走傳統上視為具有陽剛屬性的資源（例如政治權力和知識主張）。

14

導讀：當代厭女的幽微性

一個母親的心情

在《厭女的資格》的最後一章，曼恩說出了她寫作這本書的動機。除了上一本《不只是厭女》獲得讀者很大的迴響與鼓勵之外，還有一個很重要的原因，那就是她正好懷了第一個小孩，而且是個女孩。身為一個女孩的母親，讓她覺得要繼續為女性所遭受的不平等繼續奮鬥下去。本章最令人動容的是，作為一名女性、一名女性主義學者、一名母親，她連續講了十次「我想要我的女兒知道⋯⋯」的那種心情。

後記：二六七・六年

此刻寫作之際，台灣正面臨 Covid-19 的最嚴峻考驗。根據世界經濟論壇（World Economic Forum）今年公布的年度「全球性別差距報告」（Global Gender Gap Report）顯示，疫情使得性別平權的進展出現倒退，各領域的性別差距擴大了三十六年，要達到完全的性別平權，在這份報告裡說，還要一三五・六年，實現工作平等要二六七・六年。雖然女性在健康和教育等領域中的性別差距逐漸縮小，但是，疫情使得女性失業的比例高於男性，且因為學校關閉，而承擔了更多照顧子女的額外責任。此外，在疫情封鎖期間，女性增加更多的家事和小孩照護，

導致了女性更多的壓力及更低的生產力。報告也引述了人力社群平台LinkedIn的數據，在工作場所重啟營運後，女性重新獲得雇用的速度也比男性來得慢。[1]

所以，看來防止疫情擴散，就是一場性別運動，大家一起加油吧！

二〇二一年五月十七日

---

[1] https://www.rti.org.tw/news/view/id/2095699

（1）揮之不去——特權男性的資格感
Indelible—On the Entitlement of Privileged Men

他就是男性「理所當然資格感」的典型寫照。五十三歲的布萊特・卡瓦諾臉色脹紅、脾氣暴躁，大多時候用吼叫回答問題，顯然覺得出席這些訴訟程序有失身分，是對他的嘲弄。時值二〇一八年九月，卡瓦諾接受美國參議院司法委員的審訊，他被指控高中時期曾性侵當時就讀同校、現年五十一歲的克莉絲汀・布雷斯・福特博士。為此，不只是卡瓦諾被任命為美國最高法院大法官的機會岌岌可危，更重要的，這是一場對性侵、男性特權、厭女情結運作機制的審訊。

美國未通過這場考試。儘管有極有力的證據指出，卡瓦諾確實會於三十六年前性侵了當時十五歲的福特，他仍舊以些微票數之差獲得了多數參議員同意，被任命為大法官。

福特出庭作證，當時在馬里蘭州的一場派對上，她遭到卡瓦諾攻擊，他和他朋友馬可・賈奇將她逼進一間臥室。當時卡瓦諾把她壓在床上、撫摸她，還用下體摩擦她。她說，當時卡瓦諾嘗試脫下她的衣服，摀住她的嘴以防她尖叫。她說自己當時很怕卡瓦諾會不小心

就將她悶死。她說，賈奇跳上床把他們兩人撞倒時，她才趁隙逃跑。[1]

「那些笑聲，在我腦海裡始終揮之不去。」福特（身為一名心理學教授）這樣描述這起事件及其帶來的創傷。然而，儘管有許多人宣稱相信她，對他們而言，她的經驗卻仍然不夠重要，不值得為此剝奪在人們眼中像卡瓦諾這樣的男性——擁有如此的背景與聲譽——理所當然應該獲得的東西。當然，也有人不相信她，認為她不是說謊，就是弄錯了。[2]

卡瓦諾的聽證會成為頭版新聞時，關於男性特權及其對女性[*]造成的傷害，我已經思考了好一陣子。這起案件看來濃縮了許多我一直在研究的社會動力（social dynamics）完美捕捉了「資格感」（entitlement）[†]這個概念：人們普遍接受，特權階層的男性有資格獲得某些事物，即便是美國最高法院大法官如此顯赫的職位。[4]從卡瓦諾在聽證會上忿忿不平、好鬥，有時

---

[1] 另有三名女子對卡瓦諾提出性侵害或不當性舉止的控訴，她們分別是黛博拉・拉米雷茲、茱莉・斯維尼克，以及一名匿名女性。見：Christine Hauser, "The Women Who Have Accused Brett Kavanaugh," *The New York Times*, 2018/09/26, https://www.nytimes.com/2018/09/26/us/politics/brett-kavanaugh-accusers-women.html。不過基於本章導論之目的，我會聚焦於克莉絲汀・布雷斯・福特博士的指控。

[2] 例如：「儘管我敬佩福特博士的勇氣，也覺得她是一個有說服力、善良的人，但這不會改變我的立場，亦即這類源自於男方或女方青春期的指控無法證實，不應該因此打亂一個人卓越傑出的職業生涯。」安娜可・格林在一篇名為〈我們可以相信福特同時任命卡瓦諾〉的文章如此寫道。見：Anneke E. Green, "We Can Believe Ford and Confirm Kavanaugh," *RealClear Politics*, 2018/10/03, https://www.realclearpolitics.com/articles/2018/10/03/we_

（1）揮之不去──特權男性的資格感
Indelible—On the Entitlement of Privileged Men

3 can_believe_and_confirm_kavanaugh_138240.html.
可以參考雪洛‧崇利的說詞，是暗示福特說謊的例子之一。崇利寫道：「如果福特真的有證據，任何證據可以證明她對卡瓦諾的指控是基於事實和真相，她需要拿出來，而且得盡快。卡瓦諾沒有義務證明自己的清白，而是福特有義務證明他有罪，證明她沒有用一個可恥可鄙的伎倆打斷最高法院的任命程序，破壞卡瓦諾的提名機會。」見：Christine Blasey Ford Could Indeed be Lying, *Washington Times*, 2018/9/22, https://www.washingtontimes.com/news/2018/sep/22/christine-blasey-ford-could-indeed-be-lying/.
另一方面，蘇珊‧柯林斯則認為福特搞錯了對象，所以她的證詞不可信。柯林斯為任命卡瓦諾投下關鍵的一票，其後她在一場電視訪談中這麼說：「［克莉絲汀‧布雷斯‧福特］顯然相當恐懼而且受了創傷，我也相信她確實被性侵了，但我認為她搞錯了加害者。我不相信攻擊她的人是卡瓦諾。」見：Jaclyn Reiss, "Susan Collins Says She Thinks Brett Kavanaugh's Accuser Was 'Mistaken,'" *The Boston Globe*, 2018/10/08, https://www.bostonglobe.com/news/politics/2018/10/07/susan-collins-says-she-thinks-christine-blasey-ford-was-mistaken-about-identity-perpetrator-being-brett-kavanaugh/ID3AytW6tby9KfUZjJxNwI/story.html.

* 編注：指相信個人天生應該獲得或享有某種特殊待遇與特權，後文依上下文，有時選譯為「應得感」。

† 編注：作者於原文多所使用 girls and women，中文版為求簡潔易讀，以「女性」代之。

4 值得注意，除了理所當然的資格感，男性特權──如同包括白人特權在內的其他特權形式──還包含許多面向。儘管一個有特權的人（以我為例，我在各方面都享受著特權）當然能夠、也應該努力，不要在許多面表現出令人反感的理所當然模樣。但一個人究竟能放棄（相對於承認和減少）多少特權，通常也是受限的。關於（白人）特權相關的經典討論，可見：Peggy McIntosh, "White Privilege: Unpacking the Invisible Knapsack," *Peace and Freedom Magazine* (1998), 10–12。更近期的討論則可見：Rachel McKinnon and Adam Sennet, "Survey Article: On the Nature of the Political Concept of Privilege," *Journal of Political Philosophy* 25:4 (2017), p. 487–567。
本書也會逐步揭示，白人女性所享受的特權和資格感本身也是一個重要的議題。然而，在此我的主要焦點是男性特權，它構成了一組聚集現象，在許多面向上，皆有益於放在一起研究，以系統性、交織性的方式討論。

19

幾乎不受控的表現來看,他自己也這樣認為。福特博士舉止冷靜、溫和,她在回答參議員的詢問時,努力試著要「幫助」他們理解,和她的態度相比,卡瓦諾對於提問則是勃然大怒,尤其當提問者是女性時,他顯得更加氣憤。在一段如今臭名昭彰的交鋒中,參議員艾美·克羅布查問他:「你現在是說,你從來沒有因為喝得太醉,完全不記得前一晚發生的事,或至少忘了一些片段?」「你在問我有沒有喝到斷片過。我不知道,你呢?」卡瓦諾的口吻輕蔑又哀怨。[5]

這起案例也凸顯了同理他心（himpathy）*的現象⋯當擁有權力的特權階級男性犯下性暴力的惡行,或做出厭女行為,他們往往會獲得同情和關懷,但他們的女性受害者則否。怒氣沖沖的參議員林賽·葛蘭姆就體現了這種「同理他心」的態度⋯

葛蘭姆:〔對民主黨人士說〕你們想毀了這個人的人生,讓這個職位懸空,然後希望你們能在二〇二〇年贏得大選⋯⋯〔對卡瓦諾說〕你不需要為了任何事道歉。等你見到索托馬約爾和卡根†,幫我向她們問好,因為我當初投了她們一票。〔對民主黨人士說〕我永遠不會對她們做出你們對這男人做的事‡⋯⋯〔對卡瓦諾說〕你是一個輪暴犯嗎?

卡瓦諾:不是。

（1）揮之不去──特權男性的資格感
Indelible—On the Entitlement of Privileged Men

葛蘭姆：我沒辦法想像你和你家人眼下在經歷什麼。〔對民主黨人士說〕天啊，你們都想要掌權，我希望你們永遠無法獲得，我希望美國人民能看穿這場騙局……你們根本不是為了保護福特博士──完全不是。〔對卡瓦諾說〕她和你一樣，都是受害者。我的老天，這些人曾經是我的朋友，我實在不想這麼說，但讓我告訴你，在這件事情上，你想要獲得一場公平的審判？我的朋友啊，你在一個錯的時間點來到了錯的地方。你覺得這像一場求職面試嗎？

卡瓦諾：如果參議院的諮詢和同意算是的話。¶

葛蘭姆：你覺得自己經歷了一次求職面試嗎？

5　Sam Brodey, "The Most Telling Moment': Sen. Amy Klobuchar in National Spotlight After Brett Kavanaugh Hearings," *Minnesota Post*, 2018/09/28, https://www.minnpost.com/national/2018/09/the-most-telling-moment-sen-amy-klobuchar-in-national-spotlight-after-brett-kavanaugh-hearings/.

* 編註：曼恩將英文之同理心（empathy-sympathy）改為him-pathy，亦即「同情男性之心」，深入的剖析可參見前作《不只是厭女》第六章。

† 譯註：兩人皆為當時美國最高法院大法官，同是女性，皆由民主黨的前總統歐巴馬所提名，而葛蘭姆是共和黨議員。

‡ 譯註：作者在此的意思是，卡瓦諾是川普提名的候選人，民主黨議員才會因此反對其任命案。

¶ 譯註：根據美國憲法第二條，美國總統有任命大使、公使和領事、最高法院法官的權力，但必須諮詢參議院並取得參議院的多數同意。

卡瓦諾：我經歷了一場依憲法規定進行的參議院諮詢與同意程序，這……

葛蘭姆：你是不是感覺從地獄走過一遭？

卡瓦諾：我……我像是從地獄走過一遭，比那更糟。

葛蘭姆：這不是一場求職面試。

卡瓦諾：不是。

葛蘭姆：這是地獄。

在葛蘭姆眼裡，一個像卡瓦諾這種地位的男人，為了晉升到美國道德主管機關內最崇高的職位，得回應這些嚴重但可信的性侵指控，並經歷來自聯邦調查局（FBI）截頭去尾的調查，這不僅荒謬，更如同地獄。卡瓦諾顯然同意了這個觀點，藉著葛蘭姆的看法給自己撐腰。儘管葛蘭姆口頭上說，不浪費每個可以自我憐憫的機會。卡瓦諾「同為受害者」——他指的是，民主黨參議員為了獲取政治利益，試圖破壞卡瓦諾的名聲——但他可沒對福特和她的家人流露出對等的情緒。「福特小姐遭遇了困難，但那無法靠摧毀卡瓦諾法官的人生解決。」葛蘭姆事後在《福斯新聞》上發出譴責。6

「同理他心」讓卡瓦諾在葛蘭姆眼裡成了整起事件中真正的受害者，而不任命卡瓦諾這樣的男人擔任最高法院大法官是毀掉他的人生，而非僅只是收回一個機會。7 但也不是只有

（1） 揮之不去——特權男性的資格感
Indelible—On the Entitlement of Privileged Men

像林賽・葛蘭姆這樣的男人滔滔不絕大放厥詞，並如此中傷克莉絲汀・布雷斯・福特。許多提出反對意見的人都是女性，包括參議員、記者，甚至一些政治圈外的人。

最終，卡瓦諾的例子凸顯出多項厭女情結的本質和功能。我在前作《不只是厭女》中會指出，我們不應該把厭女情結（misogyny）理解為一種對女性整體性的深層心理憎恨。相反的，要解釋厭女情結，最好的概念是把它想成父權秩序的「執法部門」——這個部門的功能是監管與執行性別化的規範和期待，讓橫跨不同年齡層的女性會因為性別與其他因素，而遭受不合比例或格外惡意的對待。[9] 克莉絲汀・布雷斯・福特遭受的性侵害（特別聲明，我相信她）

---

6 Billy Perrigo, "Sen. Lindsey Graham Says Christine Blasey Ford 'Has Got a Problem' as He Continues Attack on Democrats," *Time*, 2018/09/28, https://time.com/5409636/lindsey-graham-christine-blasey-ford-problem/.

7 可以和唐納・川普的說詞對比，川普也表現出了同理他心。我在自己的文章中討論過：「Brett Kavanaugh and America's 'Himpathy' Reckoning," *The New York Times*, 2018/09/26, https://www.nytimes.com/2018/09/26/opinion/brett-kavanaugh-hearing-himpathy.html.

8 可參考本章中注釋2與3內提到的反對者（他們分別以不同方式轉了髮夾彎），以及由六十五位女子提出的公開信，這些女性在高中時認識卡瓦諾，在信中為他辯護。她們主要的論述基礎是，她們本身從來沒有遭遇過來自卡瓦諾的性侵害。然而，一如其他常見情況，就算（第一手的）證據不存在，在此，這也不是可以證明事情沒發生過的決定性因素。換句話說，雖然這些女性自己沒有被卡瓦諾性侵害，這個事實也不足以讓我們懷疑福特的證詞。見：Tara Golshan, "65 Women Who Knew Brett Kavanaugh in High School Defend His Character," *Vox*, 2018/09/14, https://www.vox.com/2018/9/14/17860488/brett-kavanaugh-sexual-assault-georgetown-prep-defense.

絕對符合這個描述,因為和男性同儕相比,女性特別容易受到這類攻擊。通常(雖然不一定絕對)是在女性破壞了性別化「律法與秩序」時的一種回應。[10] 此外,厭女情結出一個有權勢的男人會惡劣對待她,結果收到辱罵訊息和死亡威脅,就是這類懲罰的例證。福特開口說總的來說,我認為厭女情結有點像是狗的電擊項圈,防止牠們越過城市郊區常見的那種隱形圍籬。厭女情結足以造成痛苦,且無可否認那經常成真。但就算厭女情結沒有主動傷害任何人,它仍會阻止女性嘗試越線。假如我們偏離軌道或犯錯,我們知道自己可能遭遇的後果。[12] 這也是為什麼福特的證詞特別勇敢。

和厭女情結對比,我認為**性別主義**(sexism)*是父權秩序的理論與意識形態部門:它是父權秩序的信仰、主張、假設,用來把父權的規範與期待合理化並自然化——包括性別化的勞動分工,以及在傳統上屬於男性權力和威權的領域中男性對女性的支配。儘管本書探討的內容更著重於厭女情結而非性別主義,但意識到兩者向來一搭一唱很重要。

然而,我們必須理解,一個人不見得需要對女性抱持著性別主義的信仰,也可以投身於厭女的行為。當布萊特.卡瓦諾面對不當性舉止的指控,他為自己辯護的理由是他雇用的女性職員多到非比尋常,但說真的,這連辯護都稱不上。[13] 一個男人可能相信一個女人的聰明才智足以讓她任職於法律、商業、政治領域,並願意在這些領域雇她當下屬,卻仍舊用厭女的方式對待她或其他女人——好比性侵她們。更籠統說,只要女人沒有對男人造成威脅或挑

(1) 揮之不去——特權男性的資格感
Indelible—On the Entitlement of Privileged Men

戰,他便可能樂意提供她某種程度的權力,然而一旦她威脅或挑戰了他,他就可能做出厭女

9 很顯然,執法部門這個譬喻的用意單純,就是譬喻。我絕對不認為厭女情結應該要被限縮為正式的監管和執行機制,後續我會針對這點做出更清楚的說明。

10 根據近期的統計數字,八二﹪的青少年強暴受害者是女孩,成人強暴受害者中則有九〇﹪為女性。更有甚者,介於十六到十九歲間的女性成為強暴、強暴未遂、性侵害受害者的機率是整體人口的四倍。參見:RAINN, "Victims of Sexual Violence: Statistics," https://www.rainn.org/statistics/victims-sexual-violence.

11 以下是一些例子:「沒有人相信妳。因為有輪迴,妳很快就會遭到報應。」「就我所聽到的,妳還有六個月可以活。妳這噁心的爛泥。」見:Erin Durkin, "Christine Blasey Ford's Life 'Turned Upside Down' After Accusing Kavanaugh," The Guardian, 2018/09/19, https://www.theguardian.com/us-news/2018/sep/19/christine-blasey-ford-brett-kavanaugh-sexual-assault-accuser-threats.

12 我在接受《格爾尼卡》雜誌記者雷根‧潘納路納訪談時,第一次提出這個譬喻。見:"Kate Manne: The Shock Collar That Is Misogyny," 2018/02/07, https://www.guernicamag.com/kate-manne-why-misogyny-isnt-really-about-hating-women/.

* 編注:指基於性別而產生的偏見(例如男兒有淚不輕彈、女性天生溫柔等等)或差別待遇,在中文世界亦時常被直接選譯為「性別歧視」或「性別偏見」,然意涵更廣。

13 卡瓦諾在聽證會的開場證詞中表示:「過去十二年間,我所雇用的四十八位法庭職員中,大多數都是女性。在呈給貴委員會的信件中,我的女職員提到,我是聯邦司法系統中最堅定強力為女律師倡議的人士之一。她們寫道,律政人員給這個職業領域因我而變得更公平與平等。在我擔任法官期間,全國沒有任何一位聯邦法官比我推薦更多女性律政人員給最高法院。」見:"Brett Kavanaugh's Opening Statement: Full Transcript," The New York Times, 2018/09/26, https://www.nytimes.com/2018/09/26/us/politics/read-brett-kavanaughs-complete-opening-statement.html.

25

行為，好讓她回去她該待的位置，也作為她產生逾越念頭的懲罰。在我的分析當中，這種人更偏向厭女者，而非性別主義者。

不過，整體而言，我的厭女情結分析給我們的忠告是，不要將焦點太過集中於個別的厭女情結加害者，而該更集中在厭女情結的「目標」和「受害者」上。這樣做之所以有益，原因至少有二。首先，一些厭女情結的案例缺少任何形式的個別加害者；厭女情結可能純粹是一種由社會制度、政策、廣泛的文化習俗所造成的結構性現象。[14]再者，當我們把厭女情結理解成女性面對的敵意，而非男性在內心深處感受到的敵意，便有助於我們迴避心理機制的深不可測。我們往往難以得知一個人內心深處的狀態與最終的動機，除非我們是他們的心理治療師（甚至對治療師來說，也可能難以得知）。但從我對厭女情結分析著手，我們需要知道、也先得知一個人的內心感受，也可以指出他是否正在執行或鼓勵厭女情結。我們不需要是一件我們通常更能夠確認的事，亦即：女性是否面對不合比例或格外性別化的敵意對待，只因為她身為一名「在男人世界」的女人——也就是，身處於一個長久以來都屬於父權制的社會（而我相信，即使不是全部，也涵蓋了大多數的社會）。[15]我們不需要證明，她之所以遭受這種對待是因為她「在男人心中」是個女人——在許多案例裡，這不可能是問題所在，畢竟如前所述，女性和男性都可能做出厭女行為，例如輕視其他女性，或者運用某種道德主義，在犯下同樣的行為時，傾向讓男性卸責，卻嚴厲責怪女性。

（1）揮之不去──特權男性的資格感
Indelible—On the Entitlement of Privileged Men

所以，我認為最好的做法是，把厭女情結主要看成是一個社會環境屬性，在這些社會環境中探索前進的女性會因為她們的性別（以及在許多情境中，連同她們被性別化的「壞」行為）而遭遇到仇恨或惡劣對待。但儘管如此，我不想否認，一些個別人士確實值得被稱為厭女者。不可否認，「厭女者」是一個帶有貶意的評價性詞語，我也認為我們不應該太隨意拿它揮舞，以免這個重要的語言武器失去它典型的「出拳力道」。因此，我提議將厭女者定義為：在讓厭女情結永垂不朽的道路上格外有貢獻的人：和同一環境下的其他人相比，這些人在實踐厭女情結時，特別頻繁且一以貫之。這個定義幫助我們承認一項重要的事實，也就是在某種程度上，我們全都是厭女社會結構裡的共犯。但與此同時，對許多人而言，把所有人都蓋括進厭女者是個錯誤，尤其是對那些主動參與和對抗、反對厭女情結的人。這個標籤應該保留給那些頭號要犯，在接下來的篇章中我們將看到很多。

我在撰寫前著《不只是厭女》時專注於提出抽象的論證，指出厭女情結應該被理解成女性所面對的敵意，它的功能是用來監管和執行性別化的規範與期待。但這個定義激發了許多

14 例如我在第六章中指出，美國國內的反墮胎運動深度厭女，但這不必然指信仰反墮胎教條的每一個人都是厭女者。我的意思是，在美國和其他脈絡之下，女性主義者促成社會進步的可能性與具體現實。

15 請留意，這絕不是在否認，歷史上的父權社會規範至今仍有遺緒，儘管平等主義的社會風氣做出了反撲，仍會在我們沒有察覺的情況下影響我們的行為。

27

疑問,使得我從那時便不斷思索:厭女情結所監管和執行的性別化規範與期待有哪些?尤其是在我自己所處的社會環境(美國),在其相對主張平等的聲譽之下,情況又是如何?[16]這些所導致的社會動力有時很隱晦,它們會以哪些方式在不同的生活面向上限制女性,與非二元性別者的可能性?透過每日具體的操作,男性又如何不公平地從這個體系獲益?我在思考這些議題時,愈來愈清楚認知到厭女情結是如何和相關的社會弊病綑綁在一起,難以分開,而由金柏利‧克倫肖首先提出的交織性(intersectionality)角度正是在提醒我們注意這點。這些弊病包括種族主義(特別是白人至上主義)、仇外心理、階級歧視、恐跨心理、健全主義等等。[17]

厭女情結經驗沒有普世性,一部分是因為性別化的規範與期待總是和其他不正義的體系交織運作,創造出不同形式的壓迫,再由不同群體的女性面對。接下來的章節中,我希望能夠闡述(但不主張我是這方面的權威)美國國內的跨性別和黑人女性所面對的特殊厭女情結形式——分別是厭跨女情結(transmisogyny)和厭黑女情結(misogynoir)。在此,身為一名白人順性別異性戀女性,從塔莉亞‧美伊‧貝特契、崔西‧麥克米蘭‧卡頓、潔思敏‧喬伊尼爾等許多議題的重量級發聲代表所提出的洞見之中,我獲益之多,難以估量。

本書處理了各式各樣的厭女情結、同理他心、男性資格感,它們透過涵蓋範圍廣泛的方式與其他壓迫體系協同運作,進而創造出不正義、邪惡,有時詭異的結果。其中有許多方式

（1）揮之不去──特權男性的資格感
Indelible—On the Entitlement of Privileged Men

源自於一個事實，即女性被期待要付出傳統上視為具有陰柔屬性的「資源」*（例如性、照護、養育、生殖勞動），把它們給予被指定、往往享有較多特權的男性。同時，女性也被禁止從這些男性身上拿走傳統上視為具陽剛屬性的資源（例如權力、威權、知識主張）。這些資源可以進一步理解為特權男性心照不宣、理所當然認定自己有資格獲得的事物，並且當他們以不正當的方式從女性身上奪取，經常會獲得別人的「同理他心」──這一點，在事情涉及性時最為明顯，但也絕不僅限於性。

總結來說，本書指出，一種不當的男性特權意識會引起各式各樣的厭女行為。如果一個

---

16 作為一個文化分析者，我傾向於把焦點放在我自己還算是「內部人士」的社會環境，至於其他文化脈絡是相似或者不同，這個問題則留給其他位置更恰當的讀者思考。但我這樣做，並不代表這是避免道德帝國主義的唯一方法。賽琳娜・卡達爾近期針對這些議題提出了討論，可參考：Serene Khader, *Decolonizing Universalism: A Transnational Feminist Ethic* (New York: Oxford University Press, 2018)。

17 針對交織性這個主題，克倫肖有兩篇開疆闢土的經典作品，參見：Kimberlé W. Crenshaw, "Mapping the Margins: Intersectionality, Identity Politics, and Violence Against Women of Color," *Stanford Law Review* 43:6 (1991), pp. 1241–99，以及 Kimberlé W. Crenshaw, "Beyond Race and Misogyny: Black Feminism and 2 Live Crew," in *Words That Wound*, edited by Mari J. Matsuda, Charles Lawrence III, Richard Delgado, and Kimberlé Williams Crenshaw (Boulder: Westview Press, 1993), pp. 111–132.

* 編注：原文使用 goods（一般中譯為商品或貨物），泛指各種可被交換與交易之物，包括各種正式與非正式的交換管道，可以理解為各種實體與抽象的所有物、好處、服務、互動，故於本書採「資源」譯。

女人未能提供一個男人認定自己被虧欠之物,往往就會面對懲罰與報復,可能來自於他、來自同情他的支持者,或她所鑲嵌於其中的厭女社會結構。

更重要的,在這個體系裡,女性經常被不當剝奪了她們自身正當的資格感,使她們沒有辦法陰柔與陽剛屬性的資源皆得。這導致了各種不平等,範圍之廣,從女性無法在疼痛時獲得適當治療,到她們不能占據傳統上屬於男性的權力位置,再到她在自己專業領域應有的發言權威不被認可,不一而足。

接下來,某些章節將著重於對男性資格感的不當理解,另一些章節則導向女性與非二元性別運動有何共通之處?為什麼家庭裡很大程度上仍舊是女性負責「第二輪班」(second shift)?為什麼某些特定男性總能在性侵女性和其他弱勢者後一次次逍遙法外?還有,為什麼男性說教(mansplaining)依然屢見不鮮?[18]

就如我在整本書所將表達的,讓厭女情結屹立不搖的力量既強大又普遍。某種程度上,女性會因為膽敢挺身而出、直指問題現實而遭到懲罰和責怪——確切說是遭到厭女情結的攻擊。許多人覺得,不論男人的惡行為何,他們不只有資格享有「無罪推定」原則,更理應該

(1) 揮之不去──特權男性的資格感
Indelible—On the Entitlement of Privileged Men

被認定無罪，就這麼簡單。此外，當厭女情結發揮作用，它造成的傷害無法抹滅。福特博士不只因最初的性侵而飽受創傷；為了履行她自認應盡的公民責任，作證說明當初事情的發生經過，很可能在這段過程當中，又受到二次傷害。在聽證會後，她隨即也收到衝著她和家人來的死亡威脅，被迫離開自己的家。[19] 布萊特‧卡瓦諾不僅被任命為大法官，可能很快會在國內的反墮胎運動中扮演要角，奉上來自最高法院的關鍵支持。在撰寫本書的此刻，有可能指控其性侵和性騷擾了十多位女性的唐納‧川普，仍舊是這個國家的總統。[20]

縱然如此，幸好進步所倚賴的，從來都不是（也不能是）人們對明顯不公之事的普遍共識。相反的，不論是個別還是集體，我們可以（且我也逐漸相信，我們必須）在面對不正義時，依循那些日常裡發生的勇敢、有創造力、政治抵抗的行動召喚。我無從得知這是否足以創造

---

[18] 我希望毋需多言，在男性特權和資格感這個主題上，此處提到的問題，連同其他我在本書試圖回答的事情，並未囊括全部的範圍，它們僅僅是一些中心的議題，且我認為自己有相對合理的資格對它們做出評論。

[19] Ewan Palmer, "Christine Blasey Ford Can't Return Home for 'Quite Some Time' Due to Continuous Death Threats: Lawyer," *Newsweek*, 2018/10/08, https://www.newsweek.com/christine-blasey-ford-cant-return-home-continuous-death-threats-1157262.

[20] Chris Riotta, "Trump Accused of 26 New Cases of 'Unwanted Sexual Contact,'" 2019/10/05, https://www.independent.co.uk/news/world/americas/trump-sexual-assault-allegations-harassment-groping-women-karen-johnson-book-a9149021.html.

正確的成果,但我知道:戰鬥很重要,而且值得。當我們清楚知道自己在對抗什麼,我們就可以戰鬥得更有效。懷抱著如此堅定的信念,我寫了接下來的篇章。

（2）遠非自願——受人愛慕的資格感
Involuntary— On the Entitlement to Admiration

CHAPTER (2) 遠非自願 Involuntary— On the Entitlement to Admiration

二〇一四年五月二十三日週五晚間，時間剛過晚上九點半，加州大學聖塔芭芭拉分校（UCSB）的阿法斐姊妹會宿舍外傳來響亮的敲門聲。當時至少有四十五位女學生住在該宿舍，不過那個週末正好是美國的陣亡將士紀念日，所以留在宿舍的人不多。一名當時在屋內的女學生表示，那敲門聲巨大又暴躁，很不尋常，所以儘管持續敲了至少整整一分鐘，她們還是決定不開門。事後看，她們做這個決定很明智，甚至可說很幸運，因為當時敲門的男人，二十二歲的艾略特・羅傑，手中握有一把上了膛的手槍，打算殺光她們所有人。[1]

「我進入青春期以來，過去八年的人生裡，都一直被迫孤獨活著，被拒絕，性慾無法滿足，這全是因為女孩從來都不受我吸引。這些女孩把她們的情感、性、愛給了其他男人，但從來不給我。」羅傑開車前往UCSB校園前，在YouTube上發布了一支影片，在影片中這

---

[1] "Timeline of Murder Spree in Isla Vista," CBS News, 2014/05/26, http://www.cbsnews.com/news/timeline-of-murder-spree-in-isla-vista/.

樣解釋。「我二十二歲了,卻還是處男,從來沒有吻過女孩子⋯⋯這非常折磨人。大學這段時期,每個人都在體驗性愛、好玩的事、找樂子,而這些年裡,我卻被迫在孤獨中腐爛。這不公平。」他抱怨。接下來,他換了一個更富說教意味的口吻:

妳們這些女孩從來都不受我吸引。我不明白妳們為什麼不喜歡我,但我會為此懲罰妳們所有人。妳們這樣不正義,是種犯罪,因為我不懂妳們到底不喜歡我哪裡。我是一個完美的男人,妳們卻不選我這個高等的紳士,反而對那些討人厭的畜生投懷送抱。

因此,在羅傑的「復仇日」當天,他的計畫是:「我會去加州大學聖塔芭芭拉分校全校最辣的姐妹會宿舍,屠殺每一個我在那裡看到的,驕縱高傲的金髮蕩婦。」[2]但到了最後,不得其門而入的羅傑決定將就一下,射殺另外三名女子(鄰近的三德爾塔姊妹會的成員),她們當時正好從轉角走過,他殺了其中兩人,另一人受傷。接著,在隨機的沿路掃射中又殺了一名男子,造成十四人受傷。[3]

當凱特・皮爾森聽到她背對的牆後傳來三聲重響,她想一定是熱瑜伽教室的音響從架子上掉下來了。但那是槍聲。一位沒有事前報名的客人——四十歲的史考特・保羅・拜爾勒——開了超過三百二十公里的路程,到佛羅里達州的塔拉赫西參加這堂下午五點半的瑜伽

(2) 遠非自願——受人愛慕的資格感
Involuntary— On the Entitlement to Admiration

課。他用信用卡付了十二美金的學費,並問多少人會來上課。他失望地發現這堂只有十一個人報名,於是他問瑜伽教室最熱鬧的時段是什麼時候(週六上午)。即使如此,隨著一些女學員——和一位男學員——陸續抵達教室,他還是留了下來。瑜伽老師請他把袋子放到教室外的置物櫃裡,他告訴老師他有個問題,接著戴上保護聽力的耳罩,抽出一把格洛克手槍。他持槍頓了一下,隨即把槍指向最靠近他的女子,開火。他看來沒有挑選對象,但他的目標是殺某一類自青春期就讓他慣怒的女性,他當時曾經寫過一個復仇幻想故事:《被拒絕的青年》。最終他對六個人開槍,其中兩人死亡。[4]

這事件發生在二〇一八年十一月。事發前拜爾勒在網路上發布一段影片,指名艾略特·

2　令人慶幸,這支影片很快就從 YouTube 上被移除。但在網站 http://www.democraticunderground.com/10024994525 上可以找到影片逐字稿(內容擷取於二〇一九年十月五日)。羅傑過去曾上傳過類似影片到 YouTube 上,他的母親因此向警方舉報,警察在羅傑的公寓外面訊問他,但沒有採取後續行動。

3　我在前《不只是厭女》(Down Girl: The Logic of Misogyny,紐約:牛津出版社,二〇一八)(台北:麥田出版,二〇一九/二〇二五)的第一章和第二章中詳盡討論了艾略特·羅傑的案例。羅傑的精神健康史裡有一點引起廣大注意,那就是,儘管羅傑受惠於父母的苦心照料,接受過密集的心理治療,他沒有獲得任何具體診斷。針對這點,可以參考我對批評者的回覆。參見::The APA Newsletter in Feminism and Philosophy 3:2 (2019), pp. 28–29.

4　我在此參考了下列由史蒂夫·罕醉克斯撰寫的文章。罕醉克斯則引用了茱莉·泰特對此事的報導。參見::"He Always Hated Women. Then He Decided to Kill Them," The Washington Post, 2019/06/07, https://w-ww.washingtonpost.com/graphics/2019/local/yoga-shooting-incel-attack-fueled-by-male-supremacy/.

羅傑啟發了他。二十六歲的克里斯・哈潑—梅瑟也是，他就讀於奧勒岡社區大學，在課堂上開槍，造成八名學生和一位助理教授死亡，另外八人受傷，他在殺人之前也說過同樣的話。二十五歲的艾力克・米納西恩亦同，他開著廂型車衝上多倫多市內的人行道，導致十人死亡，五十六人受傷。「非自願守貞者*的反抗行動（Incel Rebelloon）已經開始了！我們會推翻所有的查德和史黛西！讓我們為最高等的紳士艾略特・羅傑喝采！」事發前，米納西恩在臉書上寫道。[5]

「非自願守貞者」一詞指的是出於非自願因素而保持獨身、禁欲的人（involuntary celibate）。諷刺的是，想出這個詞的其實是一位叫做阿蘭娜的女子（她是加拿大人，是個擁抱進步價值的雙性戀者）。她在一九九〇年代成立了一個網站，叫做「阿蘭娜的非自願守貞計畫」[6]，網站目的是幫助其他處境類似的人處理與約會相關的孤獨感受，以及未被滿足的性需求。[7] 但如今，「非自願守貞者」一詞幾乎成為異性戀男性專屬的自我認同，他們之中有許多人相對年輕，經常流連於專門討論非自願守貞意識形態的匿名或化名網路論壇。[8] 非自願守貞者相信他們理應有資格和那些被稱為「史黛西」的性年輕女生發生性行為，但這資格卻遭到剝奪。有時候，非自願守貞者也會表達對愛或女朋友的空泛渴望——或者更具體地說，他們渴望的

* 編注：Incel，為 Involuntary celibate 的縮寫，指基於經濟條件或其他非自願的原因而無法找到伴侶、沒有性生活，甚至從未有過性經驗的人。一開始不限於男性，如今使用上確實以男性為主，女性則稱 Femcel。

（2）遠非自願——受人愛慕的資格感
Involuntary— On the Entitlement to Admiration

5　中文世界另有「非自願禁慾者」、「非自願獨身者」、「非自願處男」等多種譯法。由於主流使用概念上較強調「從來沒有過性經驗」的個體，此採「非自願守貞者」譯。

下文的「查德」和「史黛西」為非自願守貞者常用來代稱特定類型的男性和女性的名字。查德代表陽剛、受歡迎、被假設性史豐富的男性；史黛西則代表高度女性化、美貌、難以追求的女性，她們往往只和「查德」交往。

6　十九歲的尼可拉斯‧克魯茲於二〇一八年在佛羅里達州帕克蘭市的瑪喬麗史東曼道格拉斯高中殺死了十七人，他也曾在YouTube上留下讚美羅傑的評論。

7　若想清楚了解非自願守貞者的發展歷史，從他們早年在各方面看來都顯得無害的初期，到今日的厭女恐怖秀，可以參考柴克‧博尚的文章〈我們的非自願守貞問題：一個單身者支持團體如何變成網路上最危險的次文化之一〉。見：Zack Beauchamp, "Our Incel Problem: How a Support Group for the Dateless Became One of the Internet's Most Dangerous Subcultures," Vox, 2019/04/23, https://www.vox.com/the-highlight/2019/4/16/18287446/ince-definition-reddit.

在阿蘭娜（她不希望公布自己的姓氏）目睹非自願守貞社群在過去幾十年間如何墮落、敗壞之後，她最近試著想出一個比較有用的替代詞語。她的新計畫「愛，而非憤怒」（Love, Not Anger）試圖恢復她網站的原始精神：不帶怨懟地為那些沉浸在愛情路上不順遂的人提供支持，這也是她過去致力的事。阿蘭娜告訴VOX記者柴克‧博尚：

「我的計畫目標是研究為什麼某些人——不分性別和性傾向——在約會路上不順遂，並藉此打造有效的支持服務，好讓人們較不孤單。這個計畫無法直接減少暴力，但『愛，而非憤怒』計畫盡可能提供一點希望，而一個還沒有完全沉浸在自身仇恨中的人也許可以從裡面獲得幫助。」

出處同上。

不論男女、酷兒還是異性戀，每個人都有可能感到孤單、覺得不被愛、或在性上面未能得到滿足。這個小提醒大概不太能說服堅定不移的非自願守貞者，但它或許可以幫助另一些原本有可能在最後走向偏激的人回歸到現實面。單純、強烈地渴望某件事物，和錯誤地認為自己有資格獲得付出與授予得到某物的資格（並因此覺得自己受到不公平的剝奪），兩者之間有著天大的區別。

是一個願意提供他們注意力和情感的女性，羅傑便是因為缺少這種注意力和情感而悲傷。不過，非自願守貞者之所以想要獲得性與愛，通常不僅僅是為了自己，或甚至很有可能主要不是為了自己。他們的說詞洩漏出一事：他們是基於工具性的原因才渴望擁有這些資源：作為一種貨幣，讓他們購買陽剛權力階序上的地位，好讓他們與「查德們」並肩。查德是想像中的「阿法男」*，他們卓越的陽剛氣質和非自願守貞者的（再一次，是他們想像中的）低落地位成為對比。因此，非自願守貞者的復仇計畫可能不只針對女性，也針對男性，在他們眼中那些「男性超越自己，使自己受挫。在前述的影片裡，艾略特・羅傑說：

那些我如此渴望的女孩，如果我膽敢對她們表示任何「性趣」，她們一定都會拒絕我、把我看作一個低等男人、瞧不起我〔嗤笑〕，但她們卻對那些討人厭的畜生投懷送抱。我將從屠殺你們所有人之中得到莫大的快樂。

最終你們會明白，我才是真正高人一等的人，一個真正的阿法男〔笑〕。沒錯。等我消滅姊妹會宿舍裡每一個女生後，我會走到伊斯拉維斯塔的大街上，殺死我在那裡遇到的所有人。這些年來，我被迫在孤獨中腐爛，與此同時，那些受歡迎的人卻過著如此享樂的生活。每當我試著加入他們，他們都瞧不起我，他們全都把我當老鼠對待。

好吧，現在跟你們比起來，我是神。

（2）遠非自願——受人愛慕的資格感
Involuntary— On the Entitlement to Admiration

我們可能會傾向無視這段夸夸其談和類似的言語，視為瘋子在胡說八道。這反應不完全錯誤，這些一如卡通壞蛋口中的誇耀確實荒謬，幾近滑稽，但很不幸，這不足以成為忽視的理由。一部分是因為，這類男性中的某些人顯然極度危險，特別是很多時候，到他們爆發之際，已經深感絕望、陷入低谷。他們認為自己已經沒什麼可失去了，因此打算以最暴力的（也因如此，對他們也是最光榮並令人滿足的）形式自我了斷。羅傑、拜爾勒、哈潑─梅瑟都以自戕結束他們的狂暴行為，四人之中只有米納西恩遭執法人員逮捕。而既然已經有模仿行為出現，我們不免擔憂這類暴力會愈來愈普遍。所以，了解其本質和來源很重要。

8 柴克・博尚寫道：

〔非自願守貞者〕主要由年輕男性組成，他們有著被孤立和被拒絕的歷史……他們轉而訴諸網路，好為自己的痛苦尋找解釋……

雖然沒有精確的科學研究呈現出非自願守貞者的人口組成（這個社群對外來者抱有深層的敵意，面對研究者和記者更是如此），但他們的論壇曾經對使用者進行過非正式的調查……一項針對一千二百六十七名 Braincels（這是一個在 Reddit 網站上一度很受歡迎的非自願守貞者論壇，但後來遭到封鎖）使用者所進行的非正式調查發現，大約九〇％的論壇用戶年齡在三十歲以下。幾乎所有使用者都是男性，一旦被發現有女性使用者就會禁帳號，但仍有少數人悄悄混入其中。約八〇％的使用者居住在歐洲或北美。

出處同上。

＊
編注：alpha male，亦稱「至尊男」，指最高等級地位的男性。

進一步且更細緻來說，儘管不易察覺，但非自願守貞者只是一個鮮明的徵兆，反映出一種更廣泛深入的文化現象。他們清晰展現了，某些男性如何有毒地理所當然認定自己有資格要別人用滿懷愛意的目光，穩定地愛慕仰望自己，並且有資格攻擊、甚至摧毀那些做不到或拒絕的人。同時，就如最終在此浮現的，這些男性認定自己有資格被給予情感與愛慕，這正是他們和那些（比起非自願單身族群）更廣大的家暴、約會暴力、親密伴侶暴力的施暴男性所共同擁有的特質。

如之前說過的，認為非自願守貞者之所以如此，主要受到性的驅動，這是錯誤的想法。某些非自願守貞者不僅僅也對愛（或者愛顯露在外的某種幻象）感興趣，他們對於和「史黛西」發生性行為的興趣，至少某種程度而言，是為了達到另一個目的的手段——也就是在「查德」的主場上擊敗他們。因此，性行為為能滿足這些男性多大的慾力，就能以同樣的程度安撫他們心中的自卑情結。

當非自願守貞者將自身描述為地位低於其他男性的存在，若我們太快表示贊同，也會是個錯誤。例如，關於男性的審美標準，近日《紐約》雜誌上有篇關於非自願守貞者的文章，裡面發布了一組「外型十足普通」的年輕男性照片——當中一些人甚至堪稱帥氣。但即使如此，他們仍舊嚮往不一樣的下顎線條，一些人甚至花錢做了極度昂貴的整形手術，例如豐頰

（2）遠非自願——受人愛慕的資格感
Involuntary— On the Entitlement to Admiration

和面部重塑，好讓自己（在他們自己眼中）看來更陽剛。[9]

還有另一個錯誤，以為性能夠為非自願守貞者提供解方。我的猜測和幾位評論者意見相左，我認為：他並不會變成一個好男人。[10] 一個曾經單身的非自願守貞者很有可能會成為折磨女性伴侶的人。人人都會感到孤單，但是，當一個人有了一種錯覺，以為自己理當有資格獲得女性的性勞動、物質勞動、生育勞動、情緒勞動，這觀念本身就容易使他成為一個非自願守貞者；而在進入關係後，一旦他受到打擊、委屈不平或感到嫉妒，就傾向於訴諸親密伴侶暴力。換句話說，一個非自願守貞者就是蓄勢待發的施暴者。

---

* 編注：libido，即性衝動，此用詞最早由佛洛伊德提出。

9 Alice Hines, "How Many Bones Would You Break to Get Laid? 'Incels' Are Going Under the Knife to Reshape Their Faces, and Their Dating Prospects," The Cut, 2019/05/28, https://www.thecut.com/2019/05/incel-plastic-surgery.html.

10 可參考如羅斯·杜賽特的看法，他認為：

性革命創造出新的贏家與輸家，新的階序取代了舊的，用新的方式給予美貌、富有，以及對社會適應良好的人優勢，把其他人放逐到新型的孤獨和挫折之中。我們也許可以恢復並改寫舊時的看法，思考一夫一妻制、貞潔、白頭偕老的美德，以及獨身者應得的獨特尊重，藉此處理普遍存在的孤立感、不快樂、情感上的荒蕪。

出處："The Redistribution of Sex," The New York Times, 2018/05/02, https://www.nytimes.com/2018/05/02/opinion/incels-sex-robots-redistribution.html.

非自願守貞者彼此之間有程度差異，而這會根據他們的心態是偏向積極主動，還是被動回應的程度而異。艾略特・羅傑主要是後者。根據他所謂的宣言（但其實更像自傳，而且篇幅頗長，字數超過十萬字）《我的扭曲世界》，他從來沒有認真試著約會過。他似乎從來沒有實際接觸過阿法斐姊妹會裡的女生，只是純粹假設她們會拒絕他（當然，這預測的確可能正確）。與其嘗試，他寧願不要冒著失敗的風險，選擇從遠處跟蹤她們。早在他最終的暴力行動發生之前，他就會有過許多小規模的報復舉止，攻擊那些出現在他周圍洋溢快樂、使得他嫉妒又憤怒的情侶。他特別喜歡往他們臉上丟擲飲料，其中一次他扔了熱咖啡，另外一次是柳橙汁。如果羅傑說的是真話，這差不多就是他和「史黛西」之間最接近肢體接觸的互動了。

相反的，史考特・拜爾勒則有下流的習慣，他會在未經女性同意的情況下觸摸她們，簡單說就是「毛手毛腳」。槍擊案發生前不久，他剛從一個臨時教職的崗位上被解雇，因為他不當觸碰了一位女學生（他把手放在她的肚子上面、稍微低於胸罩下圍的地方，問她會不會覺得癢）。他也因為對多名女子上下其手而從軍隊中退役（值得注意的是：榮譽退役）。他在佛羅里達州立大學的塔拉赫西校區取得公共行政和計畫的碩士學位，但在一連串事件後，他被禁止進入校園。其中一起事件是他在學生餐廳撫摸三名年輕女子的臀部──她們三人當時都穿著瑜伽褲。[11]

因此，拜爾勒和羅傑可以說是坐落在光譜的兩端，在這建立在資格感的男性行為光譜

(2) 遠非自願——受人愛慕的資格感
Involuntary— On the Entitlement to Admiration

記者奈麗・鮑斯在《紐約時報》的報導中引用喬登・彼得森的看法，他認為解決非自願守貞者問題的方法是「強制一夫一妻」。鮑斯寫道：

「他對上帝感到憤怒，因為女人拒絕了他。」彼得森在提到多倫多殺人案兇手（艾力克・米納西恩）時說道。「解決方法是強制執行一夫一妻制度。對他而言，事實上，這是一夫一妻制出現的原因。」彼得森毫不猶豫這麼說。對他而言，強制一夫一妻制是一個理性的解決方法。他解釋，不然女性只會選擇地位最高的男性，到了最後，兩種性別的人都不會快樂。

「有一半的男人會失敗，沒有人在乎失敗的男人。」彼得森充滿「同理他心」地補充道。

出處：Nellie Bowles, "Jordan Peterson Custodian of the Patriarchy," The New York Times, 2018/05/18, https://www.ny-times.com/2018/05/18/style/jordan-peterson-12-rules-for-life.html.

11 性侵害事件在非自願守貞社群內的普及程度也引起人們嚴肅的探問，柴克・博尚在他的調查報導中詳細探討。他寫道：

非自願守貞者的故事裡，最令人毛骨悚然的都和性侵害有關⋯⋯一名使用者聲稱自己曾在大眾運輸工具上連續攻擊女人。「我一天到晚這麼做，用我的陰莖摩擦她們的背／屁股，直到我高潮。」他這麼寫。第二個人則說，他把自己的精液注射到辦公室裡的巧克力條裡，好「懲罰」某位女同事。他之前以為這名同事在和他調情，但她其實已有男友。第三名用戶聲稱自己曾經「對許多女人毛手毛腳」，他估計大約有五十到七十人，並提出他想要把行動升級到暴力的強暴⋯⋯我們無從得知這些詞是否為真，但就算只假設其中一小部分是真的，你會看到，在這個社群裡，專門攻擊女性的男性會受到讚揚，而且會被鼓勵升級行動。

出自"Our Incel Problem,"Vox.

上，有著從跋扈到失望的不同表現。拜爾勒伸出手，在女性不願意的情況下撫摸她們，藉此展現他享有有資格獲得女性身體；羅傑則表現在對那些沒有（在譬喻和實際層面上）主動找他的女性懷有深刻的怨懟。羅傑顯然期待女性會自動投入他的懷抱，或至少主動出現在他門口，沒人這麼做時，他感受到一種忿忿不平，促使他帶著復仇大計「上門」找她。[12]

我無意暗示這兩個行為模式哪一個好些；這種行為上的差異，在道德意義上沒有太大不同。但認識到這兩種模式都存在很重要，如此一來，表面上的差異才不會掩蓋了「具侵略性」和「看似膽怯」這兩種非自願守貞者在根本上的相似性。尤其後者很容易被誤以為是無害的「好男人」，即使我們已有可靠的反面證據顯示並非如此。

非自願守貞者經常是激烈的種族主義者。這不代表所有非自願守貞者都是白人，事實上，也有不少非白人的非自願守貞者，他們被冠上如「咖哩守貞者」(curry-cels) 或「白飯守貞者」(rice-cels) 等種族歧視的名號。[13] 但非白人的非自願守貞者通常也認領了白人至上的意識形態，例如，艾略特・羅傑有一半華人血統，但他的文字卻清楚表明，因為種族主義思維，他心中滿懷自我仇視。他哀嘆自己不夠白，渴望變成滿頭金髮的白種人：

我和別人不一樣，因為我是混血；我有一半白人血統，一半亞洲人血統，使我和那些我試圖要融入的正常純種白人小孩不一樣。

（2）遠非自願──受人愛慕的資格感
Involuntary— On the Entitlement to Admiration

我羨慕那些酷帥的小孩，我想要成為他們的一分子。我對我父母感到有點灰心，因為他們從未把我打造成那樣的小孩。他們從來沒花心思把我打扮得時髦一點，或讓我剪個好看的髮型，我得自己想辦法修正，我必須做出調整。

我的第一步是讓父母同意我把頭髮染成金色。我一直都羨慕也喜歡金髮的人，他們看起來總是美麗得多。[14]

在羅傑開車前往加州大學聖塔芭芭拉分校攻擊那些他（錯誤地）認為拒絕過他的「性感金髮蕩婦」之前，他刺死了兩名室友和他們一位來訪的朋友。最終他總共殺害了六人，而前

---

12 「忿忿不平」一詞要歸功於社會學家麥可・基默。參見：*Angry White Men: American Masculinity at the End of an Era* (New York: National Books, 2013), pp. 18-25，與第一章。

13 如柴克・博尚指出：

儘管 Braincels（一個非自願守貞者論壇）主要在以白人為主的國家內招攬使用者，但投稿到這裡的人在族群上很多元：論壇用戶中，五五%為白人，此外有相當比例發文者的自我認同為東亞人、南亞人、黑人、拉丁裔。Reddit 以外規模最人的非自願守貞者網站 Incels.co 也進行了調查，在用戶的年齡、種族、地區分布上有類似的發現。

出自 "Our Incel Problem," Vox.

14 這段話出自於羅傑的《我的扭曲世界》，他這份宣言在事件發生後被公開發布。在以下的網站可以找到一份拷貝檔案：http://s3.documentcloud.org/documents/1173619/rodger-manifesto.pdf（內容擷取於二〇一九年十月五日

45

三個男子都是亞裔[15]——這個因素可能在整起事件裡扮演一定的角色。羅傑心裡也滿載對黑人的仇視。在《我的扭曲世界》裡，他抱怨跨種族伴侶，尤其是黑人男性和白人女性的組合。當他描述他在伊斯拉維斯塔最早的兩名室友（不是最後被他殺死的受害者），他說他們「人很好」，卻抱怨：

他們老是邀請一個叫錢斯的朋友過來。他是一個黑人男孩，一天到晚來我們家，但我討厭他那副賤樣。最終不可避免，他和我之間發生了一件令人不爽的事情。他到我們家，當時我在廚房吃飯，他開始向我的室友吹噓他對女孩子多有辦法。我受不了，問他們還是不是處男，他們都用奇怪的眼神看我，回答他們早就不是了。我覺得自己真不如人，這提醒了我的人生裡錯過了多少東西。接著這個叫錢斯的黑人男孩說，他十三歲就不是處男了！他還說，他第一次的對象是一個金髮白人女孩。我怒不可遏，差點把柳橙汁潑到他身上……

一個劣等、醜陋的黑人男孩怎麼能吸引到一個白人女孩，我卻不行？我容貌出眾，而且有一半白人血統。我是英國貴族後裔，他是奴隸的後代。我比他有資格多了。我試著不要相信他的謊話，但這些話已經被說出口，我很難把它們從我的腦海裡抹去。如果這是真的，如果這個醜陋、骯髒的黑人能在十三歲就和金髮白人女孩上床，我卻這輩子都

46

(2) 遠非自願——受人愛慕的資格感
Involuntary— On the Entitlement to Admiration

史考特‧拜爾勒也在一系列的 YouTube 影片裡表達了同樣極令人不滴的觀點。例如：

> 每當我見到跨種族情侶，我就想到兩種可能性，要麼這男的找不到更好的對象了，要麼這女的是蕩婦。軍隊裡很多這種的，我看過有些軍官的妻子是亞裔或黑人，然後我就苦於處男之身，證明女性這個性別有多荒謬。她們可以把自己送給這個骯髒人渣，卻拒絕我？這不正義！[16]

羅傑繼續說：

> 女性的心智真的有問題。她們的心靈有缺陷，到了人生這個階段，我開始認清這件事。我在伊斯拉維斯塔這個大學城愈探索，就目睹愈多荒謬的事情。性感、美麗的女孩和運動員型的討人厭硬漢走在一起，這些男孩整天只會參加派對和犯蠢。她們應該要選擇像我一樣聰明的紳士。女人在性上面被錯誤的男人類型吸引，這是人性在根本基礎上的重大缺陷。從各種意義上來說，這都是完全徹底的錯誤。隨著我逐漸徹底頓悟這些事實，我變得深受其擾，極度困擾、不適，與受創。

我在本章後續會討論到，羅傑是如何經常抱怨他不只因為女人感到失望，更受了創傷。

---

[15] "Timeline of Murder Spree in Isla Vista," CBS News, http://www.cbsnews.com/news/timeline-of-murder-spree-in-isla-vista/.

[16] 包括這支影片和另一支內容探討非自願守貞青少年、名為〈青少年男性的困境〉的影片在內，所有拜爾勒的影片都在這個網址：https://www.youtube.com/watch?v=8Ca00hcOND8（內容擷取於二〇一九年十月五日。）上述引用的段落（我自行製作的逐字稿）出自於這支影片集錦中大約一分半到兩分鐘處。

47

想：你竟然就這麼自甘墮落，沒辦法給自己找一個更好的對象。我的意思是，就算是郵購新娘也好……你可以從俄羅斯或烏克蘭郵購一個新娘，你不必對什麼鬣蜥、蜥蜴都來者不拒。17

這類反對跨種族通婚的惡意言論顯然和非自願守貞者對陽剛階序的執著關聯緊密。舉例來說，一個在種族主義社會階序上地位偏低的男性，能夠在性和情緒層面得到白人女性，這個想法對非自願守貞者來說令人憤怒。18 在這個情境中，他攻擊男方與女方的力道可能相等，而他自己本身可能不是白人。儘管如此，他的仇恨很顯然是白人至上的父權體制，及其打造出的資格感聯手促成的產物。

若我們仔細檢視，「非自願守貞者」一詞裡非自願的概念透露出了許多訊息，也令人震驚。一般說來，我們會特別加上「非自願」三個字，只有在若不加上，該行動會隱含有刻意、有目的或是出於自由意志，但並非如此的時候。舉個例子，「過失殺人」（involuntary manslaughter，直譯即「非自願殺人」）指的是儘管魯莽，卻非蓄意的殺人行為。同樣的，「強制勞動」（involuntary servitude，直譯即「非自願勞動」）指因不當強迫而進行的工作，不是合約協商過後自由意志的結果。

因此，認為一個人的性守貞（celibacy）是非自願的結果，而不僅僅是一個令人失望的狀

（2）遠非自願——受人愛慕的資格感
Involuntary— On the Entitlement to Admiration

態，這樣的想法便十分耐人尋味。它和一個人「單身但在找對象」或「沒有約會對象但渴望得要命」不同，也更不單純。這個詞強烈暗示，性守貞是一個莫名強加在非自願守貞者身上的狀態，甚至在違反他們意願下。而一談論到性，那樣的暗示是徹底誤導的，因為非自願守貞者認為自己有資格獲得女性的性付出，女性因此有義務要和他們發生性行為，就算違反她的意願也不是什麼大事。基於這些原因，此處該被冠以自願或非自願的主題，顯然應是性活動，而不是性守貞。

在這樣的基礎上，我們可能會忍不住被誘導做出結論，認為非自願守貞者沒有意識到女性的內在——認為他們把女性看作無心智、如物件般，或是次等人類，甚至是非人的動物。我們絕對有可能在一些非自願守貞者的言論修辭中辨認出這種誘導的基礎——看看前面史考特‧拜爾勒把女性詆毀成蠑螈和蜥蜴的說法。

但我認為我們應該抗拒這種想法，因為這太簡化，也太便宜行事。一方面，有鑑於非自願守貞者想要（事實上，是要求）女人欲望並愛慕他們，表示他們其實認可女人的心智活動。在這點上，羅傑寫下的文字便很典型：他陰鬱冗長地揣測為何他渴望的女人看來都不受他吸引，還有為何她們偏愛那些「討人厭的畜生」，選擇對他們「投懷送抱」。「我不懂她們不喜

18　前面提過在奧瑞岡社區大學自殺的非自願守貞者克里斯‧哈潑—梅瑟，他也寫過類似的、冗長的種族主義文章，他在文章裡抱怨自己沒有女朋友，而且是處男。

歡我哪裡。」他如此抱怨。羅傑顯然把這樣的結果歸咎於這些女人的主體性、欲望、甚至是性自主，因此，當她們偏愛其他男人勝過於他這個「最高等的紳士」，他才會暴怒。[19] 換句話說，這些女人的自由——她們為自己做選擇的能力——並未受到質疑，但當她們的選擇不是他，他便怨對這些自由。

我們也可以回想史考特・拜爾勒在青春期所撰寫的小說標題：《被拒絕的青年》。雖然這篇小說從來沒有被發表，但《華盛頓郵報》如此描述：

一篇七萬字的復仇幻想，描述一個中學男孩因為女孩迴避並羞辱他而在內心滋養仇恨。故事的主角史考特・布萊德利批評她們的長相、嘲諷她們的男友，並因她們對他的不屑感到憤怒。「這些辣妹都討厭我，但我完全不知道為什麼。」他哀傷道。

這個男孩殺了她們，殘酷地一個接一個，甚至一面欣賞她們的屍體。在最後一幕，他割開了小社交圈裡帶頭辣妹的喉嚨，然後在警察靠近他時，從屋頂一躍而下。[20]

儘管這些內容和羅傑的回憶錄與暴力行動有相似之處，拜爾勒卻是在一九九〇年代後期寫下這篇小說的，他當時正就讀高中，而羅傑還在讀小學，且根據羅傑自己的描述，他有個快樂的童年。

（2）遠非自願——受人愛慕的資格感
Involuntary— On the Entitlement to Admiration

所以，為什麼有時非自願守貞者在談論女性時，會訴諸這類去人化、物化的語言，例如把女性稱為「機器女」(femoids)＊（或簡稱為機女(foids)）呢？[21] 一如我們所見，這不是因為他們相信女性真的屬於非人類的動物、純粹的性物件、機器人或類似事物，這裡有一個簡單

19　攻擊事件後，艾力克．米納西恩在接受警方審訊時（該畫面於二〇一九年九月二十六日公開）的評語也強力呼應羅傑的說詞，他說：「我有時〔對女人〕感到有點沮喪。她們選擇和討人厭的男人約會，而不是和一位紳士。」米納西恩在二〇一三年的一場萬聖節派對上被拒絕，他把這視為一起關鍵事件：
「我走進去，試著和一些女孩互動。她們都嘲笑我，卻挽著壯漢的手……我很生氣……因為我覺得自己是最高等的紳士，我很氣她們把愛和情感給了那些討人厭的畜生。」

米納西恩也提到他十分讚賞艾略特．羅傑，並聲稱曾經在網路上見過他。他稱羅傑是「開宗前輩」，開啟了「跟我一樣憤怒的非自願守貞者」的運動，這個運動要「推翻查德，迫使史黛西們必須和非自願守貞者生小孩。」而針對「非自願守貞者」一詞裡的「非自願」，他說，像他這樣的非自願守貞者被「丟進真實的孤寂裡，被迫感受孤寂，而且無法破處。」我從這支影片裡擷取了上述言論：https://www.youtube.com/watch?v=S_zSdwInShk

20　一個那時就認識拜爾勒的人說，手稿裡的角色是拜爾勒真實生活裡的同學，只是名字稍作改動。這位匿名男子告訴《華盛頓郵報》的記者：「這基本上是他的上學日記。」見：Hendrix（偕同 Tate），"He Always Hated Women," *The Washington Post*.

＊　譯注：非自願守貞者創造的組合詞彙，結合了 female（女性）和 humanoid（擬人機器人）或 android（機器人），用來形容女性是次人類或非人類生物。

21　針對物化和厭女情結（根據我的定義）之間的複雜關係，可以參考我在《不只是厭女》第三章中〈厭女情結和性物化〉一節的討論。

的替代解釋:這個詞語表達的是憤怒,以及隨之而來想要貶低女性的欲望。非自願守貞者十分熱中於社會階序,包括和神學裡「存在巨鏈」(the great chain of being)類似的一種階序——以上帝置頂,非人類動物居於底層,而各種位階的人類則分屬中段。因此,暗示一個女人是某種非人類物件可以是終極的侮辱。但她被認定犯下的道德罪行卻是人類的、甚至是展現出太多人性的破壞行為——唯有人類才能犯下的行為——而她所應該獲得的懲罰亦如是。非人類動物可能會使主人失望,卻不會背叛主人,且人們通常也不會對非人類動物採取報復手段。[22]「要是他們這麼做了,整件事不僅在倫理上錯誤,在概念上也有所歪斜。我想這就是《白鯨記》的懶人包筆記吧。

此外,認為非自願守貞者不把女人看作完整的人類,這個想法也太過省事。這讓那些雖不會貶女人為豬狗,卻與非自願守貞者在這種資格感上有共通點的其他男性,可以輕易為自己辯護。每當男性被指控有厭女行為,他們往往回應自己如何認可妻子、姊妹、母親,或其他女性親人的人性。然而,若男性可以意識到沒有女性隸屬於他——即他沒有理所當然的資格,在一段不對稱的道德關係裡獲得任何女性給予愛、關懷、愛慕,那就更好不過。女人是完整的人,如果男性能仔細思索,認知到這個顯而易見的事實並不困難。真正的挑戰也許在,要認知到女人同而為「人」(human being),而不僅僅只是個給予愛、性、道德援助的「付出者」(human giver)。她可以做她自己的主人,並與別人共存。

（2）遠非自願——受人愛慕的資格感
Involuntary— On the Entitlement to Admiration

非自願守貞者不是毫無道德觀念（儘管他們當然非常不道德），而是深深信仰著特定的道德秩序。他們不只生氣，更委屈不平；不只失望，更充滿怨懟。他們感到自己不僅被整體世界、尤其是被女性辜負，還無疑遭到背叛。他們覺得世界虧欠他們某些好處，同時，他們往往相信自己脆弱、被害、敏感、甚至受到創傷。羅傑說他十一歲參加夏令營時，第一次覺得自己遭受女孩的羞辱，他這麼描述當時情況：

我只是在和新朋友玩，根本沒做什麼，他們搔我癢，因為我很怕癢，所以大家老是搔我。我不小心撞到一個和我同齡的漂亮女孩，她非常生氣，咒罵我、推開我，讓我在朋友面前尷尬。我不知道那個女孩是誰……但她很漂亮，而且比我高。我當場僵住了，呆若木雞。一個朋友問我還好嗎，我沒有回答。接下來一整天我都很安靜。

我不敢相信發生的事。來自女人的殘酷對待比來自男人的糟糕十倍，讓我覺得自己像隻無足輕重、一文不值的小老鼠。[23] 我感到渺小而脆弱，我不敢相信這個女孩會對我這麼壞，我認為那是因為她把我當魯蛇看。這是我第一次承受來自女人的殘酷，這帶給了我無盡的創傷。這件事讓我在女孩子旁邊更緊張了，而且從那時起，我在她們面前總是

[22] 同上注，可見《不只是獸女》第五章，針對這點有更進一步的討論。

「繃緊神經」〔原文照引〕，小心翼翼。

在羅傑所謂的宣言裡，「創傷」和「受創」這兩個詞又在大約其他十處出現，都是在他談到自己時。在這方面，他和他的非自願守貞弟兄們著實沒有不同，在他們的文字裡，這類主題無所不在。在網站Incel.co上，一名匿名使用者寫道：「女性對我們的外型如此反感，導致她們從來都不考慮給我們一個機會，我們一輩子都必須忍受這種痛苦。事實上，我們的基因差到她們『憎恨』我們。」他接著說：「她們得吃點苦頭。她們的偽善是一種罪行，要讓她們淫蕩的餘生都受盡折磨〔做為懲罰〕。」

令人悲傷的事實是，非自願守貞者和許多壓迫者一樣，自視為弱勢的一方。儘管他們對人暴力相向，他們仍覺得自己才是真正的受害者。同時，即使他們犯下了最糟糕的惡行，他們仍覺得自己有理。因此，當非自願守貞者的自述中表示，相比於其他男性，他們在一組不公平的吸引力階序處於低部位時，我們就有更多理由抱持懷疑。更有可能的情況是，他們在尋找一個不公平的階序安放自己，好證明自己存在已久的低人一等感受和忿忿不平的怨懟其來有自。[24] 很多情況下，我們都可懷疑這些抱怨沒有根據：它們只是在事後合理化一種先前就在的、不合理的受害感——非自願守貞者覺得自己受到壓迫或迫害，但那些人事實上並未冤枉、打擊，或甚至拒絕他們。尤其，許多因非自願守貞者假想的罪行而遭其怨懟的女性，往

54

（2）遠非自願——受人愛慕的資格感
Involuntary— On the Entitlement to Admiration

往只是安安份份過著自己的日子罷了。

這些考量也影響到，我們該如何（與不該如何）對待一個打心底有非自願守貞者資格感的人。一項普遍的倫理準則認為，在其他條件都相等下，當某人受苦，若我們有能力，就應該要試著安撫與提供慰藉。即使我們無法提供幫助，也至少要表達同情。而非自願守貞者顯

---

23 可以和一位非自願守貞論壇用戶的說法進行比較，他說明自己為什麼開始跟蹤女人：

曾經有一次，我一開始先利用問路接近一個（大約十四歲的）少女，接著我詢問她的名字。她變得害怕，我跟著她，然後她就從快走變成奔跑。她的姿態很奇怪，因為她跑起步來像是一隻剛出生的小鹿，時不時就轉頭，想看我是不是還跟著她。（我佇此想澄清，我對強暴深惡痛絕，也完全無意那麼做，我沒有打算對她性騷擾或做其他類似的事。）

她完全不需要害怕，我沒打算做什麼。但當你跟蹤一個女孩，然後她注意到你，試圖擺脫你或加快步伐，這時的感受啊！這是一種很棒的感覺。你對她來說變得重要了，你不再是人群中某個隨機、無足輕重的面孔。我知道這行為有點低級，但我確實很享受。我前往另一個城市，找一個獨自走在路上的女孩，開始跟著她。一段時間之後，她們注意到你……我推薦你們這些孤獨的非自願守貞者找個時間試試。

出自："Incel Creeper: It's Fun to Follow 14-Year-Old Girls Down the Street and Scare Them to Death," We Hunted the Mammoth, 2018/04/20, http://www.wehuntedthemammoth.com/2018/04/3)/incel-creeper-its-fun-to-follow-14-year-old-girls-down-the-street-and-scare-them-to-death/.

24 我的論點和阿米亞・斯里尼瓦桑在其文章中的觀點不同，見：Amia Srinivasan, "Does Anyone Have the Right to Sex?" *London Review of Books*, 2018/03/22, https://www.lrb.co.uk/v40/n05/amia-srinivasan/does-anyone-have-the-right-to-sex.

然經常受苦（儘管那些痛苦有時候被誇大了）。[25] 然而，若某人受苦的原因正是一種過度膨脹的感受，他認定自己理當獲得他人的安撫，但這安撫卻並非持續供應，上前提供慰藉就成了有倫理爭議的行為。甚至，表達同情也有可能餵養他這種錯誤、危險的感受，讓他認為其他人——尤其是女性——是為了非自願守貞者的需求、滿足他的自尊而存在。[26] 因此，一如前述，我們應該要抵抗這種「同理他心」的壓力。

近來，非自願守貞者製造了許多頭條新聞，這不難理解，畢竟他們當中一些人犯下了超乎想像的厭女暴行。但老實說，從家暴到強暴，再到性掠奪和脅迫控制，這些都在一條連續體上，這些行為每天都在發生，但經常不為人注意。非自願守貞者做出的最極端行為和最極端的親密伴侶暴力之間具有強大的連貫性，導致兩者經常被搞混。

當二十一歲的布蘭登・克拉克殺死十七歲的碧央卡・戴文斯，推特（Twitter，後更名X）上一開始有些報導把他描述成一個非自願守貞者，但他似乎不是，沒有證據顯示他參與過任何這類的線上社群。沒錯，兩人結識於社群網站Instagram上，但受害者的家人澄清，住在紐約州北部的他們在現實生活中已經交往超過兩個月。[27] 事實上，在這段期間，他已成為這家人信賴的朋友，因此兩人計畫一起去紐約市看演唱會時，沒有人擔心什麼。[28] 我們不清楚當晚究竟發生了什麼事，但一些報導指出，碧央卡・戴文斯在演唱會上和另

（2）遠非自願──受人愛慕的資格感
Involuntary— On the Entitlement to Admiration

一名男性調情或親吻，導致布蘭登・克拉克暴怒。我們只確知他們發生了爭執，最後他用力割斷她的喉管，斷口深到一些人把那描述成斬首。接著，克拉克威脅要自殺，然後拿刀徒勞地刺了自己的頸部，警方逮捕他並將他送醫。（他隨即康復並被檢方以二級謀殺罪起訴。[29]）。

25 柴克・博尚訪問到兩名非自願守貞者，阿比和約翰，針對這兩人，博尚寫道：

我們很難不同情像阿比和約翰這樣的人，我們每個人都曾經在某個時刻感受到專屬於自己的拒絕或孤獨感受。非自願守貞者吸收這些共同的經驗，把它們造成的痛苦轉化成放縱的厭女怨氣，這讓他們的世界變得可怕。

出自："Our Incel Problem," Vox。

26 另一件事值得注意，對這類痛苦的慰藉會強而有力地肯定非自願守貞者的觀點，也就是說，這整個世界，尤其是女性，虧欠了他們某些好處。這不只可能對他人造成嚴重的損害，甚至可能不會對非自願守貞者有所幫助，至少以長遠來看不會。這麼做可能只會增加他們的痛苦，並加深一種惡性循環，因為在根本上，他們的痛苦源自於他們誤認為自己本有資格接受服侍、慰藉、安撫、照護、寵愛。

27 Patrick Lohmann, "Bianca Devins: Lies, Scams, Misogyny Explode Online Before Facts; Grieving Family Debunks Rumors," Syracuse, 2019/07/15, https://www.syracuse.com/crime/2019/07/bianca-devins-lies-scams-misogyny-explode-online-before-facts-emerge-grieving-family-debunks-rumors.html.

28 Alia E. Dastagir, "Bianca Devins' Murder Is 'Not an Instagram Story,' Domestic Violence Expert Says," USA Today, 2019/07/17, https://www.usatoday.com/story/news/nation/2019/07/17/bianca-devins-death-posted-instagram-thats-not-story/1748601001/.

29 在紐約，一級謀殺的罪名只保留給符合某些特定條件的預謀殺人案，比方說殺害執法人員、消防員、法官或犯罪證人、大規模殺人、在犯下其他重罪時殺人，以及使用格外兇殘的手法殺人，例如以酷刑折磨。

克拉克在遭逮捕前上傳了照片到聊天軟體Discord上，貼出死於他手的女友，還有自身傷口的自拍，告訴碧央卡的追蹤者：「你們得找一個新的簇擁對象了。」顯然他嫉妒她吸引到的關注，因為她沒有給予他足夠的關注。30

克拉克這類把自己對女性的犯罪照片上傳網路的男性，法律系教授兼資料保護專家羅莉・安德魯斯如此評論：「他們真的期待觀者會同理他們，會認為他們有資格教訓她。」媒體心理學研究中心主任潘蜜拉・魯特雷基指出，這類行為是一種「被誤導的嘗試，試圖獲得社會認可並感到與眾不同」，「他們渴望獲得這些『愛慕』來源，那種心情壓過自己會被抓的擔憂。」她補充道。31

克拉克恐怖的自我宣導致該事件在網路瘋傳。儘管他看來並沒有加入過任何非自願守貞者的網路論壇，也沒有直接吸收過他們的意識形態，戴文斯的謀殺案在網路上招來了非自願守貞者的歡慶。「她的死令我愉悅。」一名Incels.co使用者寫道。「老實說，看螢幕截圖就知道那個蕩婦多糟糕，她是自食惡果。」另一位使用者寫道。「天知道他繞著她打轉多久了，她看輕他、讓他覺得自己像一坨屎，也把他當屎對待。」一位論壇用戶換上艾略特・羅傑的頭像說。32

這麼多家庭、約會、親密伴侶暴力事件都有大同小異的輪廓：看似無辜的開頭、嫉妒的徵兆，以及針對某種假想背叛而生出的殘酷報復，但這些事對我們的集體意識卻少有、甚至

(2) 遠非自願——受人愛慕的資格感
Involuntary— On the Entitlement to Admiration

毫無影響。在美國，平均每天有二到三名女性被現任或前任親密伴侶殺害。[33] 而就親密伴侶暴力問題來說，最危險的時刻便是當女方離開，或揚言要離開關係時，因為這會在她的現任或前任男性伴侶身上激發嫉妒、憤怒、被拋棄的感受。正如家暴專家辛蒂・賽斯沃斯所言，他接下來的犯罪是「為了支配她的世界，並且想要成為唯一重要的人。」賽斯沃斯指出，在碧央卡・戴文斯的例子中，情況也是如此：

這不是一則Instagram上的日常故事。這是關於約會暴力和凶殺案、關於權力和控制、關於一個男人認定自己有資格奪取一個女孩子的生命，並大膽到把照片上傳到遊戲平台上的故事。[35]

---

30 Dastagir, "Bianca Devins' Murder Is 'Not An Instagram Story,'" *USA Today*.

31 出處同上。

32 出處同上。

33 見：Mary Emily O'Hara, "Domestic Violence: Nearly Three U.S. Women Killed Every Day by Intimate Partners," NBC News, 2017/04/11, https://www.nbcnews.com/news/us-news/domestic-violence-nearly-three-u-s-women-killed-every-day-n745166, for one representative recent piece on this well-established statistic.

34 參見《不只是厭女》的前言和第四章，尤其是探討「理所當然的應得感」此一概念，以及滅門男主（family annihilator）現象的段落。滅門男主不只殺害女性親密伴侶或前伴侶，還包括她們的子女（通常在他們自殺之前）。在美國，這類案例平均每週就會出現一次，但滅門男主吸引到的關注度卻遠遠不如網路上的非自願守貞者。

克拉克和戴文斯的故事也不是一個非自願守貞者的故事。說到底，本章裡提到的所有故事，都是關乎男性資格感所打造出的暴力。

35 Dastagir, "Bianca Devins' Murder Is 'Not An Instagram Story,'" *USA Today*.

（3）不容例外——得到性的資格感
CHAPTER (3) Unexceptional—On the Entitlement to Sex

五十多歲的女子蕾・佛羅瑞克住在美國明尼蘇達州，她與咽喉癌纏鬥多年，截至二〇一三年為止，已經接受過大約十五次手術。她經常受疼痛所苦，但那天痛的是她的手臂。「我前一天鏟了雪，所以我想⋯『哇，我做了什麼好事？！』」她聲音粗啞地說。[1]

她稍早拜託過自己分分合合的男友藍迪・凡內幫忙買香菸和一手「扭茶」（Twisted Tea）（一款含微量酒精的飲料），他照做了，然後把收據放下，似乎沒有留意到蕾的手臂吊在她用擦碗布做成的臨時吊帶上。蕾馬上把錢還給他，接著提議幫他做午餐作為答謝。但藍迪不想吃午餐，他想要性愛，蕾拒絕了，她說：「可是我不舒服，我就是⋯⋯不要。」藍迪回答：「無所謂，寶貝，因為上一次我來時，我在妳睡死之後要了妳不只兩次。」

---

[1] 接下來的描述主要來自於三名記者蒐集的第一手證詞，與他們製作的調查報導，這三人分別是 ProPublic 記者伯尼斯・永恩、Newsy 的馬克・格林布萊特和馬克・費伊。他們也和 Podcast 節目《揭露》合作，參見：Case Cleared: Part 2, Reveal, 2018/11/17, https://www.revealnews.org/episodes/case-cleared-part-2.'

61

蕾花了一點時間才搞清楚她聽到了什麼。「你不能那樣。」她終於回應:「那是約會強暴。」事實上,那就是強暴。2 在藍迪說的那個晚上,蕾和藍迪先有過合意的性行為,之後蕾服用止痛藥緩和喉嚨痛,並喝下兩瓶扭茶。她睡著了,而且睡得很熟,藍迪趁她失去意識時和她發生了兩次性行為——換句話說,他強暴了她——那段時間,她毫無意識。

蕾後來說,她覺得「被徹底背叛了……我在這件事上完全沒有決定權。我完全不知道他在我無意識時,對我做了些什麼。3」

蕾花了三週思考自己應該怎麼做,隨後,她聯絡了一位朋友,對方的丈夫在執法部門工作,打給了警長。一位助理警長來到蕾家中,蕾提議偷偷把藍迪的自白錄下來,助理警長說不行,說這樣會構成誘捕(其實不會)。但蕾還是這麼做了,她在沃爾瑪超市買了一臺錄影機,把一隻泰迪熊玩偶的肚子割開,然後把錄影機放進去。她偷偷錄下兩段對話,藍迪在對話裡承認他做了什麼事。在第一段對話裡:

蕾:你知道我斷片了,沒有意識,你那天在廚房裡是這樣說的。「寶貝,那天晚上妳失去意識以後,我要了妳不只兩次。」

藍迪:不,我沒有說「失去意識」。

蕾:那你是怎麼說的,你怎麼說的?我想你沒說「失去意識」,你說「睡死了」。

（3）不容例外──得到性的資格感
Unexceptional—On the Entitlement to Sex

藍迪：我不知道。不是「失去……」哦，對，我們在睡覺。

蕾：「睡死了」。

藍迪：在睡覺，妳在睡覺的時候。妳在睡覺的時候，我要了你。

蕾：「妳在睡覺的時候，我要了妳。」沒錯。

藍迪：對。

蕾：對。

藍迪：對，我是。

2 不過值得注意的是，當時在明尼蘇達州，如果強暴行為人和受害者於事件發生時「處在一段交往關係」裡，強暴行為會以另一條罪名被起訴。一些人因此可以成功援引「交往關係」當作辯護手段，結果包括：這也實際等同於對婚內強暴的豁免。當中包括一起案例，一名女子在等待離婚期間遭前夫強暴，他將強暴過程拍下，當下他們四歲大的小孩就在一旁睡覺。他因「侵害隱私」被判處監禁四十五天。幸運的是，因為輿論抗議，這條法規在二〇一九年五月被撤銷。見：Amir Vera, "Marital Rape Is No Longer Legal in Minnesota with New Law," CNN, 2019/05/03, https://www.cnn.com/2019/05/03/us/mnnesota-marital-rape-repeal/index.htm.

3 有另一起案例凸顯了肢體障礙、性暴力、種族主義（在此案件中）一間安養中心裡的原住民女性居民在昏迷期間被強暴，進而懷孕產子的事件。見：Amanda Sakuma, "A Woman in a Vegetative State Suddenly Gave Birth. Her Alleged Assault Is a #MeToo Wake-Up Call," Vox, 2019/01/07, https://www.vox.com/2019/1/7/18171012/arizona-woman-birth-coma-sexual-assault-metoo.

蕾不確定第一段錄影能不能有效採用，於是她隔天再次找藍迪過來。這是他們在吃披薩時的對話片段：

蕾：藍，老天，我當時睡死了，想必很醜，而你在那時候上我。

藍迪：妳當時睡死了，但還是很美，我在那時候上妳。不要再提這件事了。妳當時很美。

蕾帶著錄影內容去找警察。那天，她的喉嚨特別不舒服，她得用粗啞的嗓音悄聲說話，有時候幾乎聽不見。不過，她的意思非常清楚：在她服藥後，藍迪違反她的意願，和她發生性行為。（「這是妳要報案的事由嗎？」警探狄恩・什夫問她。「沒錯。」蕾回答。）但什夫反覆警告她：

每個故事都有兩面，而且十個案件裡有九個都是像這個樣子。這是一個「公說公有理，婆說婆有理」的狀況，或說是「各說各話」，隨便你想怎麼講。

一週後，什夫傳喚藍迪到警局，他們的對話很友好。

64

(3) 不容例外——得到性的資格感
Unexceptional—On the Entitlement to Sex

什夫：就像我昨天告訴你的，我只是要和你聊聊她通報了什麼，然後聽聽你的版本。我沒有打算把你關起來或怎麼樣，你……不管你今天在這裡告訴我什麼，你都走得出去，好嗎？你沒有被指控任何罪名，你沒有被逮捕或什麼，只是……

藍迪：太悲傷了。

什夫：嗯，我懂。沒人想應付這種事，但我們非做不可。

藍迪：我很感激。

什夫：我們寫了一份報案紀錄，在這個案子裡，情況是……她提出了一個相當嚴肅的指控，她說，在她受到處方藥物影響的情況下，你們之間有一些性接觸，這是她的說法。

藍迪告訴什夫的內容基本上和他告訴蕾的一樣：他在蕾無意識下和她發生性行為。「她沒有說好或不好。」他回想。藍迪否認那是強暴，並且把發生的事講得很浪漫，「這讓我很痛苦，到現在還是很痛苦。」他隨後補充，含蓄爭取著同理心。

可以回想一下我提出的「同理他心」，指在性暴力、騷擾，和其他厭女行為的情境裡，把不合比例或不恰當的同理心給予男性加害者，而不是給和他們地位相當或特權少於他們的女性目標或受害者。厭女情結往往涉及了因為女性的「壞」行為而懲罰和責怪她們——但所謂的壞是根據父權規範與期待決定。有鑑於此，你可以將同理他心理解為厭女情結的另一

65

面：它尚未被仔細研究的鏡像；它自然產生（儘管高度不正義）的互補品。厭女情結攻擊女人，同理他心則在某種程度上，把執行攻擊任務的人描述成「好人」，保護他們。同理他心和責怪或抹煞厭女情結的受害者與目標密不可分。同情的焦點在加害者身上時，她常常會遭到懷疑和攻擊，因為她讓人注意到他的犯行。[4]她的證詞可能因此無法獲得正當的採納，相反的，富有同理他心的人會為加害者找到無盡的藉口。

另一個同理他心的驚人案例是布洛克・透納。十九歲的透納是以現行犯被逮到（被）派對後性侵了二十二歲的香奈兒・米勒，當時她並無意識。[5]儘管透納是以現行犯被逮到，兩位瑞典研究生，他們執行了公民逮捕權，他當下正在垃圾桶後方性侵米勒，然而許多人還是對透納竟然有可能是強暴犯展現出懷疑。[6]他的一名友人認為，透納的罪行「和一個女人去停車場取車時遭到綁架與強暴的情況完全不同」。「那是強暴犯，而我很肯定布洛克不是那種人。」這位友人提供了一封聲明說道，為布洛克的善良人格作證。她聲稱，當時發生的事乃肇因於「夏令營般的校園環境」，在其中「事情失去控制」。她同時請求法官不要根據「一位除了自己喝了多少酒外什麼都不記得的女孩」的證詞判刑。許多人仍舊把米勒喝了酒的事實當成案子裡的決定因素，這當然，就是典型的責怪受害者。[7]

對透納表達出同理他心的人有些人沒有責怪受害者，而是試圖把米勒從故事中抹除──這是一種被我稱為「消她」(herasure)的行動。許多新聞報導提到透納游泳的本領和他失去了

66

（3）不容例外——得到性的資格感
Unexceptional—On the Entitlement to Sex

4 一些基本的心理機制可以用來解釋這個傾向。研究顯示，假設A和對手B身處於一個單純競爭遊戲中，當受試者聽了A的倒楣故事，對A產生同情，可能會對B產生攻擊和敵視的態度。心理學家建立上述論點，因為相比於控制組（未曾聽過A的倒楣故事），實驗組的受試者會讓B服用較多的辣醬（實驗中用來測量敵意的標準臨床指標）。請注意，儘管B並沒有對A做出任何令人反感的事，B也可能有相同或甚至更可憐的背景故事，且懲罰B不會對A有任何幫助，受試者仍然對B展現出這種敵意。相關討論可見：Paul Bloom, "The Dark Side of Empathy," *The Atlantic*, 2015/09/25, https://www.theatlantic.com/science/archive/2015/09/the-violence-of-empathy/%07155/。原始研究則可參見：Anneke E. K. Buffone and Michael J. Poulin, "Empathy, Target Distress, and Neurohormone Genes Interact to Predict Aggression for Others—Even Without Provocation," *Personality and Social Psychology Bulletin* 40: 11 (2014), pp. 1406–22.

5 這起犯罪發生於二〇一五年一月，並於二〇一六年進行審判。多年來，因為米勒當初在審判中化名發表了一篇感人的受害者證詞，人們一直以「無名艾蜜莉」（Emily Doe。Doe為英文中習慣給予不知名者的姓氏）稱呼她。在本書付梓前不久，米勒出版了一本驚人的自傳《這是我的名字》（*Know My Name*）〔編注：繁體中文版，野人，二〇二一年八月。作者香奈兒.米勒另有中文名張小夏。〕回顧她遭受性侵的經驗和事件造成的後果。書中透漏了一個令人膽寒的巧合：艾略特．羅傑發動攻擊時，米勒正好也就讀於加州大學聖塔芭芭拉分校，而她被他的暴力深深影響。她寫道：

六名同學從我們身邊被奪走，艾略特是第七人。我在此不附上受害者的姓名，因為姓名是神聖的，而我不希望他們只被他對他們所做的事情定義。

出自：*Know My Name* (New York: Viking, 2019), p. 89.

這段話清楚說明了我自己針對這些主題的一些初步想法，這也是為何我在本書延續之前的做法，一一列出羅傑狂亂攻擊下受害者的姓名。

6 在此，我援引了我的著作《不只是厭女》第六章內「同理他心」的段落。米勒的自傳隨後揭露了另一個關鍵的因素：她是中國裔美國人，這很可能讓透納的白膚色（及其連帶的特權）為審判結果帶來影響。

「大好前程」——但從未提到米勒的前程。米勒提到布洛克的許多支持者，她寫道：

即使在他被判刑後，他們還是相信他有資格不受懲罰。他們的支持毫不動搖，他們拒絕把這起事件稱為性侵，只說那是一晚糟糕透頂的混亂、不幸的情況。他們還說，布洛克並不認為自己凌駕於法律之上，或他享有任何特權……作為一個女人，我從來沒有因為他而感到任何恐懼。他的母親發表了一份長達三頁半、以單行距書寫的聲明，在那裡面我一次也沒被提到。抹除是一種壓迫形式，是拒絕看見。8

與此同時，透納的父親惋惜他的兒子失去了胃口，不再能夠享受一塊美味的烤肋眼牛排。透納的性情不再「樂天」與「隨和」，對透納的父親來說，這是事件遭到扭曲的結果，而不是兒子在犯罪後應該面對的合理後果。然而，還有更令人震驚的，本案的法官，艾倫‧裴斯基樂於採納透納家人與朋友的說詞，認定透納是個「好人」。針對前述女性友人的說詞，裴斯基回應：「那在我聽來很有道理。她的說詞基本上和其他證據一致，都形容了透納在事件發生前的性格，一直都很正面。」同樣，透納的父親形容，他兒子的罪行只不過是「二十年生命中二十分鐘的行為」。

但如我們所知，犯下性侵害的人往往會是累犯——假定透納在此事以外都素行良好，很

(3) 不容例外——得到性的資格感
Unexceptional—On the Entitlement to Sex

可能太過樂觀了。舉例來說，事實上審判後便有人揭露，布洛克過去曾經對史丹佛游泳隊的女隊員色迷迷盯著看，並對她們口出不當的評論。[9]另兩位年輕女子也向警方報案，表示在由同一個史丹佛兄弟會舉辦的另一場派對上，透納曾對她們「毛手毛腳」，並以一種「令人發毛」的姿態和她們跳舞——這場派對在透納性侵米勒的一週前（但相關報導直到六個月

---

[7] 參見麥爾坎·葛拉威爾在其最新著作中對此案的分析，他寫道：

一名年輕女子和一名年輕男子在一場派對上認識，接著悲劇性地誤解了彼此的意圖，起案件轉移到艾蜜莉·多依酒醉的程度……這類案件面臨的挑戰是如何重建當時的互動。雙方是否表達同意？其中一方是否拒絕，然後另一方無視該拒絕？或是誤解了拒絕⋯⋯

人民訴布洛克·透納一案的結果還給了艾蜜莉·多依某種公道，但只要我們拒絕承認酒精會對陌生人間的互動造成什麼效果，那一晚在卡帕·阿爾發兄弟會發生的事情就會一再重演。

出自：《解密陌生人》（Talking to Strangers）(New York: Little, Brown, 2019)，第八章。

[8] 但就像香奈兒·米勒在接受《六十分鐘》訪問時巧妙又簡潔地指出：「強暴不是對喝醉的懲罰。」見：Bill Whitaker, "Know My Name Author and Sexual Assault Survivor Chanel Miller's Full 60 Minutes Interview," CBS News, 2019/09/22, https://www.cbsnews.com/news/chanel-miller-full-60-minutes-interview-know-my-name-author-brock-turner-sexual-assault-survivor-2019-09-22/.

[9] 見：Miller, Know My Name, p. 285.
Gabriella Paiella, "Report: Brock Turner Creeped Out Members of the Stanford Women's Swim Team," The Cut, 2016/06/16, https://www.thecut.com/2016/06/report-brock-turner-creeped-women-out.html.

69

才出現)。米勒寫到,這些故事「在關心他的人和媒體所投射的形象中,全部都不存在」。《華盛頓郵報》甚至會形容他「純潔無瑕」與「娃娃臉」。[10]

在這些同理他心和消她的行動之後,透納僅被判處於郡監獄服刑六個月,而他最終只服了三個月的刑期(加上三個月的緩刑)。裴斯基擔憂,較長的刑期可能會對透納的未來造成「嚴重影響」。[11] 但這名他傷害過的女子,以及其他未來可能受害的女子怎麼辦呢?

〈警方:馬里蘭校園槍手顯然是個害相思病的少年〉,美聯社的標題這麼寫道。這個標題描述的對象是十七歲的男孩奧斯丁‧羅林斯,他用槍射擊了兩名同學,其中包括他的前女友傑琳‧威利。傑琳在隔天被宣告腦死,撤除了維生系統,這讓羅林斯成為殺人犯。一些人抗議這個標題採用了同情的角度,然而,隨著報導被聯合供稿給ABC電視臺、MSN網站、《時代》雜誌在內的許多大型新聞媒體,該標題也往外擴散。[12]

〈受害人母親表示,德州校園槍手殺害的女孩曾被拒絕過他的追求,並在課堂上讓他難堪〉這是《洛杉磯時報》的新聞標題。[13] 名為迪米崔歐‧帕果齊斯的十七歲男孩隨後坦承他開槍射殺了十人,包括曾經拒絕過他的女孩珊娜‧費雪。珊娜的母親賽蒂‧羅德里奎斯表示,珊娜「被這個男孩困擾了四個月」,「他不斷追求她,她反覆對他說不。」[14] 據稱帕果齊斯逐漸對珊娜施壓,直到她最後於課堂上挺身反抗,在同學面前讓他丟臉。他在一週後射殺了她,

(3) 不容例外——得到性的資格感
Unexceptional—On the Entitlement to Sex

還有其他七名同學和兩名教師。

帕果齊斯的家人發表了一份聲明，表示他們「和其他人一樣，對發生的事情感到震驚與迷惘」。除此之外：

> 我們非常欣慰，其他聖塔菲高中學生所做的公開評論，呈現出我們認識的迪米崔歐⋯他是一個聰明、安靜、貼心的男孩。我們從媒體報導中了解到的內容，似乎和這個我們所愛的男孩矛盾。[15]

10 Miller, *Know My Name*, p. 284.
11 Sam Levin, "Stanford Sexual Assault: Read the Full Text of the Judge's Controversial Decision," *The Guardian*, 2016/06/14, https://www.theguardian.com/us-news/2016/jun/14/stanford-sexual-assault-read-sentence-judge-aaron-persky.
12 不過 ABC 電視臺最終還是修改了標題。見：Donte Gibson, "Maryland Teen Demanded That ABC News Change Its Maryland School Shooter Headline," A Plus, 2018/03/26, https://articles.aplus.com/a/great-mils-high-school-shooting-lovesick-teen-headline.
13 Olly Hennessy-Fiske, Matt Pearce and Jenny Jarvie, "Must Reads: Texas School Shooter Killed Girl Who Turned Down His Advances and Embarrassed Him in Class, Her Mother Says," *The Los Angeles Times*, 20-8/05,19, https://www.latimes.com/nation/la-na-texas-shooter-20180519-story.html.
14 出處同上。
15 出處同上。

對槍手的家人來說，這些指出他有多「貼心」的證詞或許令他們欣慰，它們卻荒誕造成誤導，並在受害者遭受的死傷之上，再添深刻的道德侮辱。

〈前全國橄欖球聯賽球員羅灣・拜克斯特與三名子女、離異妻子在布里斯本死於汽車起火悲劇〉，這是最初的標題。[16] 此事的另一則報導附照片圖說則是：「前橄欖球星羅灣・拜克斯特似乎是一位風趣好玩的父親，總是給予三名年幼子女充分的愛與關懷。」[17] 拜克斯特在他們的車上淋上汽油並點火，用這種方法殺死了他離異不久的妻子漢娜・克拉克與兩人所生的三名子女——阿麗雅、萊阿娜、泰勒。拜克斯特則因自戕的刀傷在事發不久後死亡。警探馬克・湯瑪遜說，他對發生於澳洲昆士蘭的這些事件「不妄加判斷」，澳洲記者貝蒂娜・阿恩特在推特上評論：

恭喜昆士蘭警方願意保持開放態度不妄下判斷，並等候完整的證據，包括羅灣・拜克斯特是被「逼到絕境」的可能性。但且讓我們留意那些錯置的憤怒——在女人用刀刺死伴侶，或開車載著子女衝下水壩時，女權論述總是找到藉口與解釋，現在主角換成男性，警方竟然沒照女權劇本走，將之視為男性暴力本質的體現。[18]

二〇二〇年年初，阿恩特獲頒澳洲勳章（一個類似於大英帝國勳章的表揚制度），因她

72

(3) 不容例外——得到性的資格感
Unexceptional—On the Entitlement to Sex

「作為社會評論家，對社群提供重大服務，並透過為男性倡議，對性別平權做出貢獻」。[19] 同理他心經常極端扭曲我們怎麼描述男性對女性（以及往某些案例裡是對兒童）的暴力。[20] 原本理當是殘酷的謀殺，卻被同理他心以滿懷想像力的方式轉化成可理解的激情行動，或另一種可能，被核准的不顧一切。同理他心透過了想像力把包括強暴在內的其他犯罪行為

16 社群網站上對此群情激憤，該標題隨後被修正為：「前聯盟球員父親點火燒車殺死子女，妻子亦於數小時後死亡」。見："Wife Dies Hours After Her Children Were Killed in Car Inferno Lit by League Player Father," Fox Sports Australia, 2020/02/19, https://www.foxsports.com.au/nrl/nrl-premiership/teams/warriors/exnrl-star-rowan-baxter-dies-alongside-three-kids-in-brisbane-car-fire-tragedy/news-story/e1b715cb015ff853a4c6ccf113637e30.

17 Kelsey Wilkie, "From Trips to the Beach to Loving Bedtime Stories: How an Ex-Footy Star Portrayed Himself as a Loving Dad Who Would Do Anything for his Three Kids—Before Killing Them All in Car Fire Horror," Daily Mail, 2020/02/18, https://www.dailymail.co.uk/news/article-8018989/Rowan-Baxter-died-three-children-car-set-alight-Brisbane.html.

18 阿恩特在推特上的操作這麼寫：「過去的禁忌是性，現在的禁忌則是男性議題。透過為性倡議，幫助貝蒂娜達到性別平等。」#MeToo」。https://twitter.com/thebettinaarndt/status/1230623373232787456?lang=en（內容擷取於二〇二〇年一月二十九日）。嗯，某些男性。在阿恩特的紀錄裡，她會經為一個涉嫌虐待男孩的童軍團長辯護，稱他為「好男人」，並補充：「這類微小的虐待鮮少造成長遠的後果。」見：Samantha Maiden, "Independent Board to Consider Rescinding Bettina Arndt's Order of Australia Honour," The New Daily, 2020/02/24, https://thenewdaily.com.au/news/national/2020/02/24/bettina-arndt-david-hurley/。這篇報導也詳細描述了後續人們為了讓阿恩特的勳章被撤回，做出了哪些努力。

20 針對滅門男主的現象，請見前章倒數第二個注釋。

變成純粹的誤解,以及因酒精而起的不幸事故。

在蕾‧佛羅瑞克的案子裡,藍迪‧凡內承認犯下了罪行,卻從頭到尾沒有遭到逮捕,連被控告或起訴都沒有。21 負責訊問蕾和藍迪的警探狄恩‧什夫在該郡擔任助理警長將近三十年,沒多久後便退休了,記者馬克‧格林布萊特在什夫的家中訪問他,詢問為什麼這起案件沒有以逮捕作結:

格林布萊特:是這樣的,受害者指控藍迪在她睡著或失去意識的時候和她發生性行為。

什夫:嗯嗯(表示肯定)。

格林布萊特:然後她並沒有同意發生性行為。

什夫:沒錯。

格林布萊特:那樣是犯罪嗎?

什夫:有可能啦。是啦,那是犯罪。我不應該說有可能,那就是。但有其他的要素可以判決他有罪嗎?

格林布萊特:如果嫌犯都承認他在某個人睡著時和她發生性行為,您還需要什麼證據?

什夫:嗯嗯。

格林布萊特:您需要比這更多的證據?

什夫:欸,是的。你面前有兩個人,受害者說的是一套,嫌犯說的又是另一套,「不不不,

（3）不容例外——得到性的資格感
Unexceptional—On the Entitlement to Sex

我沒有那麼做。」這是你面對的情況。什麼都沒有……沒有其他的實體證據或任何目擊證人，讓你可以證明當時的情況。你有訊問的內容，你沒有實體證據，你面對了一個「各執一詞」的情況，你有的是一份錄影。

格林布萊特：我無意冒犯您，但這起案件裡「各執一詞」的情況是指什麼？他承認了，他和某個他認為喝醉了、失去了意識的對象發生了性行為。哪裡有「各執一詞」？

事實上，那不是一個「各執一詞」的情境，但這在這起案件裡並不重要——在其他許多類似的案件中，也不重要。重要的是在相關的利益上面有所衝突，即便在事實層面沒有直接分歧，也就是說，就算（她）聲稱的和（他）否認的內容之間並無矛盾。在某些事件中，就像在這起案例裡，他可能會直截了當承認自己的罪行，但是，沒有人對他採取任何行動。我們也將會看到，對某些人來說，他甚至可能被看成她的受害者。這場訪談繼續進行：

格林布萊特：根據您的看法，要怎樣才能說服您在一起性侵害案件中逮捕當事人？

什夫：有時候需要很多，有時候不需要……每個案子不一樣。

21 請注意，後者並不一定需要先有前者才隨之發生。在明尼蘇達州，人們可以在沒有被逮捕的情況下被起訴。

格林布萊特：當嫌犯在你面前，在一段被錄下來的問答裡承認了犯行，那……我不打算和你爭論法律問題。我當時決定不逮捕他，他沒有被起訴，事情就是這樣。我就接著處理下一個案件了，我不知道還能告訴你什麼。

這位警探早先曾經說明過他的理由。

什夫：在這個案子裡，不能說我們沒有超出合理懷疑的證據（proof beyond a reasonable doubt），但就是沒有夠扎實的可能起因（probable cause）可以進行逮捕。這是一個「各執一詞」的情況，從事件發生到被通報中間已經過了好一陣子了，他們兩個在一段合意的關係裡。這不是一起可以進行逮捕的案件。

有一點必須指出，警探認為案件中可能有超出合理懷疑的證據，卻沒有可能起因以進行逮捕，這個說法邏輯不連貫。對於一樁犯罪來說，前者作為證據的標準比起後者高出了許多。[22]

這場訪談最後以此作結：

（3）不容例外——得到性的資格感
Unexceptional—On the Entitlement to Sex

格林布萊特：如果一個女人認識對方，她就不可能被強暴？

什夫：這個嘛，不，是可能發生，但我打賭，如果你去蒐集所有曾經被調查過的這類案件，比較看看有多少人被起訴，人數是很少很少的。不論什麼原因，但就是沒有起訴。

再說一次，那是檢察官和法庭要決定的事，而這就是我們傑出的體制。[23]

另一位檢察官吉姆・阿斯德表示，他認為泰迪熊裡裝錄影機對藍迪來說不公平，他被「設

檢察官陶德・韋伯說，他們之所以拒絕起訴藍迪・凡內，原因之一是本案中的受害者「無法作證指出發生了什麼事，因為她沒有第一手的資訊。」然而，這完全不用驚訝，畢竟她被侵犯的時候沒有意識。這樣說來，謀殺案的受害者更無法作證指出別人對他們的犯行，檢察官卻不知怎地有辦法在受害者缺席下繼續起訴。

---

22 「可能起因」（probable cause）的標準定義之一是：「某個懷疑的程度合理，並由出足夠充分的情況所支持，該情況充分到得以讓一個審慎的人正當認定某些事實可能為真。」而「超出合理懷疑的證據」（proof beyond a reasonable doubt）則是指檢調單位所提出的主張必須被證明到某種程度，使得一個有理性的人對這個主張的真實性不再有合理程度的懷疑。見：https://www.law3rms.com/-esources/criminal-defense/defendants-rights/defining-probable-cause.htm.

23 伊塔斯卡郡（蕾・佛羅瑞克的居住地）已於過去五年間對超過四十位強暴嫌犯判刑，這些案件絕大多數的受害者都是兒童。在極少數的例外、也就是涉及成人受害者的強暴案件中，嫌犯都使用了武力，或有明確的脅迫。同時，在由執法單位提交的一百七十件性犯罪案件中，檢察官駁回了其中六〇%的案件。

計」了。當阿斯德被問及為什麼蕾會是在試圖陷害藍迪,而非追求正義,他回答:「也許她在領什麼福利補助。」而儘管沒有證據,他接著又說,也許她在說謊,好掩飾自己非法用藥。談到同理他心、消她、責怪受害者等議題,從來都少不了各式可能說詞。因此我們看到,強暴涉及的遠遠不只是幾顆爛蘋果,強暴牽涉到惡質的行為人被一個抱持著同理他心的社會體制所鼓勵、保護,甚至培養。

談到體制如何失敗,同樣也不缺各種可能情況。有警察根據隨機的理由拒絕進行逮捕,亦有檢察官拒絕起訴,且不只如此,在美國許多轄區中,警方慣常以稱為「例外結案」(exceptional clearance)的理由將強暴案件棄之不管。二〇一八年,調查報導中心的新聞工作者和非營利組織 ProPublica 以及新聞網站 Newsy 的記者合作,針對此現象進行了為期一年的調查。他們根據資訊自由法案(Freedom of Information Act)向一百一十個大型市郡申請資料,但只成功取得大約六十個城市的紀錄。他們發現在這些資料紀錄中,警方以例外結案處理大多數的強暴案件,幾近半數。[24]

根據費城的性犯罪小組指揮官湯姆・麥可戴維中尉所言,例外結案這個分類只適用或者只應適用的案件情況是:「你知道有該樁犯罪,你可以證明犯罪確實發生了,你手上有受害者,你知道人在哪裡、他們是誰。但可能檢察官不想起訴,或受害者不想繼續提告。」[25]一

（3）不容例外——得到性的資格感
Unexceptional—On the Entitlement to Sex

位司法部官員也證實，例外結案本該只是如此——作為例外——僅僅只有在一樁案件雖有充分的逮捕證據、卻因為某些原因無法逮捕的情況下，才能適用，例如，嫌犯已入監或死亡，更精確說：：

根據聯邦調查局的一致犯罪通報（UCR）計畫，執法單位可以透過兩種方式釐清或「結束」犯罪案件：逮捕或例外結案……

例外結案意指

- 在某些情況中，有超出執法單位所能控制的因素阻礙了執法單位進行逮捕或正式起訴犯罪者，當這情況發生，執法單位可以使用例外結案。執法單位必須符合下列四項條件，才得以使用例外結案；執法單位必須已經：：
- 指認出犯罪者。
- 蒐集了足夠的資訊，得以支持逮捕、提出罪名，並將犯罪者移交法庭進行起訴。
- 指認出犯罪者的確實所在地，讓嫌犯得以立刻被拘捕。
- 遭遇到了不受執法單位控制的情況，進而阻礙執法單位進行逮捕、提出指控、與起訴犯罪者。

例外結案的範例包括但不限於：犯罪者死亡（例如自殺，或遭警方或公民合理殺害）；在犯罪者被指認後，受害者拒絕與檢方合作；；犯罪者在另一個司法轄區犯罪，並因此被起訴，而該轄區拒絕引渡犯罪者。在UCR計畫的條件中，單單只是追回財物並無法結案。

24 見："Case Cleared: Part 1," Reveal, 2018/11/10, https://www.revealnews.org/episodes/case-cleared-part-1/。也可以參考：：Mark Fahey, "How We Analyzed Rape Clearance Rates," ProPublica, 2018/11/15, https://www.propublica.org/article/how-we-analyzed-rape-clearance-rates.

25 參見：：FBI, "2107: Crime in the United States," https://ucr.fbi.gov/crime-in-the-u.s/2017/cr.me-in-the-u.s.-2017/top-ic-pages/clearances

或受害者拒絕合作。26 在殺人案件中，例外結案只占了差不多一〇％，這表示，約有九〇％的案件是經由逮捕結案（當然，仍有相當一部分的案件未能結案、「未偵破」，或在持續調查中）。27

但在強暴案件上，許多警察部門顯然公然藐視自己的政策。在一樁記者從頭到尾追蹤的案件中，儘管受害的年輕女子決心要提告，她的強暴案仍被例外結案。強暴證據採驗結果顯示，她身上的傷痕與瘀青符合她通報的性侵害事件。她充分和警方合作，一再表示她想要一個公道；警方找到了她指控的男人（他主張對方聲稱的性侵是合意性行為）。在報案兩年後，這名女子突然收到一封信，告知她案件已於兩週前根據例外情況結案。她再無他法：案件已結，事情已了。28

與此同時，許多市郡吹噓它們的高結案率，卻沒有把真正以逮捕結案和例外結案的案件區分開來。例外結案可能威脅到大眾對警政效力的觀感。

雖然對許多人而言，強暴案件有高比例是例外結案一事可能還是新聞，不過至少自由派的圈子已經逐漸意識到強暴檢體採集套組（rape kit）未驗的問題。近日約有一萬組之前未送驗的強暴檢體採集套組獲得檢驗（它們在一次例行巡視中於底特律警方的儲物間被發現），結果有八百一十七名連續強暴犯在裡面被指認出來。偉恩郡的檢察官金‧沃西表示，全國估計有四十萬組強暴檢體採集套組未經檢驗，而現有的證據顯示，強暴犯在被逮捕前，平均會

（3）不容例外——得到性的資格感
Unexceptional—On the Entitlement to Sex

犯下七到十一起案件。沃西進一步說明：

全國有許多轄區……發現了這些強暴檢體採集套組，但他們什麼都沒做。他們說事情

26 請注意，在強暴案件裡，即使受害者一開始出面，後續卻不再配合調查，這也不是（或不應該是）阻礙警方往下偵辦，並於最終起訴嫌犯的決定性因素。湯姆‧麥可戴維告訴記者，舉例來說，他們可以搜索嫌犯的電腦和電話，也可以訊問嫌犯（因為在這些情況配合下，嫌犯自白並不少見）。當然他們也可以更努力嘗試取得受害者的信任與配合，但無論如何，受害者的參與與否，在起訴過程中並非必要。我們可以和另一種做法比較，也就是建立所謂「以證據為本的案例」（這類做法法庭上不仰賴來自受害者的證詞）。這使用於受害者可能不願意對行為人提出告訴的案件上，例如我在《不只是厭女》的前言中討論到的「非致死地以手勒頸」。兩份代表性的研究證實了這個估算，參見：Marc Riedel and John G. Boulahanis, "Homicides Exceptionally Cleared and Cleared by Arrest: An Exploratory Study of Police/Prosecutor Outcomes," *Homicide Studies* 11:2 (2007), pp. 151-64，與 John P. Jarvis and Wendy C. Regoeczi, "Homicides Clearances: An Analysis of Arrest Versus Exceptional Outcomes," *Homicide Studies* 13: 2 (2009), pp. 174-88。在這之後，由《華盛頓郵報》所蒐集的資料也顯示，二〇〇七到二〇一七年間，五十五個大型城市中的兇殺案件中，平均約有一〇％的例外結案案例。見網站 Freethink摘要：Dan Bier, "Why Are Unsolved Murders on the Rise?" Freethink, 2018/10/18, https://www.freethink.com/articles/why-dont-we-solve-murder-anymore。

27 兩份代表性的研究證實了這個估算，參見：Marc Riedel and John G. Boulahanis, "Homicides Exceptionally Cleared

28 值得注意的是，警方表示，在這個案件裡，他們無法從受害者的強暴檢體採集套組中取得DNA證據。然而，既然受害者指控的這個男人已經被他們指認出來，並且坦承那晚和她發生過性行為（他表示那是合意的性行為），這根本不會對最後的起訴構成決定性的阻礙，尤其一開始的檢查更提供了證據，顯示雙方的互動確實涉及暴力。見："Cases Cleared: Part 1," Reveal.

不是在自己眼皮底下發生的……〔但是〕我不明白怎麼有人可以眼睜睜看著這個問題說出這話。如果我們討論的是殺人案件,絕不會有人這麼說,你甚至不需要提問……但因為是性侵害,不知為何,一些人很自然就掩過飾非。29

另一個事實更是當頭棒喝:在所有未被檢驗的強暴檢體採集套組裡面,約八六%的受害者是非白人(主要是女性)。正如沃西所說:「你不會發現太多金髮藍眼白人女性〔的證據包沒被檢驗〕……她們的強暴檢體採集套組會被另眼看待,她們的案件會被偵破……很不幸,從許多方面來說,種族都是這個問題的中心,整個犯罪司法體系都知道這件事。」30

有什麼可以解釋這些不關心、敵意、具針對性的冷漠?我們不是把強暴看作一個可憎、駭人聽聞的犯罪嗎?沒錯,理論上來說是,那很好,但在實務上,為什麼我們在面對特定受害者的時候,拒絕對特定行為人究責?

這有一個不但簡潔、更具有連貫性的解釋:我們認定一些特定男性有資格從一些特定女性身上奪取性。當一個白人男性和一個享有同等或較少特權的女性交往,或交往過,他往往被認定有資格在性方面「要」她。31 特別的是,這樣的情況會一直持續下去,直到她被另一名代言者卻不可以是另一名女性或非白人男性,至少一般而言是這樣。在手握權力的男性裡頭的最有權者,基本上,被認定有資格在性方面「要」任

（3）不容例外——得到性的資格感
Unexceptional—On the Entitlement to Sex

何人，而他們只會遭遇到微弱的反彈。想想布萊特・卡瓦諾；想想唐納・川普，在他當選總統前，多名女子以可靠的證據指控他性侵了她們。[32]也可以想想如今惡名昭彰的傑佛瑞・艾普斯坦一案，他是知名的投顧銀行家和理財經理人，被指控性虐待超過八十位女孩，其中許多人未成年。據稱他引誘這些女孩，在他位於棕櫚灘的豪宅中性侵她們。他會要求她們幫他按摩，然後撫摸她們或自慰，有時則是性侵。但在二〇一九年前，這些行為對他造成的後果微乎其微。[33]

對於因為身為黑人、跨性別、身心障礙者或其他原因而被邊緣化的女性而言，男性強暴她們卻可逍遙法外的比例實在太高，高到讓她們的檢體採集套組被認為不值得檢驗。如此一來，強暴檢體採集套組往往被擱置，一同被擱置的還有她們基本應得的道德關懷和正義。「我

29 Nancy Kaffer, "Kaffer: 8 Years into Tests of Abandoned Rape Kits, Worthy Works for Justice,' Detroit Free Press, 2017/12/17, https://www.freep.com/story/opinion/columnists/nancy-kaffer/2017/12/17/rape-kit-detroit/953083001/

30 出處同上。

31 也可以思考警察犯下性侵害並往往消遙法外的現象。見：Jonathan Blanks, "The Police Who Prey on Victims," Democracy Journal, 2017/11/01, https://democracyjournal.org/arguments/the-police-who-prey-on-victims/。同樣可參見：《不只是厭女》第六章「運轉中的厭黑女情結：丹尼爾・霍茲克洛一案」有進一步相關討論。

32 Eliza Relman, "The 24 Women Who Have Accused Trump of Sexual Misconduct," Business Insider, 2019/06/21, https://www.businessinsider.com/women-accused-trump-sexual-misconduct-list-2017-12

知道我將能討回公道時，真是太棒了。」崔西・里歐斯這麼說。強暴她的人把她引誘到一間位於亞歷桑納州坦佩市的無人公寓內性侵她，她的強暴檢體採集套組卻過了約莫十五年才獲得檢驗。她說：「我對體制失去了信心，我以為他們不在乎。」[34]

性侵里歐斯的人目前正在服七年的徒刑，但這結果很少見。假如強暴理論上應被判處好比說終生監禁，那麼，當強暴你的人在罪證確鑿下仍逍遙法外，這對你意味著什麼？除了讓你成為次等人口以外，還能是什麼？

當然這不是指強暴犯就該判處終生監禁（我如同許多自由派人士，對此強烈反對）。在此，我只是單純想要指出，當涉及特定行為人，一些受害者如何受到忽視和以雙重標準對待。不論我們認定正義是什麼（正確認定，或更有可能是錯誤認定），很明顯的，在大多數的強暴案件中，正義都沒有被實踐。非營利組織「強暴、虐待、亂倫全國網絡」（RAINN）的統計數字指出，會入監服刑的強暴犯人少於〇・六％，[36]相較於其他程度相當的犯罪類型，如傷害、毆打、強盜罪等等，這個數字遠遠低了許多。[37]

強暴文化中有另一個面向經常隱而不顯，那就是青少年犯罪者，這是個令人傷心、又不得不面對的現實。尤其這同時挑戰了兩件事，包括監禁是不是一種解決方式（不論你認為監禁在其他案件中是否可行），以及我們一般如何看待道德責任。在此，犯罪者往往太過年輕，

84

(3) 不容例外——得到性的資格感
Unexceptional—On the Entitlement to Sex

33 在那之前，艾普斯坦只為他這些犯罪行為而在棕櫚灘郡監獄的私人牢房中服了十三個月的刑期。他被授予工作許可，得以每週六天、一天約十二小時在堪稱舒適的辦公室內工作。儘管該轄區不把工作許可發給性犯罪者，但艾普斯坦在二〇〇八年時和彼時的邁阿密檢察官、如今擔任川普政府勞動部部長的亞歷山大·阿寇斯塔達成了認罪協議，所以他獲得這些「特殊待遇」。這項不起訴協議也赦免了「任何可能的共同謀犯」，並對三十位受害者隱瞞了認罪協議一事。她們之中許多人是直到最近才得知艾普斯坦驚人的寬鬆刑期。由於在這項由阿寇斯塔安排的認罪協議中，特意挑選了特定的受害者（其中最年輕的受害者在指控的性虐待發生時已十六歲，但其他許多受害者的年齡卻比十六歲更小），艾普斯坦在他擁有住所的各州之內，甚至不用被登記為性犯罪者，其中包括佛羅里達州。

34 倘若沒有記者茱莉·布朗的努力，艾普斯坦有可能繼續逍遙法外，只需為他的犯罪面對這些輕微的後果。艾普斯坦在二〇一九年七月因為性販運的罪名遭到逮捕，他於八月在獄中自殺。見：Tiffany Hsu, "The Jeffrey Epstein Case Was Cold, Until a Miami Herald Reporter Got Accusers to Talk," The New York Times, 2019/07/09, https://www.nytimes.com/2019/07/09/business/media/miami-herald-epstein.html

35 Jennifer Peltz, "Over 1,000 Arrests Nationwide After Authorities Test Backlogged Rape Kits," HuffPost, 2019/03/13, https://www.huffpost.com/entry/new-york-feds-join-to-get-100k-rape-kits-tested-around-us_n_5c88f54fe4b0fbd-7661f884?ncid=engr.odushpmg00000006

36 事實上，儘管我沒有投身倡議，但我贊同廢除監獄。不過這是另一個問題了，而我在此不打算進行討論。

37 Andrew Van Dam, "Less Than 1% of Rapes Lead to Felony Convictions. At Least 89% of Victims Face Emotional and Physical Consequences," The Washington Post, 2018/10/06, https://www.washingtonpost.com/business/2018/10/06/less-than-percent-rapes-lead-felony-convictions-least-percent-victims-face-emotional-physical-consequences/。也可以參考哲學家蘇珊·布里森的著作，她在書中針對強暴及其後果提供了撼動人心的第一手敘述。見：Susan J. Brison, Aftermath: Violence and the Remaking of a Self (Princeton: Princeton University Press, 2002).

見：RAINN; "The Criminal Justice System: Statistics," https://www.rainn.org/statistics/criminal-justice-system。

羅珊・蓋伊在她令人心碎的自傳《飢餓》中提到了在青少女時期集體強暴她的少年，他們是「男孩，還未長成男人，但卻已經知道如何做出男人等級的傷害。」幾十年來，她從未說起這次的強暴事件，更不曾寫下來。最終，她在自己的書裡和這段回憶對決：

我記得他們的味道、方正的臉、身體的重量、撲鼻的汗臭、四肢驚人的力量。我記得他們很享受，頻頻大笑，我記得他們對我只有不屑，再無其他。[39]

接著，在事件之後，作為一位非白人女性，一位認為自己過胖的女性，她面臨了各形各色的邊緣化、各種層次的敵意沉默。

回顧前言裡的章節，我把厭女情結看作是女性因父權力量遭遇到的敵意，而不是男性在內心深處感受到的敵意。有鑑於此，由（通常是青春期）男孩對女孩犯下的性犯罪，顯然算是厭女情結。而即便主張這類案例中的行為人自身在某程度上也是厭女情結和強暴文化的受害者——這些文化反覆灌輸男孩有毒的行為，使他們受到道德傷害，而他們年紀還未大到足以判斷，或甚至小到不清楚自己在做什麼——即使如此，這依然是厭女。

這可以直接連結到我們從Me Too運動中學到的教訓。該運動由塔拉娜・伯克引領超過

(3) 不容例外——得到性的資格感
Unexceptional—On the Entitlement to Sex

十年，並自二〇一七年十月起，在如艾莉莎・米蘭諾等名人的協助下為人所知。隨著一個個有權男性的不當性舉止被揭發，我們難免會想要作出結論，認為風向已經轉變，人們終於認真對待不當性舉止的問題了。然而，還有另一個可能性：行為人本身處境變了。一個明顯的因素是，他們老了，因此比較容易賦予他們「齷齪老男人」的定位——儘管這毋寧是年齡偏見文化中屬於有權勢的形象，而非可悲的輪廓。值得注意的是，就晚期資本主義的角度來說，老男人比起年輕勞動者較為無用，他們的有效期限正在逼近。因此在某些這類情境中，相較於年輕男性，他們更可以用完即棄。

但他們通常不是在年老昏聵時才開始有不當性舉止，甚至不是從中年才開始。根據典型性侵害者的自述，他們常在青春期就初次犯下罪行。[40] 此外，根據近期估計，就算我們將極

---

38 在此段落中，我援引了我在部落格"The Daily Nous"上的一系列發文，這些文章被賈斯汀・溫伯格收錄在："Philosophers on the Art of Morally Troubling Artists," 2017/11/21, http://dailynous.com/2017/11/21/philosophers-art-morally-troubling-artists/。

39 羅珊・蓋伊著，黃佳瑜譯，《飢餓：你只看見我的身體，沒看見我內心的痛》(台北：木馬文化，二〇一九)，頁44 (英文版頁數)

40 Tara Culp-Ressler, "Five Important Takeaways from a New National Study on U.S. Teens and Sexual Violence," Think Progress, 2013, https://archive.thinkprogress.org/five-important-takeaways-from-a-new-national-study-on-u-s-teens-and-sexual-violence-9d454f54cea1/

低齡人犯下的法定罪行（statutory offense）*做出必要性的排除（基於會使得案例充滿道德複雜性），很大一部分的性侵害案件犯罪者仍是青少年——在美國，這個比例大約是四分之一到三分之一。和成人行為人一樣，這些青少年犯罪者絕大多數都是男性。[41]

Me Too運動期間創造了最多頭條的案例某程度上證實了這點。眼下針對凱文・史貝西和哈維・溫斯坦的指控（分別）可以追溯到一九八〇年代早期和中期，史貝西那時約二十四歲，溫斯坦約三十歲。如今回顧這些事件，我們很容易便能將他們視為性侵犯者，我們會把他們現在年長的形象投射回受害者向我們敘述的那段過去中。

然而，當一名女性挺身作證指出，三年前，當時三十歲的英國演員艾德・威斯維克強暴了她，推特上普遍出現的態度卻是：他太年輕、太性感，所以不可能是一個加害者。在那之後，又有兩名女子作證指控威斯維克，但不知怎地，這些指控對許多人而言卻仍舊「不夠真實」。警方放棄起訴，原因是證據不足。可以合理推測，威斯維克的年輕和白人身分，連同其他形式的特權，占了上風。他如今仍保有模範金童的地位，因此（或說因為？）他仍舊是好萊塢的搖錢樹。

如我們所見，厭女情結不需要針對所有的女性；它通常會挑選出那些父權規範和期待下的「壞女孩／女人」，懲罰她們的不當行為，不論其為真實還是表面。然而，很重要的一點，

（3）不容例外——得到性的資格感
Unexceptional—On the Entitlement to Sex

我們不能因為過度推論這個論點而造成誤解。我在我的理論架構中保留了充分的空間，我們能認可一項明顯的事實，即不論個別女性的行為是否「合乎規範」，厭女情結仍舊可以針對或傷害幾乎任何一位女性。一來，因為女性經常被當作特定「類型」女性的代表，進而因為整個群體的過錯而遭到責怪或懲罰。二來，因為厭女情結的攻擊能夠源自於各種形式的不滿（舉例來說，因為男性受到資本主義的剝削），而這便可能造成遷怒——就是被「當作沙包」，這類行為會針對那些弱勢且可觸及的對象，而這些人經常是女性。根據我的分析，假如一個女性身處一個歷史上始終都在父權體制底下的世界（在裡頭男性、至今仍是被社會默許「發洩情緒」），因此面臨這類遷怒攻擊，她就仍然是厭女情結的受害者。最後，有一點值得一提，厭女的社會結構觸及的範圍可能遠超過它的初始目標，因此可能在原本鎖定或第一線的目標之外，懲罰了大量的女性。

不過，直接藐視父權規範和期待的女性（以及那些只是被認定這麼做了的人），會經由不同方式切實地經歷厭女情結的報復，認知到這點仍很重要。同時，厭女情結的第一條規則

---

* 譯注：法定罪刑，根據成文法規定而構成的犯罪，而不是由司法機關所決定。例如未成年人發生性行為在多數國家的法律下都會被視為強暴，不論未成年當事人是否同意，此為「法定強暴」。

41 例如，可參見：David Finkelhor, Richard Ormrod, and Mark Chaffin, "Juveniles Who Commit Sex Offenses Against Minors," *OJJDP Bulletin*, 2009/12, https://www.ncjrs.gov/pdffiles1/ojjdp/227763.pdf。

就是：你不能抱怨這類不當對待。

在最惡劣的例子中，女性會因為身為或自稱為厭女情結的受害者，遭到實際懲罰，就算她們遭遇惡行的證據充分，她們仍會系統性地受到懷疑與中傷。[42] 舉例來說，二〇〇九年，一位華盛頓州的年輕女子告訴警方，她遭人以刀威脅並被強暴，她卻被罰款五百美金，因為涉嫌報假案──但後來發現她說的是真的。二〇一一年時，這名小腿上有清楚蛋形胎記的強暴犯被鄰區另一位女性受害者指控強暴，事情才真相大白。[43]

二〇〇九到二〇一四年間，英國有超過一百位女子因為假報強暴案遭到起訴，其中一人是蕾拉·伊布拉罕，她因為妨礙司法公正的罪名被判處三年徒刑。她從未動搖自己遭受性侵害的說詞，而她的母親與律師都作證指出，她幾乎從一開始就被當成嫌犯。[44]

二〇一八年年尾，一起關於演員傑佛瑞·洛許的案件登上澳洲頭版新聞。和洛許一同擔綱劇場主演的女演員艾琳·琴·諾威爾公開指控他對她性騷擾：他把手伸進她的襯衫裡，碰觸她的裸背、反覆做出撫摸的動作，在簡訊裡傳流口水（或可能是喘氣）加上句子「想妳的頻率超過了社會的接受程度」。諾威爾也指控洛許在演出《李爾王》劇中最後一幕時摩擦她的胸部。儘管諾威爾提供了騷擾的具體證據，她還是不被相信。[45] 最後，

---

42 參見第五章和第八章中，針對證言不正義、消音、證詞扼殺的討論。

43 T. Christian Miller and Ken Armstrong, "An Unbelievable Story of Rape," ProPublica, 2015/12/16, https://www.pro-

(3) 不容例外──得到性的資格感
Unexceptional—On the Entitlement to Sex

44 伊布拉罕的母親，珊卓・艾倫，評論：

我們發現，在她報案幾天後，警察開始調查〔她〕……警方搬出那些老話，說大家會相信受害者，但我認為他們從一開始就沒費心調查蕾拉的說詞。我會一直為她的清白奮鬥下去，直到我死的那天。駭人都不足以形容發生在她身上的事情，她在那晚受苦，她在監獄受苦，她仍在受苦。

伊布拉罕的律師，奈吉爾・理查森補充：

警方和皇家檢察署（CPS）似乎以一種格外熱烈的態度在追究這些案子，彷彿對警察說謊──就他們看來是如此──必須獲得非常嚴重的回應。在某個時刻，女性在警方眼中從受害者變成了嫌犯，她甚至可能都不知道這件事情已經發生。

出自：Sandra Laville, "109 Women Prosecuted for False Rape Claims in Five Years, Say Campaigners," *The Guardian*, 2014/12/01, https://www.theguardian.com/law/2014/dec/01/109-women-prosecuted-false-rape-allegations。

45 如理查・艾克蘭在《衛報》上所寫：

在每一審中，法官都偏向申請人（譯注：即洛許）的證據。〔洛許的證人〕阿姆菲爾沒有看過任何不當的行為，布戴（譯注：另一名證人）也沒有。溫特（譯注：諾威爾一方的證人）沒有被詢問到某些指控。諾威爾聲稱洛許有不當行為，但在那之後仍然傳給他友善的問候和簡訊。法官沒有明確確認知到，為洛許作證的主要劇院成員之間有著親密的友誼，但這個面向應該要被納入考量，並被謹慎評估。

另一個完全可能的情況是……即使諾威爾在《李爾王》的製作期間曾有過不愉快，她仍舊想要和洛許這樣的大明星維持良好關係。在判決中，這些事情都沒有被充分探究……諾威爾提供了證據……她和奈文（譯注：同劇演員之一）有過對話，她說洛許騷擾她。她在法庭上說奈文的回應是：「我以為傑佛瑞沒再這樣了。」

91

洛許因為名譽受損而獲得將近二百萬美金（約二百九十萬澳幣）的補償。[46]

二○○六年，七名非白人女性酷兒因為反抗性侵害與性騷擾而面對嚴厲的法律後果。攻擊她們的男子叫做德偉恩・巴寇，他在街頭搭訕她們，遭到冷漠拒絕後勃然大怒（其中一位女子說：「先生，我是同志！」企圖讓他打消念頭）。他威脅要「把她們強暴成異性戀」，有人伸出了拳頭（誰先出拳這點尚有爭議），巴寇接著拉扯其中一名女子的頭髮，並試圖勒住另一人的脖子。在接下來四分鐘的衝突中，巴寇不知道什麼時候被一把廚刀刺中，必須送醫。巴寇對《紐約時報》描述，自己是「針對異性戀男性的仇恨犯罪的受害者」，與此同時，媒體把這些女性刻畫成由「女同性戀殺人犯」組成的「狼群」。最終，七名女子都被以重罪起訴，罪名包括集體傷害和意圖謀殺。其中三人最後對傷害罪認罪，其餘四人——她們後來被稱為「紐澤西四人幫」——則進入訴訟程序，並輸掉了官司。她們被判處三年半到十一年不等的徒刑。[47] 她們的支持者堅稱，這些女性唯一的罪行是自我防衛。

於是我們看到，對於男性——尤其是那些被賦予特權的人——來說，因為厭女行為而被究責通常是例外，而非常規，在強暴案件中亦同。同時，對於許多女性來說，特別是那些基於種族、階級、性身分、身心障礙與其他不勝枚舉條件而受壓迫的女性，不僅她們的強暴者或施虐者經常逍遙法外，這些女性自己更可能因為抗議這種不公而遭到懲罰。[48]

至於我在本章作為開頭的故事，則有個稍微快樂一點的結局，儘管不完全是。蕾・佛羅

92

（3）不容例外──得到性的資格感
Unexceptional—On the Entitlement to Sex

瑞克最終在民事訴訟中贏得了來自藍迪・凡內的五千元美金，作為情緒傷害的賠償。聽到這種惡劣又粗鄙的行為？」

至於洛許「不被社會接受的想法」與喘氣表情圖案，這個話題也無疾而終。僅管許多人可能會把這看作一種暗示，意指一名年長男人惦著一個年輕女人流口水，威格尼法官卻得出了完全不同的結論：這是一句脫口而出的話。一個笑話。它純粹代表這位演員因為錯過了諾威爾演出劇作的開幕之夜而感到抱歉。

洛許只是「隨口說說」，這個說法不能取信於人。

諾威爾曾經和奈文討論過自己的擔憂，但〔法官〕沒有接受這項事實。

諾威爾指控洛許有意識撫摸她右胸，法官針對這項指控提出反駁：「對洛許先生來說，為了確實演出這個困難場景，他必須維持專注力和心理狀態，他怎麼可能保持這個狀態，卻又同時做出像故意撫摸諾小姐的胸部這

46 洛許最初被判決可獲得來自《每日電訊報》八十五萬澳幣的損害賠償，該報在報導中詳細描述了諾威爾的指控。他最後獲得的名譽損害賠償金額比原先高出許多，關於此事的細節可參考：Clarissa Sebag-Montefiore, "Geoffrey Rush Awarded $2 Million in Defamation Case, a Record for Australia," *The New York Times*, 2019/05/23, https://www.nytimes.com/2019/05/23/world/australia/geoffrey-rush-defamation.html。

47 出自：Richard Ackland, "The Geoffrey Rush Trial Shows Defamation Can Make Victims Become Victims All Over Again," *The Guardian*, 2019/04/17, https://www.theguardian.com/commentisfree/2019/apr/18/the-geoffrey-rush-trial-shows-defamation-can-make-victims-become-victims-all-over-again.

48 如同本書中的許多主題，我強烈懷疑，對於非二元性別者來說，情況相同，甚至更糟糕。Nicole Pasulka, "How 4 Gay Black Women Fought Back Against Sexual Harassment—and Landed in Jail," Code Switch, NPR, 2015/06/30, https://www.npr.org/sections/codeswitch/2015/06/30/413634390/how-4-gay-black-women-fought-back-against-a-sexual-harasser-and-landed-in-jail

個賠償決定後，蕾在熱鬧的酒吧和律師與數名友人一同慶祝，他們的對話如下：

友人：乾杯！妳有什麼想說的？
蕾：正義。
友人：勝利，耶！
蕾：正義。我只覺得天旋地轉，我只覺得天旋地轉。我得到的正義比我膽敢想的還多。

她說那是正義，他則質疑判決結果。官司結束後，藍迪也把蕾的上空裸照上傳至網路，這類所謂「復仇式色情」的行為在明尼蘇達州可能被判處監禁，[49] 而我們等著看看，他到底會不會受到懲罰。

[49] 一個正確得多的用詞是「未經同意散布私密影像」（nonconsensual pornography），因為許多行為人的動機並不是復仇，而且，不管情況如何，他們的動機在此並不是最重要的事。針對這個現象、它性別化的本質以及其法律後果，可參考這篇有力分析：Danielle Keats Citron, *Hate Crimes in Cyberspace* (Cambridge, Mass.: Harvard University Press, 2014)

（4）不被渴望——同意的資格感
Unwanted—On the Entitlement to Consent

CHAPTER (4) 不被渴望——同意的資格感
Unwanted—On the Entitlement to Consent

「妓女。」克莉絲汀・魯本尼恩的短篇小說〈愛貓人〉最後以這句話作結，一句由男主角說出的話。這篇小說在二○一七年下半年被瘋傳，[1]它生動描繪了一名男子和一名女子之間的性互動，三十四歲的羅伯特和二十歲的瑪歌。那晚發生於兩人之間的每件事都明顯合意，但這不表示它們在倫理上就沒有問題，問題不在於暴力或人際間的強迫，而在一些更隱晦的因素。

在整段故事裡，我們絕對可以對羅伯特提出許多批評。作為瑪歌的約會對象，他年紀太大，至少我這樣認為，而且他為了吸引她似乎用了一些小詭計：他編造自己有兩隻貓，好讓他更顯親切討喜。在瑪歌和他分手後，他也爆發了典型的厭女行為。但性行為本身呢？過程不佳、令人尷尬，也不愉快。整件事其實不該發生，瑪歌在最初的熱情消退後，她並不想留在那裡，然而因為瑪歌竭力掩飾，我們很難責怪羅伯特沒有意識到這件事。她完成了這場性

---

[1] Kristen Roupenian, "Cat Person," *The New Yorker*, 2017/12/04, https://www.newyorker.com/magazine/2017/12/1.../cat-person.

行為，只為了——或主要是為了——避免對羅伯特無禮。

作為讀者，我們不太清楚，如果當時瑪歌禮貌拒絕了性行為，羅伯特的反應會是什麼（但從他最後對她說的話看來，我們可以輕易猜到如果她坦白直言或乾脆離開，可能會發生什麼事）。既然我們可以猜到他會有不好的反應，這卻沒有進一步告訴我們，應該如何評估他的行為。借用《紐約時報》專欄作家巴利‧懷茲當時對另一起不同卻相關的案例所做的評論來看，一些人可能會認為，羅伯特唯一的錯是他不會讀心術。[2]

懷茲這個無罪判決的評論是針對一起真實生活裡的事件，這起事件揭露於〈愛貓人〉在網路被熱議幾週之後。一位化名為葛瑞絲的二十二歲女子對網站 Babe 的記者凱蒂‧魏聲稱，彼時三十四歲的喜劇演員阿茲‧安薩里讓她過了一個飽受驚嚇的糟糕夜晚。[3] 不過，這起事件和〈愛貓人〉裡的虛構互動之間有一個極重大的差別：亦即葛瑞絲反覆試著讓事情慢下來，接著企圖阻止當下發生的事。她想辦法推託，安薩里卻完全沒有察覺到她的意願。他們之間發生了什麼事可有各種想像——從脅迫性侵，到儘管不道德卻合法的性行為都包含在內，但顯然，如果我們相信葛瑞絲（比如我就打算相信她），安薩里原本在最低限度之下也可以多做很多事，旁敲側擊理解到他的約會對象並不想和他發生性行為——就算談不上心照不宣，他或多或少都是知道的。[4] 因此，懷茲對安薩里事件的評判並不恰當，不僅可說是徹頭徹尾

（4）不被渴望──同意的資格感
Unwanted—On the Entitlement to Consent

的虛偽，也展現了令人尷尬的同理心。當人們要進行性活動，有一個清楚明白的道德義務，就是主動試著探究你的伴侶內心深處是否也想要。假如你感到任何不確定之處，還是保持謹慎並欣然收手為妙。

然而，這一切會導致在其他情境裡打開另一種可能性，小即這種明確、熱情的同意表現（不管確切來說是同意什麼）僅僅是一種表演，而這正是〈愛貓人〉迫使我們不得不去設想的。瑪歌對羅伯特的身體、他笨拙的舉動、糟糕的吻技，以及在性上面的欺騙（他說自己「超硬」，但顯然不是如此）感到反感，她仍決定不管怎樣都要做完，甚至，她因為意識到羅伯特這麼喜歡她成熟的年輕胴體，試著想辦法讓自己從中獲得某些性歡愉。為了強化這個效果，她在完全沒有感受到激情的情況下，仍舊熱情扮演好她的角色。

無論在政治上還是美學上，這一切都令人不適；都很寫實。它也召喚出了性的幽靈：性

---

2 Bari Weiss, "Aziz Ansari Is Guilty, Of Not Being a Mind Reader," *The New York Times*, 2018/01/15, https://www.nytimes.com/2018/01/15/opinion/aziz-ansari-babe-sexual-harassment.html.

3 Katie Way, "I Went on a Date with Aziz Ansari. It Turned into the Worst Night of My Life," Babe, 2018/01/13, https://babe.net/2018/01/13/aziz-ansari-28355.

4 可以和影集《酒吧五傑》中〈大夥們買艘船〉這集裡惡名昭彰的一幕相比。在這幕中，一名男子對朋友主張，在船上說服女人與自己發生性行為會比較容易，因為那會暗示她，假如她拒絕，就可能會遭受傷害，而且她的屍體可以方便地丟到大海裡。這名男子本身沒有打算傷害女人，只是單純想從這個「暗示」中獲益而已。

97

討人厭、甚至被強迫的一面,但這卻不是任何特定對象造成的。確切說,由於源自父權社會劇本的壓力,以及男性普遍認定自己理所當然有資格獲得性的這個觀念,讓瑪歌覺得離開羅伯特會是粗魯無禮、甚至「錯誤」的行為。我們可以想像另一種版本的羅伯特,他得體地接受瑪歌實踐性自主的作為,以敏銳和優雅的態度應對令人尷尬的後續。即使如此,我們還是可以預期瑪歌——在不知道這個版本的情況下,或是她儘管知道、但不想讓自己顯得「驕縱與反覆無常」——仍舊因為根深柢固的社會期許,而做出同樣的表演。

因此,問題就變成了⋯⋯為什麼我們把許多男性潛在的受傷感受看得如此重要、如此神聖不可侵犯?還有,我們用什麼方式看待它?以及,另一個相關的問題⋯⋯為什麼我們認為女人就應該負責保護和照料這些感受?

「臭屁。」這起真實事件的開端和〈愛貓人〉的結局差不多:一個男人在一條只有單詞的推特發文裡把這稱號送給了喜劇演員莎拉・席佛曼——他沒說明確的原因,也沒有進一步的解釋。席佛曼回應道,她仔細鑽研了這名男子的推特發文,進而知道他很痛苦。她說她看見了他、同理他、對他有信心云云。她原諒了他,並願意支付他的戒癮服務方案,讓他治療自己的處方止痛藥成癮症狀。這起事件被普遍打造成一個暖心的故事——事實上,眾多相似標題中的其中一例就指出,這是一場「關於同理心的大師級講座」。5

（4）不被渴望——同意的資格感
Unwanted—On the Entitlement to Consent

就我所知，媒體上沒有人指出一個明顯的事實：儘管席佛曼無疑是好意，也遵守了常見（且很有可能是性別化）的社會規範，她卻縱容了這個男人的惡劣行為。但她不僅沒有因此受到批評，反倒被積極讚頌。

事情便是這麼回事：當女性確實照料了男性的受傷感受，她們會被獎勵；她們不這麼做時，很可能會受到懲罰。

「阿茲・安薩里的恥辱」，凱特琳・弗蘭納根的標題這麼寫。她刊登於《大西洋》雜誌上的文章哀嘆像葛瑞絲這種「憤怒的年輕女子」所擁有的「暫時權力」。根據文章副標題，這種女人突然變得「非常、非常危險」。[6] 文章的開頭對葛瑞絲的故事表達出迷惑不解。（「你了解詞彙和句構，但這一切都發生在外太空。你只是太老了。」）文章接著流暢轉換到時事話題上，對它表現出令人喘不過氣的認可（「就像最近《紐約客》雜誌上的小說〈愛貓人〉，裡

---

[5] Jennifer Van Evra, "Sarah Silverman's Response to a Twitter Troll Is a Master Class in Compassion," CBC, 2018/01/03, https://www.cbc.ca/radio/q/blog/sarah-silverman-s-response-to-a-twitter-troll-is-a-master-class-in-compassion-1.4471337

[6] Caitlin Flanagan, "The Humiliation of Aziz Ansari," *The Atlantic*, 2018/01/14, https://www.theatlantic.com/entertainment/archive/2018/01/the-humiliation-of-aziz-ansari/550541/

頭描寫了兩個主要透過簡訊認識的人之間沒有靈魂且令人失望的約炮關係──這則故事獲得許多年輕女人的共鳴，對她們來說意義重大。」）弗蘭納根對於事件的描述讓人毫不懷疑她的同情心最終落在哪一方：堅定落在安薩里身上，儘管弗蘭納根自己都承認，那名受害者遭遇到的對待很「不堪」。7

〔共進晚餐後〕到家的幾分鐘內，〔葛瑞絲〕坐在廚房流理檯上，而〔安薩里〕──顯然經過她的同意──正在幫她口交（年長的讀者在此睜大了眼睛，因為在從前，這很少會是「一夜情」的第一步），但根據她的敘述，他接著要求她以一連串不堪的方式進行性行為。最後，隨著夜漸深，她的情緒崩潰了，她告訴他：「你們男人全都該死的一樣。」然後哭著離開。我認為這是整個故事裡意義最重大的一句話：她過去遇過這種事很多次。是什麼讓她以為這次會不一樣？

當弗蘭納根用普遍常見的方式責怪受害者，她也自行詮釋了葛瑞絲說的話。在葛瑞絲的故事裡，並沒有任何內容指出她會經遇過這種事情「很多次」，一如弗蘭納根所臆測的那般；她只是在表達，在面對各形各貌自認有資格的男性的性行為時，她所感受到的整體性失望。

弗蘭納根接著建議，女人應該效仿上個世代的女人在這類情境中據說會做出的：指責那

100

（4）不被渴望——同意的資格感
Unwanted—On the Entitlement to Consent

位有名約會對象「厚顏」、甩他一巴掌，就此奪門而出。但是當今，在一個已經不再鼓勵這種因為錯誤動機而衍生出正確行為的文化裡——也就是說，儘管是以保護她的貞潔而非她的性自主權為名義，但這仍舊給了她一個可以被社會所接受的「逃離」機會，以離開令人不愉快的性互動場景——葛瑞絲仍很可能和小說裡的瑪歌有著相同的恐懼：自己會因為打壓了一個男人的性自尊而顯得粗魯無禮，甚至被視為「婊子」。弗蘭納根說對了，沒有真正的證據可以證明葛瑞絲當時「僵住了、嚇壞了、無法脫身」（儘管假如她真的那麼覺得，也絕對可以理解），但她缺少一個在社交上優雅的出路。她那時想必已經知道，自己正冒著風險，她的行為有可能「羞辱」安薩里、使他痛苦，破壞他「好男人」的自我形象。而最終，弗蘭納根也認為她還是這麼做了（儘管是用不同的方式），並因此對她勃然大怒。從安薩里的公寓奪門而出後，葛瑞絲將走進一個世界，一個女人會因為指出男性約會時粗心、不負責任的舉止，而遭人指為粗心與不負責任的舉動。她將成為被責怪的對象，而他則會很快被原諒。弗蘭納根如此挑剔著葛瑞絲：

7　更別提偽善，因為安薩里的職業生涯很大一部分是建立在他面對《救救我的羅曼史》時的覺醒青年名聲。《救救我的羅曼史》是他於二〇一五年出版的著作，也是他在Netflix上深受歡迎的電視影集《不才專家》的主要主題之一。編注：《救救我的羅曼史》是安薩里偕美國社會學家、紐約大學教授克林南柏格合作撰寫的一部學術書籍，探索過去幾十年來社會上的浪漫愛變化。

她和報導她故事的記者聯手打造了一部三千字的復仇色情片。這個故事裡描述的臨場細節並不是為了佐證她的敘述，而是用來傷害和羞辱安薩里。藉由聯手，這兩個女人很可能毀了安薩里的職業生涯。如今，不論男性是做出了怪異還是令人失望的行為，這種毀滅方式都已經成為對所有男性不當性舉止的懲罰。

「我們當然很樂意和阿茲再共同製作新一季的《不才專家》。」弗蘭納根的可怕臆測刊出僅僅六個月，Netflix的原創內容部總監辛蒂·荷蘭在談到安薩里的電視影集時便這麼說，[8] 這個串流服務平台後來也製作了另一部由安薩里主演的脫口秀喜劇特輯。的確，我們會猜測，換成白人男性，可能會享有更多為他辯護、展現出同理他心的號召，甚至是一條更穩固的道路，獲得大眾的救贖。另一種可能是如前面所提到的，就像針對艾德·威斯維克的強暴指控一樣，這類消息甚至可能不會留下太多痕跡，他的模範金童名聲整體來說並未沾上汙點。

不過，讓我們回到粗魯無禮這件事情上。一個女人怎麼會採取這麼極端的行動——以這麼根本的方式違背自己的意願——只為了避免這個看來微不足道的社會後果呢？然而，我們從社會和道德心理學了解到，在某些社會情境中，隨著文化文本決定了個人自身舉止，事實上，人們確實經常不遺餘力避免擾亂這些社會情境——尤其當它們來自於某種權威人物的規

102

(4) 不被渴望——同意的資格感
Unwanted—On the Entitlement to Consent

一九六〇年代早期，知名的米爾格倫實驗將這件事揭示得最為徹底。在實驗中，實驗者指示參與者對一個看似無辜的男子（實際上他是實驗者的同夥，也是位受過訓練的演員）施行一連串愈來愈強烈的電擊。[9]毫不知情的受試對象和這位男子會面、握手，絕大多數的人說覺得他討人喜歡。受試對象也接受了一次強度為四十五伏特的真實電擊作為樣本，因此他們大約了解到，如果這個人在他們的催促下做出不正確的回答，他會遭遇到什麼情況。這項實驗主張要了解懲罰對人類記憶力所造成的效果。雖然參與者知道他們正在講這位「學習者」經歷什麼，但仍有三分之二的受試對象持續全程聽從實驗者的指示，對他們這位不幸的、貌似受害的對象（他持續提供錯誤的答案）施予整套完整的電擊。他們一路提升電擊強度至四百五十伏特，這些按鍵上標示著諸如「注意：重大危險」字樣，而到了最後的一個按鍵，則只有「XXX」的標記。而儘管男子的哀號、哭泣、痛苦尖叫清晰可聞，他哀求他們停止敲打著牆壁，但實驗參與者仍給予電擊，而到了最後，是令人不安的沉默。雪上加霜的是，男子會抱怨過自己有心臟問題。

---

8 Daniel Holloway, "Netflix Wants Aziz Ansari's Master of None to Return for Season 3, Originals Chief Says." *Variety*, 2018/07/29, https://variety.com/2018/tv/news/netflix-aziz-ansari-master-of-none-1202889434/

9 Stanley Milgram (1974)。《服從權威：有多少罪惡，假服從之名而行？》。黃煜文譯。台北：經濟新潮社，二〇一五年。

103

這些實驗的結果如今已眾所周知。但有一件事較少人知,且在此脈絡之下提供了我們重要反省:絕大多數的實驗參與者都顯而易見並發自內心為自己的任務感到痛苦。根據米爾格倫的說法,雖然他們行動了,但「他們並不同意自己正在做的事。」[10]大多數的人都提出抗議,試著擺脫這個情況,完全沒有對自己造成的痛苦無動於中,也不是以一種機械或機器人般的心態在操作,認為自己「只是聽令行事」。在近日一份針對當時一百一十七名受試對象的錄音所做的分析中,九八%的人在實驗過程的某個時間點說出如「我不想」和「我做不到」這類的話。[11]然而,儘管如此,大多數人仍舊被實驗者的催促壓倒,繼續往下進行。這些完成任務的人在這麼做的同時,也用許多方式表現出壓力,包括:流汗、不斷抽菸、哭泣,其中一位甚至反覆吟誦。

這個男人的吟誦內容引人聯想:「這事必須繼續;這事必須繼續。」[12]這支持了米爾格倫在其著作《服從權威》中詳細闡述的論點,也就是,實驗參與者在一種錯誤但強力的道德義務下,努力遵守實驗者的命令。[13]這並不意謂人們在當下失去了他們的道德良心,而是代表了慢慢灌輸人們一種虛假卻有力、衝突的責任感,讓他們服從一位以實驗者形式出現的臨時權威人物很容易:在此案例裡,他是一名身著實驗袍、被宣告是耶魯科學家的男人。[14]實驗參與者以前從來沒有見過這個男人,而且他不會在他們未來的生活裡扮演任何可預見的角色,他們不過是從這椿麻煩事裡獲得了四美金的補償(加上五十分的車資),但大多數的參

（4）不被渴望——同意的資格感
Unwanted—On the Entitlement to Consent

與者卻仍舊順從了實驗者的希望，把這視為一件他理當有資格獲得之事物。當參與者拒絕並試圖暫停實驗過程，實驗者會依序提出下列催促：

「請繼續。」或「請接著做。」

「這項實驗需要你繼續做下去。」

「你繼續操作對實驗來說絕對必要。」

最後一個訴求則是：

「你沒有其他選擇，你必須做下去。」[15]

10 出處同上，頁 6。
11 Matthew Hollander, "The Repertoire of Resistance: Non-Compliance with Directives in Milgram's 'Obedience' Experiments," *British Journal of Social Psychology* 54.3 (2015), pp. 425-44.
12 Stanley Milgram (1974)。《服從權威：有多少罪惡，假服從之名而行？》。黃煜文譯。頁 9。
13 出處同上，頁 6。
14 在這個主題上，藉由改變原始條件，可以達到某種程度較低（但仍舊明顯）的服從，例如實驗者在康乃狄克州的一個陰暗地下室內進行實驗，且實驗單位沒有跟知名大學有明顯的從屬關係。米爾格倫操作了許多其他條件，其中某些條件顯著影響了實驗結果，例如讓實驗者利用電話傳達指令（這明顯降低了服從程度），以及讓兩名實驗者彼此爭吵（這會大幅降低服從程度）。出處同上，第六與第八章。另一個會很有趣的條件則是改變實驗者的性別，讓女性權威人物執行實驗，但就我所知，這件事從未被嘗試過。

105

有趣的是，最後這道最高壓的催促，似乎也是最沒有效果的，每一個收到這道催促的實驗對象最終都離開了。[16]

這些實驗揭示了社會文本的力量，尤其是有權威人物涉入其中之時——當個人必須粗魯無禮地對抗某個對象才能夠逃離特定情境，社會文本就會更有力。[17]這類情境能夠讓人徹頭徹尾的普通人做到這種程度，讓他們去折磨無辜的受害者，就算他們的良心提出了最強烈的抗議。米爾格倫實驗給我們的教訓不只是人們在這類條件下願意對他人做出什麼事，還包括了人們在這樣的設定下，願意違背自己的內心到什麼程度。

「請。」哈維·溫斯坦在兩分鐘內對二十四歲的模特兒安博拉·古提爾茲說了十一次這句話。這段話被祕密錄下，錄音於二○一七年年末被公開，促使溫斯坦垮臺。[18]彼時六十五歲的溫斯坦在前一天撫摸了古提爾茲的胸部——她因此決定報警，並同意警察在他們下一次見面時在她身上裝上竊聽器。他那次鐵了心要她來自己的旅館房間。他以一種明確帶有脅迫意味的風格開場（溫斯坦：「我現在告訴妳，過來這裡。」接著很快又說：「妳必須現在就過來。」

「不要。」古提爾茲這麼回答，迅速並肯定，儘管音質不太清楚），然後溫斯坦突兀又狡詐地轉變了口吻，變得比較像是米爾格倫實驗裡的第一道催促（他的下一句話是：「請？」）。隨

106

（4）不被渴望——同意的資格感
Unwanted—On the Entitlement to Consent

著他一再重複這句「請」（例如：「請妳過來」），古提爾茲愈來愈難提出反對——因為這在社會意義上愈來愈不被預期。因此，溫斯坦表面輕盈但持續不懈地施壓。很顯然，他對古提爾

15 出處同上，頁21。

16 也有另一種可能，所有收到第四個催促的實驗參與者當時都已準備離開。然而，文本裡的詮釋也符合其他社會心理學的發現，例如研究顯示，當人們在公車站被陌生人乞討車資，如果他們被乞討者明確告知「你可以自由選擇同意或拒絕」，人們平均會給出兩倍高的金額。參見：：Christopher Carpenter, "A Meta-Analysis of the Effectiveness of the 'But You Are Free' Compliance-Gaining Technique," *Communication Studies* 64:1 (2013), pp. 6–17.

17 約翰・薩賓尼和毛利・席維爾針對社會心理學的實驗結果有更一般性的討論，其中包括但不限於米爾格倫實驗。他們寫道：

我們認為，在社會心理學研究人們令人驚訝和洩氣的行為時，有一條線串起了其中的結果：人們如何想像其他人對特定事件的觀感，會強烈影響他們對於世界（在服從實驗中是道德世界）的理解。當沒有人挑戰我們，我們自滿地假設自己會堅守立場，但結果是，當我們必須要對抗來自其他人的觀感（且沒有盟友），堅守立場比我們以為的要困難許多。

延續這個主題，當人們在一個情境中必須根據自己想法行事，但這個想法與他們想像中的他人看法互相衝突，人們必須付出的情緒代價是尷尬。必須在這類情境下行動的人感到困惑，並因為預期會感受到尷尬而受到約束，我們認為，這是我們從社會心理學研究中所學到的事。我們也認為，人們並不清楚對尷尬的恐懼可以是一個多麼有力的行為動機。

見：：John Sabini and Maury Silver, "Lack of Character? Situationism Critiqued," *Ethics* 115:3 (2005), pp. 559.

18 見：："Harvey Weinstein: Full Transcript of the 'Horrifying' Exchange with Ambra Gutierrez," ABC News, 2017/10/10, https://www.abc.net.au/news/2017-10-11/harvey-weinstein-full-transcript-of-audio-with-ambra-gutierrez/9037268

茲不斷加劇的苦惱不只無動於中，他的意圖就是要如此，讓她就範。確切來說，對溫斯坦而言，不是古提爾茲的「不要」就是「好」，而是它不代表任何意義——那只是個讓他繼續詢問、催促、刺激她的指示信號。他反覆提醒她自己的身分（「我是名人」），以及她偏離了什麼樣的劇本（「妳現在在讓我難堪」）。她拒絕接受指令，難以共事。

溫斯坦的權力形象——我們甚至不用考慮他有權力做到什麼地步，只論他在這個情境之下的身分——絕對足以讓他輕易掠奪許多目標。這類男性除了創造恐懼（通常是被默許的）也會為在社會上身處臣屬位置的女性創造出一種虛假的義務感，否則她本會拒絕他的要求。在他對她的身體進行性挾持時，她甚至可能被塑造得相比之下更不想拒絕他，成為一個主動的參與者。她從頭到尾厭惡這場性行為，但卻被塑造得相比之下更不想拒絕他，成為一個主動的參與者。她最終可能會既非為了自己，也非為了性本身（遠遠不是），進行了這場她不想要的性行為。她這麼做是為了避免後果，因為女人在社會化的過程裡學會了要規避這些後果。

溫斯坦把他的另一個目標，艾瑪・德考尼斯引誘到自己的旅館房間，然後一絲不苟操作他的慣用伎倆。當他從淋浴間走出來，要求她和自己一起躺在床上，她直截了當拒絕了。他很震驚。「我們什麼都沒做啊！」她驚呼。他試著說服她這個場景很浪漫，「就好像在迪士尼電影裡。」他這麼說（他的另一名受害者稱他的手段是「很爛的童話故事」）。德考尼斯打起精神⋯⋯「我看著他，然後我開口——用盡了我所有的勇氣，但我說⋯：『我一直都討厭迪

108

（4）不被渴望——同意的資格感
Unwanted—On the Entitlement to Consent

士尼電影。』接著我就離開了，用力把門甩上。」儘管如此，她還是心煩意亂、全身顫抖、驚嚇無比。[19]

不是只有高度享有特權的男性才有辦法操作這種權力，這樣的事情每天都在發生，它們也發生在婚姻關係中。在一篇近日刊登於網站VOX的文章裡，一名女子寫下她口中「自己最深層、最黑暗的真心話」，而她是在一次婚姻諮商時才總算說出這件事：整整八年的婚姻生活中，她一直覺得自己在性上面被丈夫侵犯。[20]「這些我不想要的性行為有時讓我噁心。」她描述：「有一次我不得不直接從床上衝到浴室裡，對著馬桶嘔吐。」但在那次諮商晤談後的十五年間，她還是幾乎無法承認這些糟糕的事實。她害怕告訴丈夫自己不想要和他發生性行為；她害怕拒絕他；她甚至害怕對自己承認正在發生的事。於是，她寫道：「我轉而討價

---

19 Ronan Farrow, "From Aggressive Overtures to Sexual Assault: Harvey Weinstein's Accusers Tell Their Stories," *The New Yorker*, 2017/10/10, https://www.newyorker.com/news/news-desk/from-aggressive-overtures-to-sexual-assault-harvey-weinsteins-accusers-tell-their-stories

當然，在本章的脈絡下，我在討論溫斯坦事件時，著重在性脅迫的「軟性」層面，以及它和男性如何認定自己有資格獲得性與同意一事之間的關聯，但讀者的注意力不該從其他高度可信的證據上轉移，這些證據指出溫斯坦性侵多名受害者，他因此在二○二○年二月時被判以強暴和犯罪性行為的罪名。

20 Anonymous, "We Need to Talk About Sexual Assault in Marriage," *Vox*, 2018/03/08, https://www.vox.com/first-person/2018/3/8/17087628/sexual-assault-marriage-metoo

109

還價，盡可能讓自己從性行為裡脫身。我病得嚴重到有權拒絕他時，我洋洋得意。」儘管「我理智上知道自己有資格拒絕性行為」，隨時都可以。當她擺脫不掉，她就讓丈夫和她做，自己則靠著讀書分心。但她倒是對他的親吻說了不，「規則就是那樣：你可以上我，但不能親我，然後我不必假裝自己喜歡這件事。這讓他滿意。」她接著說道：

我不得不屈服於和一個知道我不想要的男人發生性行為，知道我因為我們之間缺少情感連結而感到深深的痛苦，他知道（他曾經被明確告知過）這像一種侵犯，這件事情打破了我內在的某個部分。認知到即便如此，他依然可以享受性行為，並從中獲得情感上的滿足，粉碎了我對我們婚姻的看法。我覺得自己像是一個性玩偶，我覺得我不再是我自己。

但我責怪我自己。

直到MeToo運動期間，這位作者早已離開丈夫許久，她才再次開始思索這件事。她寫道：

當我目睹這麼多人因為女人遭到羞辱、脅迫，並在這麼多不同脈絡下被強迫接受性行為而憤怒⋯⋯我納悶：我的丈夫怎麼能在聽到我說那些話（我覺得在性上面受他侵犯）

110

(4) 不被渴望——同意的資格感
Unwanted—On the Entitlement to Consent

繼續堅持和我上床?

的時候——就算他只聽過一次、就算我說得膽怯——還是能在晚上睡得很好,更別提還

我的答案,當然了,是因為資格感。但這個故事接著展現的是,對一個女人來說,當她已經為了男性的利益而內化這份資格感、亦即認定他們可以獲得性時,要去抗拒這種認定會是多麼困難。「當代價是他人的痛苦,你要如何主張自己的主體性?」這位作者問道。在寫作的此刻,我對這個問題仍沒有一個真正的答案。

最打擊人的消息是什麼呢?這位匿名的作者是一位人文學科教授,固定在課堂上講授女性主義理論,但她坦承:「所有我讀過的女性主義文本都沒辦法壓過我從社會上和流行文化裡吸收到的內容,那就是,不論我自己的感受是什麼,滿足我的丈夫都是我的責任。」

女性擔憂著可怕的社會後果——包括職場上的報復與婚姻失和,除此之外,她們也可能因為拒絕了那些認為自己不只有資格獲得她付出性,還有資格獲得她的積極同意和參與的男性,而體驗到強烈的內疚和羞恥感。

由此看來,凱特琳·弗蘭納根憂心阿茲·安薩里受到羞辱,她的這份憂心是莫名(卻又典型)地偏頗。在這件事情上,一個讓男人心願受挫的女人往往才是在事後感到羞恥和羞辱

111

的一方，而這些痛苦的情緒便可能足以確保她的沉默。[21]

基本上，這就是演員莎瑪・海耶克於《紐約時報》有力的投書中針對哈維・溫斯坦所敘述的內容，在這篇文章裡，她打破長久的沉默，談論了溫斯坦對她的殘酷對待。[22] 溫斯坦讓海耶克的創意夢想看似可被實現，他讓她以為自己某天可以成為大人物，但接著，在她不能滿足他時，他殘酷、報復性地對她大肆抨擊。當她對溫斯坦說了不，尤其是拒絕與他發生性行為，他貶低她，威脅要殺了她；性脅迫只是他眾多武器裡的其中一項。[23]

根據海耶克的敘述，當她未能為溫斯坦扮演一個夠性感的芙烈達・卡蘿*時，這位知名製片人勃然大怒。受挫的他就這樣爆發了：他孤立並羞辱她，然後強迫她上空演出一幕性愛場景，而她的身體發出了抗議。她寫道，自己恐慌、嘔吐，想到他的眼神在她赤裸的身體上打轉，她哭了──這是羞恥感發自內心深處的表現，這類男性經常以此為武器打擊女性。

然而再一次，不是只有像溫斯坦這種有權力的男人才有辦法這麼做（但不可否認，有權力者在此確實擁有額外的籌碼）。也有些二人覺得自己有資格獲得他人的付出和給予，然而卻因為生活際遇，或特別是女性對他們的反應，而感到委屈怨懟、氣餒、失望。克莉絲汀・魯本尼恩的主角羅伯特就是這樣的例子，他被描寫成一個有點失志又容易受傷的人。另一個例子則是HBO電視影集《女孩我最大》裡的角色查克・帕摩爾，[24] 在二〇一七年年初播出的

（4）不被渴望——同意的資格感
Unwanted—On the Entitlement to Consent

〈美國賤人〉這集裡，漢娜‧霍爾瓦斯前往這位飽受讚譽的中年作家的公寓。帕摩爾曾被指控，在駐校訪問全國的大學校園、講授大學部和碩士課程時，他濫用自己的明星光環，和大學部學生上床。我們並不清楚這些性行為是不是合意的，事實上，那正是關鍵之一。這類男性被認定有獲得同意的資格，但在這樣的一個文化裡，在這種時刻，同意與否並非唯一一個需要被提出的問題，因為重點是他們在倫理上可能必須擔負什麼樣的責任。[25] 沒錯，儘管非刻意為之，但合意／不合意之間的區別已經逐漸成為預設的標記，劃出合法和犯罪性行為之

21 在注釋 20 引用的 VOX 一文中，作者不只提到和丈夫談論她的經驗有多痛苦，還說到：「幾乎每一個和我討論過這個主題的女人，都分享過如何在婚姻裡忍受不想要的性，包括她們自己的、朋友的經驗，或是都有。」然而，她也正確點出：這類敘事很難被人們聽見（甚至她自己的故事都是匿名書寫，而訓可以理解）。

22 Salma Hayek, "Harvey Weinstein Is My Monster Too," *The New York Times*, 2017/12/12, https://www.nytimes.com/interactive/2017/12/13/opinion/contributors/salma-hayek-harvey-weinstein.html

23 我在此引用了自己的文章，見："Salma Hayek Was Destroyed by the Same Shame That Protected Harvey Weinstein," *Newsweek*, 2017/12/14, https://www.newsweek.com/salma-hayek-shame-harvey-weinstein-748377。
* 譯注：莎瑪‧海耶克在二〇〇二年的電影《揮灑烈愛》中，扮演墨西哥傳奇畫家芙烈達‧卡蘿，該電影由溫斯坦擔任製片人。

24 儘管這些是虛構的事例，但它們卻證實了，不論我們所討論的社會動力是否經常成為現實事例，它們確實清晰可見，而這是我當前論述目的所需要的論點。（事實上，我確實揣測有許多人會在這些描述中指認出自己的經驗，但不可否認，這只是推論。）

113

間的界線，然而，符合道德的性，不單單等於不做出犯罪行為而已。同樣的道理也適用於人類生活和道德品性中的大多數層面，比如說，誠實，代表的不只是不行騙、不偷盜、不竊取。

戲中，漢娜（由《女孩我最大》的原創者莉娜・丹恩飾演）自己也是作家，她二十七歲，比帕摩爾年輕許多，尚未成名。漢娜曾以帕摩爾的輕率言行（他是這麼看待這些事情的）為題材，在一個默默無名的女性主義網站上寫作。儘管帕摩爾在年紀和專業地位上占優勢，他卻把自己視為漢娜的受害者，並且在年輕女性的整體力量面前十分脆弱。她們如今被賦權，披露他的性剝削就是一種剝削行為，毀了他的聲譽。很明顯，這就是他為什麼邀漢娜去到他奢華、有品味、位於曼哈頓的家中：為了告訴她自己這一方的故事，有如一位受焦慮折磨、被社會拋棄的賤民。

「不是強暴，不完全是，但儘管如此仍令人不快，非常令人不快。」柯慈的小說《可恥》裡的角色，五十二歲的教授大衛・魯睿如此描述他和二十二歲的女學生梅蘭妮之間的性。「彷彿她決定要變得遲鈍，在這段過程中讓自己的內在死亡，如同一隻兔子的頸項被狐狸咬上時。」26 梅蘭妮自願配合──她甚至抬起自己的臀部，讓穿著拖鞋的她嚇一跳，她被放逐到了一個文化文本裡，在那裡，一個男人的性欲具有格外的倫理重要性。

114

(4) 不被渴望——同意的資格感
Unwanted—On the Entitlement to Consent

梅蘭妮必須得讓自己的意志如鋼鐵般堅硬才有可能抵抗大衛——後者很快就會因為他的不當性舉止和後續不悔改的態度蒙羞,並被迫從大學辭職。然而梅蘭妮不是,她氣力全失,措手不及,她愣住了。

這讓這場性行為不太算是強暴。但在此其中有個什麼,讓整件事在道德上令人作嘔、甚至連大衛本人也如此覺得——離開梅蘭妮的公寓後,大衛趴在自己的方向盤上對抗洩氣與羞恥的感受——大衛很清楚,假如梅蘭妮對他的突襲有所準備,這就有可能演變為強暴。更精準說,假如梅蘭妮當時有更多的主體性,意識到自己有資格拒絕大衛,她很有可能就會說不。而心知肚明的大衛顯然因此占到了便宜(這是個老派的說詞,儘管如此,在此卻很貼切)。

就這樣,在大衛抵達時,「什麼都阻止不了他」,而她甚至連試都不試。「她唯一做的事就是轉開——轉開自己的唇、轉開自己的眼。」她轉過身,讓自己抽離——「如此一來,彷彿這樣一來,對她所做的一切,都顯得遙遠。」[27]於是他對她為所欲為⋯⋯這是他的小死亡,*

---

25 "Good Girls: How Powerful Men Get Away with Sexual Predation," HuffPost 2017/03/24, https://www.huffpost.co.n/entry/good-girls-or-why-powerful-men-get-to-keep-on-behaving_b_58d5b420e4b0f6330721b37c3

26 我在此引用了自己的文章,見:

J. M. Coetzee (1999).《可恥》。張茂芸譯。台北:堡壘文化,二○二五年。原文頁數23。編注:二○○○年,天下出版,孟祥森譯本,書名譯為《屈辱》。

115

也是他的重生。

之後，梅蘭妮突然來到大衛家門前，問自己可不可以和他一起住。有一段時間，她帶著顯見的熱情在他的生活中扮演她的角色，彷彿想要改寫第一次在她公寓裡發生的醜陋和暴力。但「當他們在一起時，假設他們這樣算是在一起，他仍是引導的一方，她是跟隨者。讓他別忘了這件事。」他對自己說，28 言詞聽來空洞。

這種核心欲望的缺席、這場性的米爾格倫實驗、這類人們在相關領域面對被文化指派的權威人物時，所展現出的服從——它的範圍也超越了性。最明顯的是，它會延伸到其他形式的粗暴對待上，它們不見得和性有關，卻仍是某人專屬且專橫的。當十一歲的漢娜·霍爾瓦斯遭遇了英文老師拉斯奇先生過分熱情的對待與「毛手毛腳」（讓我再次使用一個老派但多有所指的措辭），她使用了和梅蘭妮類似的被動態度回應。漢娜說她不介意、甚至說她喜歡：卻是為了錯誤的理由、在錯誤的時刻、以錯誤的方式喜歡（逆轉亞里斯多德的名言）。她對著查克·帕摩爾回憶：

他喜歡我，對我印象深刻。我當時在從事創意寫作，寫了一部短短的小說，之類的。有時候他在課堂上說話時，他會站在我身後，摸我的脖子，有時他會摸我的頭，摩擦我

116

（4）不被渴望——同意的資格感
Unwanted—On the Entitlement to Consent

的頭髮。而我並不介意。那讓我感到與眾不同，他們知道我將會長大，而且會變得非常、非常特別……總之，我去年在布許維克參加了一場倉庫派對，某個傢伙走到我面前，對著我說：「〔漢娜〕霍爾瓦斯，我們讀同一所中學，東蘭馨中學！」我說：「哦，我的天，你記得拉斯奇老師的派多瘋狂嗎？他根本就是在對我性騷擾。」你知道這孩子說什麼嗎？他在這場該死的派對的正中央，一副法官似地看著我，他說，「那是非常嚴重的指控，漢娜。」他就走開了。

現在再看看，大衛面對梅蘭妮最後的指控時，他那同樣遲緩且帶有評判意味的反應；他不僅築起防禦，更表現出深深的輕蔑、強烈的紆尊降貴之姿：

虐待：他在等著這個字眼出現，以一種自詡正義的顫抖聲音說出來。當她看著他，她看到了什麼，才讓她一直處於這種程度的憤怒中？一群無助小魚中的鯊魚？還是她有另一種版本：一個骨架粗大的男性逼近一名女童，一隻大手遏制了她的哭泣？多荒謬！然

27　出處同上。
　　* 編注：在許多語言文化中，對性高潮的比喻。
28　出處同上，頁28。

後他想起來了⋯昨天他們在同一間房間裡⋯⋯〔然後〕梅蘭妮幾乎不〔及〕他的肩膀。

不平等⋯他如何能夠否認這點？[29]

確實，大衛怎麼能夠否認他們之間的權力失衡呢？但最終讓他肯定這點的基礎——身高——卻是令人惱火地沒什麼關聯。真正相關的、是父權文化的產物，以及當女性抗拒與挑戰男性權威人物的意志時，隨之而生的威脅和懲罰。因此，一種把厭女情結內化的特殊形式出現了：女人因為沒有保護那些錯待了自己的男人，而時常感受到羞恥和內疚感。我們不想傷害他或讓他失望；我們想當好女孩。

在前面提到的那集《女孩我最大》裡，查克・帕摩爾很快就吸引了漢娜，並削弱了她的防禦心。在他們站著交換故事時，她從他的書架上抽下一本書：菲利浦・羅斯的《當她是好女人的時候》。漢娜說，儘管羅斯有厭女情結，她仍喜歡這本小說、喜愛羅斯。漢娜告訴帕摩爾，這本書有另一個書名：《美國賤人》。他當場把自己這本簽名書給她，小小獎勵她沒有當一個美國賤人。

下一幕裡，帕摩爾躺到床上，叫漢娜躺在他身邊。他只是想要與某個人的親密感，他睡不好，他很孤獨。他背對著她躺下，兩人都衣著整齊，突然，他不請自來且毫無預兆轉過身，

(4) 不被渴望——同意的資格感
Unwanted—On the Entitlement to Consent

牛仔褲的拉鍊開著,他用半勃起的陰莖摩擦她的大腿。他渴盼著——而漢娜直覺伸出手幫他自慰。接著她跳起來,反覆大喊:「我摸了你的屌!」她覺得非常羞辱。漢娜站在那裡大喊時,查克‧帕摩爾譏諷、甚至殘酷地露齒而笑。他贏了,而他清楚這一點。她來到他的公寓,為了要和他對質他的性掠奪行為,而他對她示範事情是怎麼發生的,不但打擊了她,還獲得了他想要的。同時,她則被留在無力、噁心、混亂的狀態裡。

29 出處同上,頁53。

(5) 能力不足——得到醫療照護的資格感
Incompetent—On the Entitlement to Medical Care

身為社會學家、同時也是作家的崔西・麥克米蘭・卡頓在懷孕四個月時開始出血;她那時在工作,在她順利在截稿前交稿後,她打電話請丈夫來接她。她不帶感情說:「當妳是一個黑人女人,妳的身體就已經讓辦公室政治夠複雜的了,倘若妳那身體腹部隆起又正在流血,情況就更嚴重。」[1]

麥克米蘭・卡頓前往婦科診所看診。她解釋,自己之所以選擇這間診所,是根據「如何選擇一間好學校或如何選擇去哪間 T. J. Maxx*的粗糙定義下的文化地理學:假如這間學校或店家坐落在城鎮裡以白人居民為主的富裕區段,它勢必是間好診所」。[2] 但這間不是,至

---

* 譯注:美國一間大型的連鎖折扣百貨。

1　Tressie McMillan Cottom, *Thick: And Other Essays* (New York: New Press, 2019), p. 82.

少對她這名黑人女性而言。

儘管麥克米蘭・卡頓事前打過電話告知診所員工自己的情況，她仍得坐在那等候許久，久到她的血都滲到了等候室的椅子上。她的先生詢問院方她能不能在更隱密的地方候診，護理師「警覺地看著椅子」，最後負責問診的醫師「解釋〔她〕可能只是太胖，流點血很正常」，3就打發她回家。

麥克米蘭・卡頓的疼痛在那晚真正開始，「就在臀部後方的肌肉，延伸到兩側。」她先是散步、伸展，並打電話給母親，最後她終於致電護理師，護理師認為是便祕造成了她的疼痛，並未理會。4

麥克米蘭・卡頓的疼痛持續了三天。將近七十個小時的時間，她沒有一次睡著超過十五分鐘。她去醫院，他們責備她可能是吃了對她「不好」的東西，然後不情願地答應幫她做超音波檢查。結果發現，麥克米蘭・卡頓這一路以來都在經歷分娩痛，但這些疼痛因為位置「不對」而被低估。麥克米蘭・卡頓寫下：

〔超音波〕影像顯示出三個胚胎，但我只懷了一個，另外兩個是腫瘤，比嬰兒還大，絕對不是我吃下去的東西。醫師轉頭對我說：「妳若順利熬過今晚沒有早產，我會很驚訝。」留下這句話他便離開了，而我住進產科病房。最後，一個晚班護理師說我已經分

122

（5）能力不足——得到醫療照護的資格感
Incompetent—On the Entitlement to Medical Care

婉三天了，「妳應該先說點什麼的。」她訓斥我。[5]

麥克米蘭・卡頓的苦難遠遠沒完。因為醫護人員認為她的疼痛沒有嚴重到需要麻醉的程度，她無法獲得止痛藥。她被推進產房時，她時有意識，時而沒有。事實上，她的疼痛嚴重到她一度在清醒過來之後大喊「他媽的混蛋」，然後值班的護理師要她注意言詞。她要求注射硬膜外麻醉，當麻醉師終於前來，他的反應稱不上同情，甚至算不上專業的冷淡。相反的，麥克米蘭・卡頓回想道：「他瞪著我，說如果我不保持安靜，他就會離開，我也不會獲得任何止痛藥物。」接下來⋯

就在一陣陣痛到達頂點時，針頭刺入了我的脊椎，我極力試著保持靜止與安靜，以免他就這樣把我拋下。注射三十秒後，我在頭碰到枕頭前昏了過去。[6]

---

2 出處同上。
3 出處同上，頁83。
4 出處同上。
5 出處同上，頁83—84。
6 出處同上，頁84—85。

麥克米蘭‧卡頓生下了她幾乎沒了呼吸的女兒，並被告知嬰孩出生的時間早了四天，醫院無法提供任何醫療處遇。＊孩子不久後死亡。麥克米蘭‧卡頓抱著她的女兒，請教護理師要如何處理遺體，護理師轉頭看著她說：「告訴妳一聲，我們當時也無能為力，因為妳沒告訴我們妳要生了。」[7]

根據近期估計，美國國內的黑人女性死於懷孕或生產的機率大約是白人女性的三到四倍。[8] 光是相對貧窮這點無法解釋這驚人的生產死亡率數據，[9] 而多虧了如麥克米蘭‧卡頓和琳達‧維拉羅莎等作者的知識勞動，這些數據總算也開始在自由派白人圈子裡獲得討論。[10] 網球巨星小威廉絲的悲慘經驗也是因素之一——醫護人員一開始無視她對自身血栓病史的說明，或至少低估了這個因素——害她差點在產後死亡。[11] 當然，這些意識的提升不僅有益，而且早就該發生了，但這也必須被延伸到生產照護以外的領域上。麥克米蘭‧卡頓在她的論文〈渴望勝任〉中描述並分析了前述經驗。她提出了重要的解釋，闡明黑人女性多麼普遍又深刻經驗到失格的健康照護，不論她們是否懷孕。如同麥克米蘭‧卡頓所寫：

在我試圖取得醫療照護時，這個結構裡的每一個環節都假設我無能，想藉此把我篩掉……健康照護體系無法把我想像成一個有能力的人，所以忽略並無視我，直到我真的

（5）能力不足——得到醫療照護的資格感
Incompetent—On the Entitlement to Medical Care

變得無能。疼痛讓理性思考發生短路，它可以改變你對現實的所有感知……當醫療專業領域系統性地否認黑人女性的疼痛、未能切實診斷我們的疼痛、拒絕緩解或治療我們的疼痛，健康照護體系即把我標記成無能官僚制度下的主體。[12]

* 編注：無法提供醫療處遇的理由，可能是卡頓的嬰兒屬於極早期早產兒（extremely preterm birth，WHO的定義是介於二十二至二十六週之間），而某些醫療機構基於「不傷害」（do no harm）的原則拒絕檢查，因為嬰兒可能存在永久性的健康問題。或許是該醫院相關政策規定，導致卡頓女兒因早了四天出生，無法得到醫療處遇。

7 出處同上，頁85。

8 疾病管制與預防中心，懷孕死亡率監測系統，見：https://www.cdc.gov/reproductivehealth/maternalinfanthealth/pregnancy-mortality-surveillance-system.htm。

9 一份近期針對紐約市生育情況的分析發現，「大專教育程度、在地區醫院生產的黑人母親，比起高中未畢業的白人女性，更容易因為懷孕和生產而產生嚴重的併發症。」該分析也補充，最高教育程度這個變項可以相對有效被用來預測收入。見：New York City Department of Health and Mental Hygiene, *Severe Maternal Mortality in New York City, 2008–2012* (New York, 2016), https://www1.nyc.gov/assets/doh/downloads/pdf/data/maternal-morbidity-report-08-12.pdf。

10 見：Linda Villarosa, "Why America's Black Mothers and Babies Are in a Life-or-Death Crisis," *The New York Times*, 2018/04/11, https://www.nytimes.com/2018/04/11/magazine/black-mothers-babies-death-maternal-mortality.html。

11 Maya Salam, "For Serena Williams, Childbirth Was a Harrowing Ordeal. She's Not Alone," *The New York Times*, 2018/01/11, https://www.nytimes.com/2018/01/11/sports/tennis/serena-williams-baby-vogue.html

12 Cottom, *Thick*, p. 85–36.

當然，反之亦然：如果一個人被標記成無能，他的疼痛就有可能比較不被當一回事。一般說來，女性，尤其是黑人女性，經常遭遇到醫療專業人員認為她們歇斯底里，進而以懷疑的態度治療她們疼痛的情況。

在醫療研究者黛安・霍夫曼和安妮塔・塔錫安具開創性且廣受引用的論文〈呼喊疼痛的女孩〉中，她們檢視相關文獻，以了解疼痛經驗與治療過程中的性別不平等。她們發現，在進行包括腹部手術、冠狀動脈繞道手術、闌尾切除手術等幾項痛苦的醫療處置時，男病患獲得比女病患更多的止痛藥物（在必要時控制了體重變數後亦然）。而在這些醫療處置的最後一項裡，女人比較有可能獲得鎮靜劑，而非止痛藥。在一項研究裡，疼痛治療診所的女病患被給予的處方是「比男病患更多的輕微鎮定劑、抗憂鬱藥，與非鴉片類止痛藥；男病患則得到比女病患更多的鴉片類藥物」。[13]這些趨勢也不僅限於成年病患，當男孩與女孩分別接受手術，並於術後抱怨疼痛，男孩有明顯較高的可能性會被給予可待因，女孩則只會拿到乙醯氨酚類藥物＊（一種在美國以泰諾〔Tylenol〕為藥名銷售的輕微非處方止痛藥）。[14]

儘管事實正如霍夫曼和塔錫安的詳細討論，一些證據指出，在同樣的有害刺激下，女性可能往往比男性感受到多一些的疼痛——一個標準的測試方式是讓人把手放到冰水中——因此會需要更強力的疼痛管理，但上述的情況卻仍舊出現了。還有許多自體免疫疾病和婦科疾病也令人痛苦異常，且這些疾病的病患群中，大多數或絕大多數是女性（婦科疾病的病例裡

126

(5) 能力不足——得到醫療照護的資格感
Incompetent—On the Entitlement to Medical Care

也包含了某些跨性別和非二元性別病患），因此，霍夫曼和塔錫安寫道：

有鑑於女性更頻繁經歷疼痛，〔也〕對疼痛更敏感⋯⋯恰當的做法下，她們至少應該獲得和男性一樣徹底的治療，而且她們對疼痛的陳述應該要被認真看待。但資料顯示情況並非如此。比起男性，當尋求協助的女性陳述疼痛，她們較少被認真對待，疼痛也比較少獲得適當的治療。[15]

---

13 等女性被轉介到這間疼痛專科診所時，她們已經比男性同儕忍受了更長時間的疼痛，她們的年紀也較長。在另一項疼痛診所的研究中，女性比較有可能被專科醫師轉介到該間診所，而男性則較常被全科醫師轉介。霍夫曼和塔錫安指出，「這些結果顯示，在和醫護人員的初期互動中，女性會受到懷疑，並遭遇其他障礙。」見：Diane E. Hoffmann and Anita J. Tarzian, "The Girl Who Cried Pain: A Bias Against Women in the Treatment of Pain," *Journal of Law, Medicine and Ethics* 29 (2001), p. 17.

* 譯注：可待因（Codeine）為成分含鴉片的鎮痛止咳劑，而常見的普拿疼即屬於乙醯氨酚類止痛藥（acetaminophen）。

14 當然，考量到國內的鴉片危機，在某些情況下，獲得鴉片鎮靜劑作為緩和疼痛的藥物，最多只能算是一個令人五味雜陳的賜福。然而，本段的重點僅是要指出，在考量成癮風險後，不論最佳的臨床治療手段是什麼，給予男性處方鴉片鎮靜劑，而非其他不屬於麻醉類、可以輕易取得的非處方止痛藥，這件事都顯示了男性的痛苦會比女性的受到更認真的對待。

15 Hoffmann and Tarzian, "The Girl Who Cried Pain," p. 19.

除此之外,研究者表示,醫療文獻傾向將女性描述成「歇斯底里和情緒化」,導致她們獲得更多心身性疾病的診斷,也更常被看作情緒不穩定。因此,和男性病患相比,女性的慢性疼痛更可能得到「戲劇化人格違常」(histrionic disorder,又譯「做作型人格疾患」)(定義是「過度」情緒化和爭取注意力的行為)的診斷。[16]

霍夫曼和塔錫安這篇時代意義重大的文章發表於二〇〇一年,我們可能會希望,在這期間,情況已經有所改善。但一份二〇一八年針對近期(發表於二〇〇一年至二〇一五年間)研究所做的調查打破了這份希望,在調查中,安可・塞姆洛維茲和共同作者發現:

和男性比起來,女性得到較少、也較沒有效的疼痛緩和藥物、鴉片含量比較少的止痛藥物,以及較多抗憂鬱劑和精神健康處遇的轉介⋯⋯還有一項重大發現,在回顧的文獻中,研究者會從心理學角度分析女性的疼痛⋯⋯女性對疼痛的陳述較不被認真看待,她們的疼痛感受被貶低成精神性的,或根本不存在,相比於給予男性的治療,她們獲得的藥物也較不足。[17]

因此,整體來說,作者提出結論:「回顧的文獻展示了〔醫療〕互動及處方藥物中的性別偏見。在這些研究中,男性和女性在治療上的差異無法用不同的醫療需求解釋。」[18]

(5) 能力不足——得到醫療照護的資格感
Incompetent—On the Entitlement to Medical Care

塞姆洛維茲和同僚發現，當醫護專業人員遇到如纖維肌痛症（〔Fibromyalgia〕該疾病主要影響女性）這類沒有明顯生理性標誌的病況，他們特別不願意相信女性對疼痛的陳述。整體而言，如果涉及這類病況，「女性說起她們和臨床醫護互動的經驗時，其描述顯示了⋯⋯在醫療互動中，女性必須要多麼努力才能夠被認真看待，被相信、被理解。」[20]此外，一般說來，「遭遇疼痛的女性可能被看作是歇斯底里、情緒化、愛抱怨、不想康復的裝病者，她們杜撰自己的疼痛感受，好像這一切都只是她們想像出來的。其他研究則指出，承受慢性疼

16 出處同上，頁20。

17 Anke Samulowitz, Ida Gremyr, Erik Eriksson, and Gunnel Hensing, "Brave Men' and 'Emotional Women': A Theory-Guided Literature Review on Gender Bias in Health Care and Gendered Norms Towards Patients with Chronic Pain," Pain Research and Management 2018 (2018), p. 10.

18 Samulowitz et al., p. 8.

19 在一項調查中，受訪的醫護人員認為纖維肌痛症病患是耗費時間又令人沮喪的裝病者，臨床工作者甚至認為某些病患應該為自己的疼痛負責。出處同上，頁5。

20 出處同上，頁7。

同樣的，針對急診室治療這個主題，卡洛琳・克里亞朵・佩雷茲寫道：「一份美國國家醫學院在二〇一一年時針對長期痛症所出版的著作指出，〔自一九九〇年代到二〇〇〇年間〕沒有太多改變，受疼痛所苦的女性會面臨『耗費過長時間才能獲得正確診斷』，而且常沒有受到正確治療，或者治療的方式未經證實有效』，以及來自醫療系統的『忽視、敷衍、歧視』。」見：Caroline Criado Perez, Invisible Women: Data Bias in a World Designed for Men (New York: Abrams, 2019), p. 228.

痛的女性……她們的疼痛會被歸咎於心身性〔而〕非身體性的原因。」與此同時,「男性則有著堅忍的形象,會忍受疼痛,〔並且〕否認疼痛。更進一步,男性被描述成自主的、能掌控情況、逃避尋求健康照護,〔並且〕不談論疼痛的感受。」[21]

如我們所見,事實上,一些證據指出,在相同的有害刺激下,女性平均來說可能比男性經歷到更劇烈的疼痛。但這並沒有處理到男性是否比女性更堅忍的問題——換句話說,他們是否就是可以輕易咬牙挺過等量的疼痛?假如有確實的證據可以支持這項假設,醫護人員便可能可以合理相信,當一個男性抱怨疼痛,他想必是真的痛——或他肯定感受到強烈的疼痛,遠超出了他描述的程度。

然而,男性相對堅忍且不言痛的這個說法儘管受人歡迎,卻似乎沒有可靠的實證基礎確實,一些研究顯示,平均而言,女性比男性更常諮詢醫護人員,尤其在她們生育年齡的階段。但這項附加條件也指出,她們可能確實也擁有更多理由諮詢——例如正處於孕期。因此,正如研究者凱特·杭特與其同事所點出的,這使得我們尚且無法回答,針對痛苦程度相當的病況,女性是否比男性更傾向尋求醫療建議。他們的論文旨在透過比較男性和女性因頭痛與背痛而諮詢醫護人員的比例,試著回答這個問題。他們發現,只有「微弱且不一致」的證據證明,女性比男性更常因為背痛諮詢醫護人員,而指出女性比男性更常因頭痛諮詢的證據則「稍微有力一些……但絕不是完全一致。」[22]

(5) 能力不足──得到醫療照護的資格感
Incompetent—On the Entitlement to Medical Care

杭特和協同作者承認,幾項質化研究確實顯示出男性經常以言語表達他們不願意向醫護人員尋求協助。然而,研究者也接著指出,大多數研究並不是比較型研究:它們並未顯示出男性比起女性同伴來說比較不願意尋求協助。儘管缺少數據資料,「但仍有一種危險(且往往隱晦)的趨勢,人們會假設,假如男性會運用公開、不願尋求協助的態度作為一項重要的工具,以展現自己的陽剛氣概,這勢必就暗示了,女性沒有不願意尋求協助。」[23] 但女性確實可能為了不同的原因而不願尋求醫療協助(舉例來說,不是因為不願承認自己的弱點,而是因為假設自己不會被認真看待),因此,就如杭特和協同作者所寫的:「比起女性,男性比較不樂意諮詢醫護人員,這項普遍的假設需要在實證層面上被挑戰與查證,被駁斥或修正」,以避免把不正義延續下去。他們觀察到:

> 當男性對健康照護體系的「使用不足」被打造成一個社會問題,此處有一個危險在於它

---

21 出處同上,頁 5。
22 Kate Hunt, Joy Adamson, Catherine Hewitt, and Irwin Nazareth, "Do Women Consult More Than Men? A Review of Gender and Consultation for Back Pain and Headache," *Journal of Health Services Research and Policy* 16:2 (2011), p. 108–13.
23 出處同上,頁 109。
24 出處同上,頁 116。

會強化另一個相對的假設,亦即女性過度使用健康照護、太急切或太常諮詢醫護人員,且有時是為了一些輕微、不看醫生也會好的,或是可以透過自我管理而痊癒的症狀。25

除此之外:

女性會欣然立即為了所有症狀或病況諮詢醫護人員,而男性則比較不願意這麼做,或會選擇拖延,這個經常沒有受到挑戰但卻普遍存在的預設可能會導致醫護人員假定,在決定來諮詢之前,女性的症狀較為輕微。26

換句話說,從另一個角度出發,男性性格堅忍這個看法可能是另一類觀點的反面,也就是女性比較可能抱怨微不足道之事。如此一來,這項假設不過就是普遍性別偏見的另一種樣貌。

其他證據強化了這項假設:早在社會化過程有可能讓男孩感到猶豫、不願充分表達自己的疼痛之前,人們就已經比較認真看待男性喊痛,勝過於女性。兩項近期的研究顯示,當人們觀看哭泣嬰兒的影像(嬰兒穿著中性的衣服),如果他們被告知嬰兒是男孩,他們會傾向於評估嬰兒經歷了更強烈的疼痛感。27 研究者指出,一個可以恰當解釋這個發現的因素是,

(5) 能力不足──得到醫療照護的資格感
Incompetent—On the Entitlement to Medical Care

實驗參與者抱持著「男孩比較堅忍」而「女孩比較會表達情緒」的固有看法。[28]但請留意，在此案例中，這個看法本身其實相當不合情理，因為如此一來，這項性別差異就必須被歸為自然天生，而非環境因素──不只如此，男孩還必須從嬰兒期起就進入一組標準設定，讓他們比起女孩更不積極喊痛。[29]而就算這個看法最後確實被證明是真的，我們目前也還沒有確鑿的證據。這說明了，人們會把男孩喊痛的行為當成強烈疼痛的象徵，但這個被記錄下來的傾向不過是反映出性別偏見罷了。

總而言之，男性比女性堅忍，可以支持這個論點的證據顯得微弱，遠比不上假設本身的

---
25 出處同上，頁109
26 出處同上，頁116。
27 見：Lindsey L. Cohen, Jean Cobb, and Sarah R. Martin, "Gender Biases in Adult Ratings of Pediatric Pain," *Children's Health Care* 43:2 (2014), p. 87–95，以及 Brian D. Earp, Joshua T. Monrad, Marianne LaFrance, John A. Bargh, Lindsey L. Cohen, and Jennifer A. Richeson, "Gender Bias in Pediatric Pain Assessment," *Journal of Pediatric Psychology* 44: 4 (2019), p. 403–14.
28 有趣的是，爾普等人（出處同上）最近複製了這個實驗，並在觀賞影片的女性身上發現了顯著的影響，男性身上卻沒有。可以用來解釋此項結果的因素尚不明確，但這和現實情況相符，也就是女性抱持著和男性一樣多的性別偏見，而在這個例子中，或許可能更多。本書第九章會針對一些這類偏見進行討論。
29 和此相反的情況則是，（假定）某個特質是因為一些後續浮現的差異，例如青少年起開始作用的荷爾蒙等因素，才會成為標準設定。

強度。某種程度上，這不令人意外，在一個男性的經驗整體而言比女性受到更多優待的社會中，這類沒有根據的假設扮演了一種有力的社會功能。尤其在這個例子裡，我們應該探問：是因為我們傾向把男性想得比較堅忍，所以才會認為他們的疼痛應該被更認真對待嗎？或者，我們之所以把男性想得比較堅忍，是因為至少在許多場合中，我們傾向更嚴肅看待他們的疼痛？後者這項假設也獲得其他證據支持：女性感到疼痛時，她們比男性更可能繼續執行家務勞動和家庭職責。事實上，「因為家庭、工作、家務、自身疼痛問題與健康狀況而生出的超載責任感，似乎阻礙了疼痛女性復原。」研究者觀察到。30

這一切都不是在否認異常堅忍的男性確實存在，而是要說，異常堅忍的女性也同樣存在。此外，男性可能主要在某些情境下展現出那一面──例如在其他男性同儕面前，或在高度陽剛、具競爭性的環境裡，但在女性與其他照料他們的人身邊，卻有可能是另一回事。

男性比較堅忍，不論這項常見假設是否為真，它都代表著他們對疼痛的陳述通常會被重視──至少在絕大多數的情況中。當一個享有特權的男性抱怨自己疼痛，人們預設的傾向是相信他確實很痛，31 他值得獲得同情與關懷，以及有必要的話，獲得醫療照料與治療。如前述研究顯示，女性抱怨疼痛時，她們可能一切都理所應當。但許多人就沒有這麼幸運了。同樣的情況也很可能適用於非二元性別者，以及許多在種族、身心障礙、性、不會被正視。

(5) 能力不足——得到醫療照護的資格感
Incompetent—On the Entitlement to Medical Care

階級,或其他各種不同社會面向上沒有享受到特權的男性相比,而在上述面向上享有特權的女性相比,對受制於多重且複合壓迫形式的女性而言,情況自然更糟。

疼痛於是成為一個證詞消音(testimonial quieting)的有力場合。證詞消音這個概念出自哲學家克莉絲蒂・道森,意指「聽眾無法認可言說者為知情者」[32];因為聽眾不相信或質疑言說者的能力,言說者最終等同被消音。她可能抱怨疼痛,但她的呼喊不被注意。道森指出,這類消音經常在美國黑人女性身上上演。

---

30 Samulowitz et. al., "'Brave Men' and 'Emotional Women,'" p. 10.

31 我在此提到「享有特權」,一部分是因為種族主義和厭女情結一樣(還有兩者的指標性交織,簡稱為厭黑女情結),在疼痛無法獲得充分的治療一事上無疑扮演了關鍵的角色。一項二〇一六年的指標性研究說明了原因,研究者指出「和美國白人相比,美國黑人的疼痛問題系統性地缺少治療。」他們調查了針對黑人和白人身體上的生物差異,人們普遍抱持著哪些錯誤看法(例如:黑人的皮膚比白人皮膚厚。)他們募集山人醫學院學生和住院醫師作為研究樣本,結果發現,有整整一半的受試者相信這類錯誤看法。他們的受試者也明顯偏向相信,黑人病患的疼痛感受比白人病患輕微,進而在疼痛管理上給予較不正確的建議。見:Kelly M. Hoffman, Sophie Trawalter, Jordan R. Axt, and M. Norman Oliver, "Racial Bias in Pain Assessment," *Proceedings of the National Academy of Sciences* 113:16 (2016), p. 4296–4301。

32 Kristie Dotson, "Tracking Epistemic Violence, Tracking Practices of Silencing," *Hypatia* 26: 2 (2011), p. 242。在本書第八章〈不出風頭〉中,我針對道森提出的「證詞扼殺」(testimonial smothering)概念(某種被強迫的自我消音)提出討論。

135

針對某社會群體成員的普遍偏見，導致某人的說詞不被賦予應得的可信度，一種類似的消音因此產生，哲學家米蘭達・弗里克將其稱為「證言不正義」（testimonial injustice）。取她所舉最為人知的例子來談，讓我們回想一下電影《天才雷普利》中的瑪姬・謝伍：當瑪姬試圖提出正當懷疑，認為她的未婚夫迪奇・格林立夫可能被他最好的朋友湯姆・雷普利傷害了，她立刻被迪奇的父親老格林立夫無視。「瑪姬，女性直覺是一回事，但事實是另一回事。」他對她說──把她的言論基礎歸類到前者這個令人沮喪的類別。格林立夫把瑪姬當成一個所謂歇斯底里的女人，而這種女人的說詞不可信。在其他情境裡，女性（與其他弱勢群體）可能不會被貶低成歇斯底里或無能的，但她們可能是偽君子或騙子。弗里克主張，證言不正義的源頭，來自於社會對特定階級群體抱持著刻板印象。[33]

上述研究指出，當女性試圖主張自身疼痛，醫療體制通常會利用以下兩項基礎貶低她們──一方面質疑她能力不足與歇斯底里，另一方面則懷疑她們是不誠實的裝病者。對於因為身為黑人、酷兒、跨性別，和／或有身心障礙而被多重邊緣化的女性而言，這類的不正義通常會嚴重許多。崔西・麥可米蘭・卡頓發表了論文〈渴望勝任〉，就自身作為黑人女性為例，和白人女性在婦科診所的不同經驗進行了比較，讓世人注意到此處不正義相互疊加的情況。貝利所提出的術語來說，這就是厭黑女情結，彙闡述厭女情結與美國國內的反黑人種族主義情結之間互相交織的情況。[34]

(5) 能力不足——得到醫療照護的資格感
Incompetent—On the Entitlement to Medical Care

在這一點上,也可以想想身障黑人、自我認同為女同志[1]中的「婆」*的作家潔思敏‧喬伊尼爾的證詞。七年級時,喬伊尼爾開始在田徑練習期間感覺到左下腹劇烈脹痛,「感覺像是我同時被火燒和用刀刺——把空氣都從我的肺部抽走了。」她在一篇名為〈沒有人相信黑人女性會痛〉的文章中如此回憶,「只要我一開始跑步就會痛,然後我會痛到跪倒在枯草皮上,想辦法呼吸,按著我的腰側。」[35]「喬伊尼爾的教練把她的疼痛當作經痛草草打發、沒有理會,而儘管她疼痛的程度既劇烈又持續,她仍試著相信教練。當喬伊尼爾去看醫生,表示她擔心這種不間斷的疼痛(不只發生於經期),她又再一次被打發(女)醫師告訴她,她「太大驚小怪,這很正常。」

---

33 Miranda Fricker, *Epistemic Injustice: Power and the Ethics of Knowing* (Oxford: Oxford University Press, 2007), chapters 1–2.

34 這個詞由貝利於二○○八年發想,並由貝利和楚迪(見 @thetrudz)於二○一○年起在網路上發表。若想要了解這個詞的歷史,可參考她們共同撰寫的文章:Moya Bailey and Trudy, "On Misogynoir: Citation, Erasure, and Plagiarism," *Feminist Media Studies* 18:4 (2018), p. 762–68.

* 譯注:femme,女同志裡一種常見的身分區分,乃相對於 T(Tomboy/Butch),前者指涉性別氣質較陰柔的女同志,後者則是性別氣質表現較為陽剛的女同志。

35 Jazmine Joyner, "Nobody Believes That Black Women Are in Pain, and It's Killing Us," *Wear Your Voice Magazine*, 2018/05/25, https://www.wearyourvoicemag.com/black-women-are-in-pain/

厭女的資格
ENTITLED

等到喬伊尼爾又痛得更嚴重——她後來得知，她痛的程度至少相當於分娩最後階段的疼痛度——她在半夜跌跌撞撞走進母親的房間，她的母親（擔任護理師超過二十年）看了女兒一眼，便急忙帶她去醫院。喬伊尼爾在那裡又再一次遭遇到對方堅持她只是在經歷一次嚴重的經痛。她母親花了超過一小時才說服醫院職員為女兒做超音波檢查，當他們終於不情不願做了之後，發現她的左側卵巢裡長了一個壘球大小的囊腫，這個使人極度疼痛的囊腫隨時可能破裂，在形成血栓後流經喬伊尼爾的心臟，奪走她的生命。幸運的是，就在這個當下，喬伊尼爾總算接受了緊急的救命手術。但是，她失去了左側卵巢和輸卵管——假如她的話一開始就被認真看待，這原本可以避免。36 除此之外，喬伊尼爾寫道，身為一名身障黑人女性，這次的經驗只不過是一個生動的預告，預示了她後續在美國醫療體系裡的遭遇：

這些年間，我陸續被診斷出多種疾病，我如今同時是一個慢性病患，也是身障者。每一次的診斷都花費多年，我一輩子都受到醫療社群的煤氣燈操縱*。每一次，白人醫師都質疑我的疼痛和我對自己身體的認識，他們所受的教育一直以來都充滿了反黑人的情結。

138

（5）能力不足──得到醫療照護的資格感
Incompetent—On the Entitlement to Medical Care

因此，雖然弗里克提出的「證言不正義」概念在此有助於診斷出一部分的問題，但這個概念是否就足以充分公正地解釋各種相關、彼此交織的因素，對此，我們可能存有疑慮。我們無法用針對女性的整體刻板印象來理解麥克米蘭・卡頓或喬伊尼爾的經驗；她們面臨的證言不正義是特殊的，而且格外嚴重，因為她們處於某個特定的社會脈絡下身為黑人女性的位置。如喬伊尼爾所寫：

> 沒錯，從歷史上來看，女性始終拿了一手爛牌……女性總是被診斷為歇斯底里，而不是患有生理或精神疾病，例如憂鬱與焦慮……但假如我們無視黑人女性和婆在美國醫療

---

36 可和瑞秋的經驗進行比較，她也有輸卵管扭轉的問題，她的丈夫寫下了這段經驗。見：Joe Fassler, "How Doctors Take Women's Pain Less Seriously," The Atlantic, 2015/10/15, https://www.theatlantic.com/health/archive/2015/10/emergency-room-wait-times-sexism/410515/。在此我完全無意貶低瑞秋遭遇的恐怖痛苦和不正義，但驚人的是，和喬伊尼爾相比，瑞秋的故事接收到大量的理解（並出現在重要的媒體上）。一方面，這是因為，我們可以推斷瑞秋是一名白人女性，而厭黑女情結則往往存在於（相對於白人女性）人們對黑人女性的痛苦和她們遭遇到的不正義抱持著敵視的冷漠。另一方面，瑞秋的故事是由她的丈夫述說，因此可能受益於（男性）證言的重量。

* 譯注：指因為關係裡的權力不平等而受到有權力一方的蒙騙與操縱。出於美國劇作家漢米爾頓一九三八年時創作的舞台劇本《煤氣燈下》。本書第八章有對此概念更詳細的討論。

體系內外所經驗到的特殊厭黑女情結，就等於消抹了疼痛的歷史，也是對黑人女性每日身體經驗的不尊重。37

另外也有一個問題：刻板印象，即使是針對特定女性群體的刻板印象，是否就為證言不正義（或者，更好的說法可能是，複數的證言不正義）的現象提供了最佳解釋？畢竟對許多女性而言，在一些高度相關的醫療情境中，例如她們作證說明自己負責照顧的兒童健康狀況時，她們的證詞明顯比較不會被輕視。事實上，女性在面對委託給自己的責任時，經常被視為極端有能力、可信賴的照顧者，除非有證據證明並非如此（在此情況下，因為在「好女人」特質上面失敗了，她們受到的懲罰可能會嚴厲、立即，又不成比例）。38

為什麼我們預設在某些脈絡裡相信女性，但在其他脈絡（儘管它們可能有高度的關聯）則不相信呢？在此情境裡，有一個可能的解釋，便是女性被預設擁有更多的資格（事實上是義務）要提供關懷，但要求和獲得關懷的資格卻少了非常多。假設她被定位成一名護理師、母親或「奶媽」(mammy)（非裔學者派翠西亞‧希爾‧柯林斯對此「控制性形象」*有精采闡述，指那些「慈愛、會照顧人、關懷」，把「她們的白人子女」和「家庭」照料得比自身家庭更好的黑人女性）39，當事情關乎她所負責照顧的子女的福祉，她便經常會被認定和男性同伴一樣值得信賴，甚至更值得信賴。然而，當她是疼痛的病人，並要求被照顧，而非提供照

（5）能力不足——得到醫療照護的資格感
Incompetent—On the Entitlement to Medical Care

顧，她就有可能接收到更多質疑、有時驚愕的眼光，她會因此面臨到輕視、懷疑，甚至藐視的反應。[40]

於是，核心問題可能不在於人們會根據刻板印象決定特定群體的女性值得信賴——因為如我們所見，這些刻板印象會以一種事後隨機的方式操作，好藉此合理化某些（且只有某些）情境中對她們的輕視。在此，更深層的問題可能是女性被認定沒有資格僅僅只是因她疼痛，且因她的疼痛是重要的，以她自身或為了獲得照顧本身為理由，要求受到照顧。

據此分析，當女性是為了他人，且是基於受到核准的工具性理由，進而明顯需要取得照

---

37 Jazmine Joyner, "Nobody Believes That Black Women Are in Pain," *Wear Your Voice Magazine*

38 我和譚美・尼登的寶貴對話幫助我理解到，子女患有精神疾病的母親在美國醫療體系中受到多大程度不合比例的徵罰——她們被標籤為「壞女人」，並因為子女的掙扎而受到責怪。

* 編注：controlling image，是一種用來鞏固壓迫體系的刻板印象，以此處來說，mammy 美化了黑人女性的勞動與服從，掩蓋了種族與性別壓迫。

39 Patricia Hill Collins, *Black Feminist Thought: Knowledge, Consciousness, and the Politics of Empowerment*, 2nd ed (New York: Routledge, 2000), p. 72.

40 同樣的，當她們因為性或其他暴力虐待等原因而作證指控有權力的男性，有一個明顯的傾向，亦即她們的說詞不被相信。相反的，她們作證支持這些男性，證言不正義的問題就比較不會出現。因此，再說一次，這類的輕視既不是隨機的，也非一體適用於所有屬於特定社會屬性的言說者。相反的，它們經常被用來支持和維護現有的社會階序。可參考我的著作《不只是厭女》中前言和第六章內的討論。本書第八章〈不出風頭〉則會針對這些議題作後續分析。

顧時——例如當這些照顧是為了協助她成為一個更優秀的照顧者,好照料被視為重要得多的人——往往就會出現例外情況。在女性的健康照護這個主題上,這有助於解釋某些(表面)光明但(實際)陰暗的疑點。對於許多享受特權的白人女性而言,美國的產前照護相對良好——但它們的目的是滿足胚胎、而非母親的需求。然而,當談到產後照護,就有了明顯且嚴重的不足——尤其對非白人女性更是如此,一如《像個母親》一書的作者安吉拉・蓋比斯所說。對於像蓋比斯這樣的非白人女性而言,就連產前照護都可能遠遠談不上及格。同樣情況也發生在許多女同志、酷兒,以及非二元性別者身上,她們一如蓋比斯所描寫的,「深知那些書裡討論到的『正常』或『一般』有孕者,指的並不是自己。」[41]

由此觀點出發,看到享有較少特權的女性在生育照顧和道德關懷方面有如此的缺口,也並非偶然了。在一個白人至上的社會環境裡,肚子裡懷著(很可能是,也確實多半是)白人嬰兒的白人女性,手裡就握著可以通往自身子宮國度的鑰匙。[42]但相反的,懷孕的非白人女性可能被看得可有可無、用完即棄,或甚至是對白人至上主義的威脅。因此,結果導致了令人無法忍受的、醫療照護體系裡的不平等(就像麥可米蘭・卡頓和維拉羅莎所描述的那些情況)以及它們所促成的悲劇後果,這些太常發生。

前述的不正義還有其他結構上的來源。在卡洛琳・克里亞朵・佩雷茲的最新著作《被隱形的女性》中,她描述了一個男性中心或「男性霸權」(andronormativity)範例,亦即男性的身

(5) 能力不足——得到醫療照護的資格感
Incompetent—On the Entitlement to Medical Care

體經常被看成是預設值,且這種傾向會對女性的健康和福祉造成致命影響。她寫道:

壓倒性的證據指出,女性被醫療體制辜負了。影響世界上一半人口的身體、症狀、疾病,卻被輕視、懷疑、無視。[43]

克里亞朵・佩雷茲將這些不平等主要歸咎於「普遍的看法仍然把男性當成人類的預設值,就算有各種相反證據。顯而易見,他們並不是,他們就只是男性而已。」[44]但是:

我們自始以來都假設,除了身材大小和生育功能以外,男性和女性身體之間沒有任何根本上的不同,因此多年以來,醫學教育一直聚焦於男性「基準」,所有落在那之外的

---

41 Angela Garbes, *Like a Mother: A Feminist Journey Through the Science and Culture of Pregnancy* (New York: HarperCollins, 2018), p. 28.

42 我在此說了「確實」,是因為皮尤中心近期的統計數據所指出的,和其他所有社會群體相比,白人女性有著最低的跨族群通婚比例。見:"Intermarriage in the U.S., 50 Years After Loving v. Virginia," 2017/05/18, https://www.pewresearch.org/social-trends/2017/05/18/1-trends-and-patterns-in-intermarriage/。

43 Criado Perez, *Invisible Women*, p. 234.

44 出處同上。

143

情況都被指定為「非典型」或甚至「不正常」。如「典型的七十公斤男性」這類參照隨處可見,彷彿他囊括了兩種性別的人口(一位醫師也對我指出,而他甚至本身也不是太典型的男性),當提及女性,呈現她們的方式卻彷彿她們是標準人類的變形。學生學習生理學,和女性生理學。[45]

在這裡,有一個重要的補充：男性和女性不只彼此不同,他們群體之中也各有差異——有時甚至是很徹底和根本的(舉例來說,可以想想跨性別女性,她們尤其被這人類形體的預設想像錯待)。於是,我們便有更多的理由擔憂一個單一的「標準」(也就是：順性別、白人、無身心障礙的男性)身體被當作範例。

除了醫學訓練的問題以外,有許多疾病同樣以這類的「標準」身體作為研究和理解的主要對象。[46] 這份懸殊的差距有時會被合理化,理由則是基於有月經的人會因為她們特有的每月荷爾蒙波動而難以作為研究主體,但是,就算這並非只是男性霸權的一個藉口,對於占了一半的人口、身體卻不能被充分研究的女性而言,這種理由也算不上安慰。當研究涉及特定藥物的安全性和有效性,月經週期造成的波動可能會造成差異,可能不會。但假如會,了解這件事情難道不重要嗎?假如不會,那麼,再一次的,有月經的身體就應該要被納入研究裡——包括跨性別、非二元性別和雙性人等在內的多元身體都該納入,這些人的身體都長期被

144

(5) 能力不足——得到醫療照護的資格感
Incompetent—On the Entitlement to Medical Care

排除於醫學研究之外。

這類忽視可能對診斷和治療造成災難性的結果。以心臟再同步化治療器（CRT-D，一種在節律器之外的更新型替代選項）為例，它會將電脈衝送往左右心室，幫助它們同步收縮。一如克里亞朵・佩雷茲所指出，根據二○一四年一篇針對食品藥物管理署（FDA）臨床實驗資料庫的評論，在這組儀器的臨床實驗之中，只有大約二○％的受試者是女性。由於這個數字實在太低，在把男性和女性的實驗結果合併再依性別分類分析之前，不會有人察覺兩個群體需求上的不同，也不會以此為基礎提供不同治療。所以，實驗最終給予男性和女性的建議將會一樣：只有在心臟必須花上一百五十毫秒或更久方能完成一次完整的心電週期時，才應該植入這組裝置。然而，當人們終於進行更複雜的資料分析，結果發現對女性來說，這項建議門檻多出了二十毫秒。心臟電波介於一百三十到一百四十九毫秒間的女性在植入CRT-D後，心臟衰竭和死亡機率減少的比例就高了七五％以上。因此，根據目前的治療標準，許多有心臟問題的女性沒能此裝置中獲益。[47]

---

45 出處同上，頁196。
46 就連動物研究也呈現出這個普遍的偏見：在一項二○一四年的調查中，人們發現儘管雄性動物裡可能存在某些更大的變異性，例如雄性老鼠中的變異性人於雌性老鼠，但在所有說明了受試性別的研究中，大約八○％的研究只用了雄性動物。出處同上，頁205。
47 出處同上，頁209。

在心臟問題上辜負女性幾乎不算罕見。過去三十年間,心血管疾病始終是美國女性最常見的死因。而且女性比男性更有可能在心臟病發後死亡——部分是由於女性的症狀(肚子痛、呼吸急促、噁心、疲勞)經常不被留意,因為它們不被視為心臟病在女性身上的典型症狀,而是被看作「非典型」的徵兆。在瑞典,心臟病發作的女性在救護車派送的順位上比較低,而且平均必須在醫院多等上二十分鐘才能獲得治療。[48] 在英國,女性心臟病發後被誤診的機率高出五〇%;與此同時,和年輕男性相比,心臟病發的年輕女性在院內死亡的機率高了幾乎兩倍。然而,在英國,投入於男性冠狀動脈疾病的研究經費遠遠超過了在女性上的。[49]

非男性身體的研究不足,也對許多日常的醫療問題造成了負面的影響。包括抗憂鬱劑和抗組織胺在內,許多常用藥物都會受月經週期影響,意味著它們會在月經週期的不同階段對身體造成不同的影響。如此一來,我們之中有許多人每日服用某些藥物,可能都服用了錯誤的劑量。[50]

有鑑於如此的差距,醫學研究者想出了「楊朵*症候群」(Yentl syndrome)一詞,用以描述女性可能必須先表現出典型的男性症狀,才能夠獲得適當的治療。即使是某些不該透過疾病模式理解的身心障礙和差異(但它們仍舊需要獲得診斷、支持、管理),女性還是明顯處於弱勢。好比一個公認的看法,自閉症出現在男孩身上的機率比在女孩身上要高出四倍左右,但是當女孩患有自閉症,她們受到的影響更深(亦即神經性症狀更非典型,或表現歧異

(5) 能力不足──得到醫療照護的資格感
Incompetent—On the Entitlement to Medical Care

更大)。然而,近期研究指出,儘管這些非典型神經性症狀應該要被看見,並獲得妥當照顧,但女孩的社會化過程卻傾向於將其掩蓋。[51]

而在消費者安全的議題上,這種把特權男性身體視為預設值的傾向就更可能造成廣泛的後果。當繫上安全帶的女性發生車禍,她們因此死亡或重傷的可能性比順性別男性高出七三%。而這似乎是因為,一直到最近,所有撞擊測試使用的假人都還是以順性別男性為模型而設計的──它們忽略了順性別男性和女性在標準脂肪分布、骨骼結構等等上可能差異很大。但等到撞擊測試的「女性假人」總算被納入了,它們往往卻又比大多數真正的女性來得更輕且矮小。[52]

---

48 出處同上,頁228。
49 出處同上,頁212-213。
50 出處同上,頁204-205。
51 出處同上,頁222。
* 譯注:《楊朵》是美國猶太作家以薩・辛格的短篇小說,後來被改編為電影,內容描述一名生活於二十世紀初期東歐的年輕猶太女子楊朵如何挑戰當時社會的刻板性別規範。
52 Cory Doctorow, "Women Are Much More Likely to Be Injured in Car Crashes, Probably Because Crash-Test Dummies Are Mostly Male-Shaped," Boing Boing, 2019/07/23, https://boingboing.net/2019/07/23/in-every-dreamhome-a-heartache.html

最後，會影響孕婦的典型醫療問題往往也長期處於研究不足、缺乏經費的狀態。舉例而言，全球每日約有超過八百人死於妊娠相關的併發症，其中子宮衰竭導致的宮縮無力占了大約一半。目前，針對這個情況只有一種治療方式：催產素荷爾蒙，但這通常只對半數的案例有效，能夠陰道產。那些對催產素沒有反應的人則將需要接受緊急剖腹手術。然而，目前沒有臨床測試方法能測試病人是否對催產素有反應，預測角度來看，幾乎像是在擲硬幣。

那麼，讓我們想像一下，若有研究發現，因宮縮無力而無法順產的病人，她們子宮肌的血液酸性偏高，該有多麼令人興奮。這是來自英國改良生育中心主任兼細胞與分子生理學教授蘇珊・瑞伊的發現。這項發現極有可能改善生育結果──特別是瑞伊又和同事伊娃・韋柏格─伊澤進行了一項隨機控制實驗，用碳酸氫鈉（或稱小蘇打）這項家用必需品組合出針對子宮衰竭的可能治療方法，如此一來，改善就更近在眼前。未接受此治療的案例中，能夠成功陰道產的病人約六七％；但透過這項治療方法降低病人的血液酸性後，順利陰道產的現提升了八四％。[53] 如該研究所指出的，如果這項治療可以針對個別病人體重和血液中的酸度量身打造調整，並且施用多劑，治療可能更為有效。因此，如克里亞朵・佩雷茲所言，這項研究能怎麼強調都不為過：對於每年接受了原本可以避免的重大手術、數以萬計的懷孕人口來說，這項治療便可救人一命。（就像克里亞朵・佩雷茲所說：「你不是只有住在低收入收入國家，這項治療方法的重要性怎麼強調都不為過，這可以改變她們的醫療保健結果。而在例如剖腹手術不可得或有風險的低

（5）能力不足──得到醫療照護的資格感
Incompetent—On the Entitlement to Medical Care

國家時，剖腹手術才有風險，你只要是一個住在美國境內的黑人女性就夠了。」）[54] 但假如你為此而感到樂觀，且慢。瑞伊申請了經費，好繼續在中低收入國家進行研究，申請遭到拒絕。根據英國醫療研究委員會的看法，這項研究「優先性不夠高」。[55] 委員會成員不妨就乾脆直說了吧：女性的健康──尤其是非白人、貧窮女性的健康──極其無關緊要。

53 Criado Perez, *Invisible Women*, p. 233.
54 出處同上，頁233。
55 出處同上，頁234。

（6）難以管束——身體控制的資格感
CHAPTER (6) Unruly—On the Entitlement to Bodily Control

二〇一九年五月十四日，二十五位共和黨白人議員——皆為男性——在阿拉巴馬州投票通過了一條美國近數十年以來最嚴苛的墮胎法案。[1] 隔天，該法案由一位白人女性，也就是阿拉巴馬州共和黨籍的州長凱·艾維簽署生效。這條法令最後被聯邦法庭擋下，但假如它真的依原訂計畫在十一月生效，就會讓墮胎在該州變成犯罪——幾乎所有情境裡的墮胎都會遭到禁止，包括因受強暴和亂倫而懷孕亦然。[2] 唯一的例外，除非懷孕到足月會危害懷孕者的身心健康，否則必須迫使維持懷孕狀態。值得注意的是，該項法案禁止在孕期任何階段墮胎。

1 包括兩名女性在內的六位民主黨議員對法案投下反對票，三位州參議員（一名民主黨女議員與兩名共和黨男議員）並未投票，一名民主黨女議員則放棄投票。

2 這項被稱為「人類生命保護法」（'Human Life Protection Act）的法案隨後重新將墮胎列為一級重罪，施行墮胎手術的醫師最高可被處以九十九年的徒刑。該法案隨後遭到凍結，詳情可見：Alice Miranda, "Federal Judge Blocks Alabama's Near-Total Abortion Ban," *Politico*, 2019/10/29, https://www.politico.com/news/2019/10/29/federal-judge-blocks-alabamas-near-total-abortion-bar-061069

這違反了憲法所保障的墮胎權,也就是懷孕者得以在胎兒具備生存能力(通常大約是指懷孕的第二十四週)之前墮胎。[3]

儘管阿拉巴馬州試圖推行的墮胎禁令相當極端,但在近來接二連三通過的一連串墮胎限制法規中,它只是例子之一。在此其中的大多數法案都同樣獲得了共和黨白人男性的廣大支持,同時,保守的白人女性也在打造和推廣這類立法的過程中扮演了重要的角色。所謂的心跳法案便是由一位這樣的保守白人女性——珍娜·波特——精心設計出來,它試圖禁止懷孕者在胚胎可偵測到心跳後墮胎。波特對反墮胎運動的主要貢獻在於,她把選擇墮胎的人描繪成殘酷、麻木不仁、無情的人,藉此將墮胎一事進一步道德化。「無視那道指標、那聲心跳,這就是冷酷無情。」波特如此宣稱,助長了把允許墮胎的時間從大約二十四週推到僅六週或八週(依各州情況而定)的情勢。[4] 在懷孕的這個階段,許多人並不知道自己懷孕了,而對於知道的人來說,懷孕通常是一個計畫中的結果,因此心跳法案幾乎等同於全面禁止墮胎。[5]

胎兒心跳這個主張然然的目的顯然就是為了牽動——嗯,沒錯——心弦,但在某個人懷孕到第六或第八週(從她上一個經期的第一天算起),心跳這個名詞卻是相當不恰當的說法。在此階段,心臟並不存在,這不只是因為心臟不存在(大腦、臉也不存在)[6] 甚至胎兒也不存在:一個胚胎大約要在第九或第十週時才開始轉變,懷孕第六週時,胚胎差不多一顆青豆大,[7] 超音波有可能偵測到一些脈動,而這來自於將來會變成心臟的細胞,但在某些人的孕

(6) 難以管束──身體控制的資格感
Unruly—On the Entitlement to Bodily Control

期中，這類活動卻要晚很多才會被偵測到。

與此同時，談到冷酷無情，情況其實反過來。阿拉巴馬州通過法案的同一天，一則新聞報導：一名住在俄亥俄州的十一歲女孩遭到綁架、被強暴多次，如今有孕在身。[8] 俄亥俄

---

3 在寫作此書的當下，墮胎權仍受到憲法保障，但有鑑於布萊特．卡瓦諾眾所皆知的反墮胎立場，與他在最高法院的職位，這個情況可能不會持續太久。

編注：作者的預測為真，在川普第二任期的二〇二二年六月，美國聯邦最高法院推翻羅訴韋德案，該禁令正式生效。

4 Jessica Glenza, "The Anti-Gay Extremist Behind America's Fiercely Strict Abortion Bans," *The Guardian*, 2019/04/25, https://www.theguardian.com/world/2019/apr/25/the-anti-abortion-crusader-hopes-her-heartbeat-law-will-test-roe-v-wade

5 在寫作本書的此刻，這類法案已在幾個州內簽署生效，包括：愛荷華州、肯德基州、密西西比州、北達科他州、俄亥俄州、喬治亞州與密蘇里州。本章開篇提到的阿拉巴馬州法規甚至更為嚴苛。

6 多年來，反墮胎運動者亦削弱診所的可及性，許多診所因此關閉，可參考我在著作《不只是厭女》第三章中的討論。

7 Katie Heaney, "Embryos Don't Have Hearts," The Cut, 2019/05/24, https://www.thecut.com/2019/05/embryos-dont-have-hearts.html

8 Lydia O'Connor, "The Lawmakers Behind 'Fetal Heartbeat' Abortion Bans Are Lying to You," HuffPost, 2019/05/22, https://www.huffpost.com/entry/six-week-fetal-heartbeat-abortion-ban-lies_n_5ce42ccae4b075a35a2e6fb0

Kate Smith, "A Pregnant 11-Year-Old Rape Victim in Ohio Would No Longer Be Allowed to Have an Abortion Under New State Law," CBS News, 20-9/05/14, https://www.cbsnews.com/news/ohio-abortion-heartbeat-bill-pregnant-11-year-old-rape-victim-barred-abortion-after-new-ohio-abortion-bill-2019-05-3/

州在一個月前通過了心跳法案,該法案原本預定要在九十天後生效,但同樣遭到聯邦法院凍結。[9] 若根據該法條,這名女孩將會被迫懷孕到足月,她將無疑在性暴力創傷以外,被強加另一項連帶傷害。女性主義作家勞麗‧佩妮評論這起案例:「任何合乎情理的道德標準,都可以輕易看出一個強迫兒童懷孕到足月並生產的政權是多麼可怕、冷酷無情,而且不道德。」

[10] 沒錯,但不知為何,反墮胎運動者仍然宣稱自己立於道德高地。

一個可能懷孕的人在個人層面上反對墮胎是一回事──她可能自己不願意墮胎,或甚至基於一些不期待特別人能懂的宗教理念,而認為誰墮胎都會是個錯誤。然而,運用國家的強制力量,認定所有懷孕的人都該被強迫懷孕到足月,不論她們的年齡、信仰、生活狀況、造成懷孕的創傷經驗,或是無法中止懷孕的恐怖後果為何,皆無例外,則是截然不同的一回事──尤其這麼想的人是無法懷孕的順性別男性時,更是如此。前者是個體差異的合理展現,後者則是一種極度殘酷、令人不安的態度。要記得,這個國家沒有規範許多在大部分人眼裡不道德的行為──比方說,對自己的伴侶說謊並出軌──又或者,另一些人們可能認為等於謀殺的行為,例如吃肉。也就是說,人們可能做出他人不贊同的選擇,但為了避免這些選擇而強制干預,從社會代價的角度看,顯然是得不償失。

因此,假如你本身反對墮胎,你當然可以不要墮胎。但是,讓國家監督懷孕的身體,卻是一種厭女的社會控管形式,最弱勢的女性會最深刻感受到它的效果。而在我的書中,此事

(6) 難以管束——身體控制的資格感
Unruly—On the Entitlement to Bodily Control

無可原諒。

「寶寶出生了。母親和醫師會面。他們照顧寶寶,把寶寶裹得美美的,然後醫師和母親決定是否要處決這個寶寶。」這段話——這段徹底的謊言——出自總統唐納・川普,他在一場威斯康辛州的造勢集會上說的。[11] 考量到想要禁止墮胎的力道有增強之勢,許多近期的討論皆著重於早期妊娠的中止,這可以理解。但我們也應該要確保對懷孕晚期的墮胎描述同

9 Jonathan Stempel, "U.S. Judge Blocks Ohio 'Heartbeat' Law to End Most Abortions," Reuters, 2019/07/03, https://www.reuters.com/article/us-usa-abortion-ohio/u-s-judge-blocks-ohio-heartbeat-law-to-end-mcst-abortions-idUSKCN-ITY2PK

10 Laurie Penny, "The Criminalization of Women's Bodies Is All About Conservative Male Power," *The New Republic*, 2019/05/17, https://newrepublic.com/article/153942/criminalization-womens-bodies-conservative-male-power

11 Daniel Politi, "Trump: After Birth, Baby Is 'Wrapped' in a Blanket and Mother, Doctor Decide Whether to 'Execute the Baby," *Slate*, 2019/04/28, https://slate.com/news-and-politics/2019/04/trump-abortion-baby-wrapped-blanket-execute-baby.html

也可和副總統麥可・彭斯的推特發文進行比較,該發文提到二○一九年五月發生於紐約時代廣場上的一場反墮胎抗議行動。在抗議場子裡,一張超音波實況照片被投影到大螢幕上,照片裡是一個處於第三孕期的胎兒。彭斯寫道:「紐約州和維吉尼亞州的民主黨籍州長為晚期墮胎甚至殺嬰行為倡議,且民主黨眾議員拒絕針對『活著出生法案』(Born-Alive Bill) 投票,在此之際,今日在時代廣場,我們展示了一張超音波照片,讓所有人都得以看見,展示生命的奇蹟。」(https://twitter.com/vp/status/1124742840184201216?lang=en)

155

不會受到扭曲。

當然，對所謂晚期墮胎的高度道德檢視，遮掩了一個事實，即二十週之後（大約是一般孕期的中期）[12]的墮胎個案僅占總數的一％多一點，而且幾乎都是因為胎兒嚴重異常，或繼續懷孕對病人會有嚴重的健康風險，才施行這些手術的。

其中一個案例，伊莉莎白（化名）對二度懷孕感到非常興奮（她第一次懷孕時於第十週流產）。一開始，每件事看來都很順利，但在第十六週時，嚴重問題的徵兆出現：胎兒臍帶的位置處於胎盤的最邊緣（而非正中央），她大量出血，且血液檢測顯示她的血液中蛋白質含量很高，但它們應該大多要被隔在胎兒體內才對。掃描影像也呈現胎兒有內翻足，這件事本身不是大問題，卻是其他發展問題的潛在預告。而當醫師發現，胎兒在超音波影像中總是握緊拳頭，這份恐懼升高了，他們懷疑胎兒可能肌肉異常。

儘管有這些和其他問題，還有自己逐漸升高的不安感，伊莉莎白此時並沒有認真考慮墮胎，她和丈夫太想要這個孩子了。他們認為，考慮到兒子面臨的勝算，他應該要有一個戰士的名字，所以幫他取了小名斯巴達克。他們專心用各種里程碑看待這次懷孕——醫師告訴他們，二十八週後，他們的孩子將有七五％的存活機率。而他持續長大，他們在第三十週時為此歡慶。

第三十一週時，胎兒的成長幅度劇烈減緩，從第三十七個百分位直接降到第八，而他也

(6) 難以管束——身體控制的資格感
Unruly—On the Entitlement to Bodily Control

不再吞嚥了，「這是第一次，有人對我們指出寶寶可能有嚴重的問題。」伊莉莎白在一場動人的訪談中對吉雅・托倫提諾說。[13]

最終，伊莉莎白和丈夫迎來了這個令人驚嚇的消息：醫師指出，她的寶寶將會因為「不適生存」的肌肉問題而無法呼吸。倘若伊莉莎白懷著胎兒到足月，她將需要剖腹產，因為她兩年前所做的腦部手術會讓陰道產變得很危險，醫師擔心，如果她用力推擠胎兒，她有可能死於動脈瘤。這等於，他們當時得考慮讓她為了一個不可能活下來的嬰孩接受一場重大的腹部手術。假如早產，她也會面臨出現神經併發症的巨大風險——而且，再一次，這是致命的風險。

於此情況下，對她來說，墮胎似乎是比較好的選項。伊莉莎白必須要從她的家鄉紐約州（墮胎手術在此州違法）搭機前往科羅拉多州，花費一萬美金，以便在懷孕第三十二週時接受墮胎手術。她說，「我要說清楚，如果醫師認為他有絲毫存活下來的機會，我就會冒那個

---

12 反墮胎運動者挾持了「晚期」（late-term）一詞，這原本是一個醫學術語，用來形容超過四十週長的孕期。可參考．Pam Belluck, "What̕ s Late-Term Abortion? Trump Got It Wrong," The New York Times, 2019/02/06, https://www.nytimes.com/2019/02/06/health/late-term-abortion-trump.html。

13 Jia Tolentino, "Interview with a Woman Who Recently Had an Abortion at 32 Weeks," Jezebel, 2016/06/15, https://jezebel.com/interview-with-a-woman-who-recently-had-an-abortion-at-1781972395

險，我真的會願意自己受任何煎熬。我最後接受了事實，也就是說，我永遠不會有機會成為這個小傢伙的母親——假如我真的懷孕到足月生產，他可能只會活一段極短的時間，然後窒息死亡。假設他真的有辦法撐那麼久。我沒辦法接受。當我們可以選擇盡可能把他的痛苦降到最低，這樣的情況下，我不能讓他受那樣的苦。」

在這個還有其他類似的案例中，在第三孕期墮胎——藉由為胎兒注射藥物，停止他們的心跳——的決定絕對不是冷酷無情。[14] 然而，懷孕的人愈來愈不被相信可以在諮詢醫護人員的情況下，為自己做出這樣的痛苦決定。與此相反，她們受到中傷、監管，甚至被妖魔化。

正如我們開始目睹的，不實的醫療資訊是反墮胎運動中一項無所不在的特色。二〇一二年，時任密蘇里州共和黨眾議員的陶德・亞金指出，因強暴而懷孕非常罕見——因為，「假如那是正統的強暴（legitimate rape），女性的身體會想辦法關閉整個機制。」[15] 在此，亞金對子宮的分類能力表達了一種魔幻的思維，還提出「正統的強暴」這個類別，引發了一個問題：哪些強暴不是正統的？

這種對於懷孕身體的可悲無知並沒有讓持續試圖監管它的人們洩氣。二〇一五年二月的一場聽證會上，人們討論到是否要立法禁止醫師透過遠距醫療提供墮胎藥物處方，一名共和黨立法者在會議上對作證的醫師建議，她和她的同事可能可以像做大腸鏡檢查一樣，讓病

158

（6）難以管束──身體控制的資格感
Unruly—On the Entitlement to Bodily Control

人吞進相機以判定她們的孕程。「同樣的處置可以用在懷孕上嗎？吞進相機協助醫師判定情況？」不可以。這位醫師回答。腹腔裡並沒有連接到子宮的通道。[16]

另一位共和黨立法者則於二〇一九年五月時提議，子宮外孕不該被終止，它們應該從輸卵管（在絕大多數的情況裡，子宮外孕發生於此）被重新移植到子宮中。[17] 這種事顯然不存在。一般來說，子宮外孕是令人難以忍受的痛苦，胚胎幾乎不可能存活。而且當事人需要緊急醫療處置。[18] 通常唯一可行的治療是墮胎，它可以是透過藥物、藉由服用氨甲蝶呤以中斷於是，這場手術要為伊莉莎白注射藥物以阻止她分娩，好讓她可以飛回紐約、在那裡產下嬰孩──她將得陰道產，但不能推壓，而是讓醫師使用鉗子並單靠肌肉的力量，徒手將胎兒取出（這是一個極度痛苦的過程，因此，假如胎兒還活著，從倫理上來說，這項醫療處置不可能有辦法進行）。

在科羅拉多診所進行的完整墮胎手術耗費二萬五千美金，而該診所僅能勉強維持營運，一部分的原因是因為診所必須支付危險工作津貼以留住員工。事實上，托倫提諾的訪談刊出時，該診所已陷入財務困難。

15　Lori Mooreaug, "Rep. Todd Akin: The Statement and the Reaction," *The New York Times*, 2012/08/20, https://www.ny-times.com/2012/08/21/us/politics/rep-odd-akin-legitimate-rape-statement-and-reaction.html

16　Susan Milligan, "Go Back to Health C.ass," U.S. News & World Report, 2015/02/24, https://www.usnews.com/opinion/blogs/susan-milligan/2015/02/24/idaho-lawmaker-asks-about-swallowing-cameras-to-get-pregnancy-pictures

17　文中提到的立法者是在提議為一項並不存在的醫療程序提供保險給付。見：Kayla Epstein, "A Sponsor of an Ohio Abortion Bill Thinks You Can Reimplant Ectopic Pregnancies. You Can't," *The Washington Post*, 2019/05/10, https://www.washingtonpost.com/health/2019/05/10/sponsor-an-ohio-abortion-bill-thinks-you-can-reimplant-ectopic-pregnancies-you-cant/。

159

妊娠，並使胚胎組織重新被吸收；或者更常見的情況則是透過手術進行。如果不接受此類治療，在九五％的案例中，輸卵管會破裂，這些「緊急醫療情況可能致命，進而導致極高比例的懷孕相關死亡事件。19 即使病患真的活下來了，她們未來也很難受孕，或懷孕到足月。因此，就算是從強迫生育主義（force-birtherism）的觀點出發，這個立場也沒什麼道理。

饒是如此，保守派網路雜誌《聯邦主義者》近日仍發表了一篇文章，名為〈墮胎對治療子宮外孕而言真的有必要嗎？〉。20 這篇由名嘴喬琪・博爾曼所撰寫的文章提倡終止所有的合法墮胎手術，包括因為子宮外孕而施行的墮胎，就算會造成死亡也不例外。她認為「墮胎從來不是解答」，相反的，她提議讓這些受到影響的輸卵管自行破裂，以期一小部分的胚胎會神奇地自行重新移植到「一個較為安全的地點」。博爾曼承認，沒錯，「明瞭到一種病況有著極小的死亡機率，這令人害怕」，但是「難道這個極小的死亡機率就足以促使妳接受自己刻意摧毀自己的孩子嗎？若妳明知這很有可能不必要，妳還是會寧願這樣於心不安活著嗎？」全球著名的婦產科醫師、《陰道聖經》的作者珍・岡特在推特上寫下評論，回應這一套結合了垃圾科學（我們知道子宮外孕死亡機率相當高）與散播罪惡感的話術：「不要再試著把『子宮外孕也是嬰兒』講得跟真的一樣了。如果你從來沒有治療過一個因為子宮外孕而滿腹是血的女人，你就該從此閉嘴，在你把某個人害死之前坐下來好好學習。」21 沒錯，正是如此。22

顯然有許多男性覺得自己有資格規範懷孕的身體，儘管他們對於這些身體如何運作一無

160

（6）難以管束——身體控制的資格感
Unruly—On the Entitlement to Bodily Control

所知，也絲毫無意學習。然後，在面對這些嘗試監管和強迫女性懷孕的行動時，有些女性試圖抗拒，而另外有些女性卻顯然早已有所準備，要把前者的抵抗描述成冷酷無情的表現。

極度嚴格的墮胎法規是為了保護生命，這個論點已經愈來愈難自圓其說。有許多、甚至可以說是大多數支持這類禁令的共和黨人也是這個政府的支持者，而這個政府在其任期內會

18 某些時候，當子宮外孕發生在輸卵管以外的地方（如腹腔），胎兒有可能存活，但這是非常罕見的情況。

19 根據近期資料，在所有與懷孕相關的死亡事件中，子宮外孕導致的出血占了四％－一○％的案例，這也是美國國內造成第一孕期內死亡的主要原因。見：Krissi Danielsson, "Ectopic Pregnancy Statistics," Verywell Family, 2019/08/01 首登，2019/10/29 更新。https://www.verywellfamily.com/what-do-statistics-look-like-for-ectopic-pregnancy-2371730。

20 Georgi Boorman, "Is Abortion Really Necessary for Treating Ectopic Pregnancies?" The Federalist, 2019/09/09, https://thefederalist.com/2019/09/09/is-abortion-really-necessary-for-treating-ectopic-pregnancies/

21 https://twitter.com/DrJenGunter/status/1171167907834806272（內容擷取於二○一九年九月一八日）

22 博爾曼遭遇到來自醫療社群的廣泛譴責，她最後為文章道歉作為回應，說那已不再代表她的意見。見："I Was Wrong: Sometimes It's Necessary to Remove Ectopic Babies to Save Their Mother's Life," The Federalist, 2019/09/19 https://thefederalist.com/2019/09/19/i-was-wrong-sometimes-its-necessary-to-remove-ectopic-babies-to-save-their-mothers-life/。

然而，在寫作的此刻（二○一九年九月二十三日），原始文章仍在《聯邦主義者》的網站上，儘管網站附上了連結到博爾曼後續的道歉和撤回聲明的網址。值得注意的是，和白人相比，黑人女性因為子宮外孕死亡的比例高出許多（將近七倍），這也是屬於黑人女性遭遇到的悽慘健康照護處境，本書前一章即以此為主要討論焦點。

眼睜睜地目睹至少七名被拘留的移民兒童悲劇性地死去（與此同時，這個政權「失去了」，或以更精確的方式來說，偷走了其他數千名兒童）。[23] 許多支持這類禁令的共和黨人也支持死刑。阿拉巴馬州這條全美國最嚴苛的反墮胎法規被簽屬生效的隔天，州長凱·艾維拒絕暫緩執行一名死囚的死刑；該死囚隨後就被處決。在我寫作的此刻，另一名患有認知障礙的男子正在等候一場將會同樣恐怖、以注射致死藥物執行的處決。[24] 生命究竟神聖與否？我們對此納悶不解。

這類反墮胎法規的支持者中，絕大多數人們從來沒有針對美國國內高得驚人的產婦死亡率（尤其是黑人、原住民、阿拉斯加原住民女性）做出任何回應。[25] 他們對於為出生窮困的兒童提供額外的支持興趣缺缺。他們看來並不關心品質不良的食物和水源（包括惡名昭彰的密西根州佛林特市）＊。如何對許多美國人造成嚴重的健康問題。他們積極反對擴張健康保險，而且他們往往對警察暴力和被國家所批准的處決極度冷漠無感，後兩者是因為「黑命亦命」（Black Lives Matter）運動才吸引到迫切的注意力。[26]

最後一點，墮胎合法時，墮胎率並沒有上升，相反的，女性不再需要尋求非法的墮胎服務。[27] 非法墮胎對健康會造成嚴重影響——甚至包括死亡在內的悲慘後果，但反墮胎運動者亦不為所動。

因此，反墮胎運動很可能並不是為了生命，也很可能不是為了宗教——至少不是為了如

(6) 難以管束──身體控制的資格感
Unruly—On the Entitlement to Bodily Control

今在文化上與這場運動連結在一起的基督教宗教教義。沒錯,當人們主張自己的反墮胎立場乃奠基於基督教信仰(可理解為一種地區性的宗教文化參與),他們的主張很可能真誠且誠實。但重要的是認知到,在許多情境裡,這項地區性的宗教文化可能輕易變調。其中,福音

23 Jess Morales Rocketto, "Seven Children Have Died in Immigration Custody: Remember Their Names," BuzzFeed News, 2019/09/30, https://www.buzzfeednews.com/article/jessmoralesrocketto/remember-their-names
編注:這裡的「政府」指的是川普政府。文中提到的「至少七名移民兒童」事件指的是二〇一八─一九年間,在美國與墨西哥邊境的移民拘留設施中,數名中美洲兒童在拘留期間死亡,原因多與環境惡劣、醫療延誤、設施擁擠、營養不良等因素有關,引起國際譴責。

24 「丟失」或「偷走」數千名兒童,則是指在川普政府的「零容忍政策」(Zero Tolerance Policy)下,數千名移民兒童與父母被強制分離,後續在重新團聚過程中,美國政府一度承認無法追蹤其中上千名兒童的去向。

25 Jay Parini, "Alabama's 'Pro-Life' Governor Is a Hypocrite," CNN, 2019/05/17, https://www.cnn.com/2019/05/16/opinions/alabama-kay-ivey-hypocrisy-parini/index.html

26 Roni Caryn Rabin, "Huge Racial Disparities Found in Deaths Linked to Pregnancy," The New York Times, May 7, 2019, https://www.nytimes.com/2019/05/07/health/pregnancy-deaths-.html
編注:指二〇一四年該市爆發的鉛污染水危機,被視為美國近代最嚴重的公共衛生與基礎建設失敗之一。

* 他們也不太會因為另一大群有心跳的脆弱生命被殘忍屠殺而大驚小怪,也就是被工廠化飼養的非人類動物,這些動物每年單在美國就有以數十億計。我們也可以想想那些遭受不必要的殘酷實驗和測試對待的動物。

27 Maggie Fox, "Abortion Rates Go Down When Countries Make It Legal: Report," NBC News, 2018/05/20, https://www.nbcnews.com/health/health-care/abortion-rates-go-down-when-countries-make-it-legal-report-n858476

163

教派對墮胎的態度便在晚近因為明顯的政治目的而遭刻意操弄。

這些政治目的從一開始就利用了反女性主義的情感。法律學者琳達・格林豪斯和瑞娃・西格爾在一系列的重要論文中提出，美國當代反墮胎運動的根源自於「三A策略」（AAA Strategy），它在「羅訴韋德案」前就已作為整個行動的開路先鋒。該策略的理念是，藉由強調原本是民主黨的支持者改投共和黨。這三個A被打造成對核心家庭的威脅。格林豪斯和西格爾寫道：

「acid／迷幻藥」（此指麥角酸二乙醯胺，俗稱為LSD）、「amnesty／特赦」（針對所謂的越戰「逃兵者」）、以及最後一個「abortion／墮胎」，三者所帶來的假想道德威脅，召集傳統上象徵社會保守派人士所憂慮的、對傳統尊重不再而苦惱的文化趨勢。在一篇一九七二年八月間刊於《紐約時報》上，題為〈尼克森將如何贏得選戰〉的文章中，重組戰略家凱文・菲利浦吹噓共和黨即將藉著攏絡一九六八年時支持〔喬治〕華勒斯的南方選民迎來勝利⋯⋯

菲利浦保證，一個共和黨將會「猛烈攻擊的主題是社會道德觀」，他預警，共和黨在秋季的競選活動中，將會「為〔領先的民主黨候選人喬治〕麥戈文貼上『三A——迷幻

隨著〔尼克森〕競選活動的進展，共和黨的軍師幕僚愈來愈常把墮胎當成一個符號，

164

(6) 難以管束──身體控制的資格感
Unruly—On the Entitlement to Bodily Control

藥、特赦、墮胎──候選人」的標籤」，他也評論，「這類手法將有助於把麥戈文和美國中產階級所深惡痛絕的文化與道德觀連結起來。」[28]

除此之外，兩位作者進一步解釋，「在這樣的手法下，對墮胎的攻擊已經不只關乎墮胎。」

格林豪斯和西格爾於前一年出版的著作中指出：

針對麥戈文的三A攻擊譴責了墮胎權，將之歸為侵蝕威權的傳統形式、放縱的青少年文化的一部分。反對墮胎，並不是因為那是謀殺，而是因為墮胎權（如同要求特赦）坐實了傳統角色的崩毀，也就是男人要準備好在戰爭中殺戮與死亡，女人則要為婚姻守身並為母職奉獻。[30]

同樣的邏輯與當時的反墮胎主張在更廣泛的程度上彼此符合。針對惡名昭彰的反女性主

---

28 Reva B. Siegel and Linda Greenhouse, "Before (and After) Roe v. Wade: New Questions About Backlash," *Faculty Scholarship* Series 4135 (2011), p. 2056–2057. https://digitalcommons.law.yale.edu/cgi/viewcontent.cgi?article=5151&context=fss_papers

29 出處同上，頁2057。

義者菲利斯・斯拉夫萊，格林豪斯和西格爾指出：「〔她〕對墮胎的攻擊從來沒有提到過謀殺，她譴責墮胎的方式是將墮胎和平等權利修正案（Equal Right Amendment）以及育兒照護連結在一起。」[31]

於是，從各方面看來，反墮胎倡議行動是為了假想的家庭價值才吸納進宗教，而不是被任何草根的宗教運動驅動，這些二（再一次，假想的）家庭價值甚至不是為了監管性本身——只要看到相較之下，他們對於控制男性的性行為和生殖自由有多麼興致缺缺，即可明白。就如蜜雪兒・歐柏曼和大衛・柏爾不久前指出的，反墮胎運動者的狂怒幾乎完全赦免了男性。儘管十次的非預期懷孕有九次發生於異性戀關係之中，且大多數來墮胎的病患都說她們的伴侶同意這個決定，然而，鮮少有人試圖把男性在這類決定中的參與當成犯罪，更別提他們在欠缺考慮的狀態下射精的事。歐柏曼和柏爾這麼說：

為了墮胎而懲罰男性，這件事的新奇程度——儘管這類控訴具有充分的法律基礎——告訴我們，截至目前為止，我們形塑辯論的方式裡有個很重要的面向：男孩永遠都是男孩，但懷了孕的女人則是不負責任的一方。我們對規範女性的性行為感到如此自在，但在提到對男性採取同樣措施時，我們卻很震驚。儘管討論男性和墮胎的關係可能聽來很奇怪，但其實不討論才更奇怪，因為沒有男人，女人不會無預期懷孕。[32]

(6) 難以管束──身體控制的資格感
Unruly—On the Entitlement to Bodily Control

繼續詳述反墮胎十字軍的偽善,指出那些可能存在的反墮胎理論如何薄弱,輕而易舉。(舉例來說,有人可能聲稱,一個人可以長期支持死刑但仍舊反對墮胎,因為後者面對的是無辜

30 Linda Greenhouse and Reva B. Siegel, *Before Roe v. Wade: Voices that Shaped the Abortion Debate Before the Supreme Court's Ruling* (New York: Kaplan, 2010). p. 257.

不過,格林豪斯和西格爾接著在兩人的文章中指出,尼克森的反墮胎立場最終效果有限:

尼克森的競選團隊看到利用墮胎議題的力量來宣myCustom社會保守主義可以帶來戰略性的效益,但針對墮胎議題本身表達立場卻似乎沒帶來太多好處。一九七二年八月二十八日,選戰策略人十指派約翰‧爾里齊曼負責呈現數據,他指出「相當多數的美國人如今贊成較為自由的墮胎法規,包括羅馬天主教徒也是如此」,且「總統決定將此議題交到各州政府手中……並私下同意,『墮胎改革不是一個適合採取聯邦行動的場合』」,同時他「在總統任期間經會採取行動」。僅僅三日前,全國報紙刊登了蓋洛普公司的一九七二年年中民調,民調指出「六四%的民眾支持全面放寬墮胎法規,創下史上新高」,和前一年一月相比,比例大幅上升。相對於教會領導人投注愈來愈多的精力宣揚教義,新的民調則顯示,相當多的天主教徒事實上支持放寬取得墮胎手術的可能性。「六五%的天主教徒相信,墮胎與否,應該由女人和她們的醫師決定」……一九七二年十一月,就在最高法院對羅訴韋德案宣判的兩個月前,儘管墮胎議題並不是吸引選票的重大因素,尼克森「要求助手不要『攪和進』這個案子裡」。

久後,當最高法院宣告羅案判決時,

31 Greenhouse and Siegel, *Before Roe v. Wade*, p. 257.
32 Michelle Oberman and W. David Ball, "When We Talk About Abortion, Let's Talk About Men," *The New York Times* 2019/06/02, https://www.nytimes.com/2019/06/02/opinion/abortion-laws-men.html

出處:From Greenhouse and Siegel, *Before Roe (and After) Roe v. Wade*, p. 2038.

的生命。理論上或許如此,但實際上,考量到無所不在的冤案,特別是發生在美國黑人身上的案例,這類反擊站不住腳。)但從許多方面來看,這也沒有必要,因為反墮胎運動者的言論正在逐漸背叛他們自己。「實驗室中的受精卵不算數,它不在女人身體裡,她沒有懷孕。」阿拉巴馬州參議員克萊德.錢布利斯如此說道,好解釋為什麼一項聲稱要保護受精卵、胚胎、胎兒的法案,並不會影響到體外人工受孕(這項醫療處置會挑選出最強壯的胚胎進行移植,丟棄剩餘的胚胎)的合法性。[33] 這句格外厚臉皮的評論讓反墮胎倡議行動的真實邏輯變得清晰透明:那並非為了要保存生命,而是要控制女性,並強制執行一項普遍的期待,即女人要「給予」特定的男人子女。[34]

這不是說,女性因此被視為次等人類、非人類的動物,或甚至僅僅是一個容器。[35] 事實上,以概念而言,一個女人的人性對這整個體制而言至關重要:她不只是要像《使女的故事》描述的那般,應該為了完成人類繁殖的任務而生孩子、事後,她還必須以一種隱藏自我的方式照顧這個孩子(而其程度遠遠超過了放在她男性伴侶身上的期待)。然而,儘管她的人性沒有受到質疑,卻也被視為屬於他人。她作為一個人,不是被看作一個存在者,而是一個付出者——她要在男性伴侶渴望的範圍之內,付出生殖勞動、情緒勞動、物質支持,以及性欲上的滿足。

相對的,他則被認定有資格從她身上取用這些資源,將它們視為他與生俱來的權利。他也被

168

(6) 難以管束──身體控制的資格感
Unruly—On the Entitlement to Bodily Control

認定有資格放棄這些資源，對許多有權力的共和黨男性而言，一項墮胎禁令中若有例外，那麼，最重要的例外情況便會是他們所謂的情婦懷上了一個他們不想要的孩子之時。[36]

因此，我們可以把反墮胎運動的概念理解成厭女情結用來強迫女性付出照顧的眾多執行機制之一。「三A策略」含蓄強調著母職角色，而女人不得選擇從中退出。當她懷孕，儘管證據顯示如偶爾飲酒這類的行為並不會造成傷害，但她的消費習慣仍會受到強力的文化監管。[37]當她考慮生產方式時，所謂的「自然產」（也就是通過陰道、沒有藥物輔助的分娩方式）

---

33 Jill Filipovic, "Alabama's Abortion Bill Is Immoral, Inhumane, and Wildly Inconsistent," Vanity Fair, 2019/05/15, https://www.vanityfair.com/style/2019/05/alabamas-abortion-bill-is-immoral-inhumane-and-wildly-inconsistent

34 儘管許多跨性別男性以及能夠懷孕的非二元性別者也同樣受到隨之而來的政策影響。

35 這與勞麗・佩妮的意見不同，她寫道，本章提到的反墮胎法規乃是「關乎於女性被當成物品」。見：" The Criminalization of Women's Bodies," https://newrepublic.com/article/153942/criminalization-women's-bodies-conservative-male-power.

36 我們知道，抱持反選擇（anti-choice）立場的共和黨男性中，某些人曾經鼓勵或主動施壓女性性伴侶接受墮胎，包括史考特・羅伊德、艾略特・布洛伊迪、提姆・墨菲・史考特・德加雷斯等人。前兩人甚至支付了手術的（全額或部分）費用。見：

Arwa Mahdawi, "A Republican Theme on Abortions: It's OK for Me, Evil for Thee," The Guardian, 2018/08/25, https://www.theguardian.com/world/2018/aug/25/a-republican-theme-on-abortions-its-ok-for-me-evil-for-thee

會被大大地推崇，吹捧的力道遠超過證據顯示的好處，不管那個好處是對她，還是對嬰兒。[38]而一旦她生下嬰兒，她會被認定不只有義務以徹底、無私的奉獻精神照顧子女，更要以特定的方式提供照顧。舉例來說，我們可以思考，在一個有乾淨水源沖泡配方奶作為母乳替代品的環境裡，餵母乳的壓力還是大幅超出其被證實的好處，或這些好處可能的重要性。[39]就算餵母乳對許多嘗試的母親造成了疼痛、疲憊，並剝奪了她們的自由，但這依舊萬萬不可拿來當成權衡的因素，拿來和任何傳說中餵母乳可能為嬰兒帶來的好處相比較。[40]（還有一件事讓餵母乳變得更加艱難，她當然不能在公共場合哺乳，以免她不受控制的身體引起他人的噁心和羞恥感。）

於是，一日母親，終身母親——除了在照顧自己的子女上承擔過多工作，她也透過各種方式被要求扛下不成比例的責任，必須滿足周遭人們的情緒、物質、道德需求。她也得要擔任其他人的母親，成為救濟與安慰的給予者，養育、愛、注意力的付出者。相較之下，如我們在上一章所見，她幾乎不會被賦予權力好為自己要求這一類的道德資源。同時，我們也將在下一章提到，如果她和男性伴侶生兒育女，相對之下，他這一方將不會有什麼必須公平分擔共同照護責任的壓力。

有鑑於母親職責的永存不朽，這就不難解釋，為何會有人熱切主張母職，想要愈早愈好地把孕期中的女人變成概念上的母親。我們也不難預測，如果她試圖推辭，或預先避免自己

170

（6）難以管束──身體控制的資格感
Unruly—On the Entitlement to Bodily Control

威廉森近日在Podcast節目中這麼說道：

仰的人來說，例如《國家評論》的雜誌特派員凱文・威廉森，墮胎者甚至應該被判處死刑。入了討論範圍，中止妊娠就變成殺人、變成謀殺──懷孕的人就成了殺人犯。對抱持這類信像成為母親的一刻起，她就被指派了母親的角色。一旦這個概念上被視為成長完全的人類進完全的人類（如果用一個愈來愈受歡迎的法律用語，一個「自然人」），早在女人能夠被想格抨擊等形式所展現出來的厭女情結。藉由把一小群發育中的人類細胞重新打造成一個成進入這個角色，將可能發生什麼事：她會被看作是一個壞女人，將遭遇到以威脅、懲罰、人

37　Emily Oster, *Expecting Better: Why the Conventional Pregnancy Wisdom Is Wrong—and What You Really Need to Know* (New York: Penguin, 2018), pp. 40–52.

38　當然，這並非否認這些「好處確實存在，但是它們必須被理性地權衡思考，和陰道產對許多病人造成的風險、困難與不可能性進行比較。可參見婦產科醫師艾咪・圖特尤的著作：*Push Back: Guilt in the Age of Natural Parenting* (New York: Dey Street, 2016)。其中精采地說明了自然生產以外的其他所有可能性如何對親生父母造成強烈、不必要的內疚感。也可參見葵爾・庫克拉以蘿貝卡・庫克拉為筆名所撰寫的著作。*Mass Hysteria: Medicine, Culture, and Mothers' Bodies* (Lanham, MD: Rowman & Littlefield, 2005)，該書針對懷孕期間的監督有著更令人信服、更一般性的說明。

39　Emily Oster, *Cribsheet: A Data-Driven Guide to Better, More Relaxed Parenting, from Birth to Preschool* (New York: Penguin, 2019), chapter 4.

40　跨性別男性雙親的「胸餵」(chestfeeding) 所需要的成本，以及此事所帶來的好處，也同樣遭到了忽略，而恐跨情結和排他性的觀點可能聯手使得胸餵這個主題充斥著更多的身體控制、定罪、羞辱等現象。

171

我完全贊成,把﹝墮胎﹞當成跟其他最高可處絞刑的犯罪一樣的罪行——這有點,我說過,整體而言我對死刑有點遲疑,但作為死刑的一種形式我偏好絞刑。我認為,以注射藥物的方式執行死刑有點太冰冷潔淨了。

對此,部落客查爾斯·強森在推特上給出了很恰當的回應:「你不只想要這些女人死,你還想要她們受苦而死。」[41]

我們亦不難解釋,為什麼許多女性——尤其是白人女性——內化了這套道德規則,且如今將會因為選擇墮胎而認為自己是壞女人。某些女性可以藉由遵守好女人規範,也就是遵守我們這個白人至上的父權體系裡的價值觀來獲得許多好處。對她們來說,選擇這樣的立場很有可能特別誘人,特別是當我們在本章裡目睹了包括凱·艾維、珍娜·波特、喬琪·博爾曼、菲利斯·斯拉夫萊在內那些享有特權的白人女性,她們擁有怎樣的聲望時,更是如此。研究顯示,這些女性並非特例,在某些州內,白人女性甚至比她們的白人男性同伴更可能反對墮胎。[42]

雖然這些女性的看法可以預期,但是當然,這仍舊不能讓她們在反墮胎運動裡所扮演的角色免於道德譴責,因為當墮胎受到監管,主要會是貧窮的非白人女性為此付出代價——而代價不只牽涉到能否取得墮胎服務而已。有一項研究以被稱為「生殖壓迫」的現象為主題,

（6）難以管束──身體控制的資格感
Unruly—On the Entitlement to Bodily Control

審視了超過四百件發生於一九七三至二〇〇五年間的這類案例，在此其中，懷孕者的生理自由遭到法律和公共政策等手段的限制。她們被扣留在醫院、精神醫療機構和各種治療方案中。她們遭受到包括手術在內的強制醫療干預，例如想要陰道產卻仍舊被施行剖腹手術。[43]這些手段中的大多數，都是為了回應這些懷孕者可能對胎兒造成的假想威脅，同時，如同其他形式的厭女社會控制，某些女性會被認定比起另一些女性造成了更多威脅。研究者琳奈‧派特羅和金妮‧佛萊文發現：

懷孕提供了一個「要不是」的條件，也就是說，要不是因為女性懷孕了，這些針對她們採取的行動根本不會發生。在七個案例中，企圖否決女性自由的手段也包括了在女性已經生產完、不再懷孕後，仍對她們的行為提起訴訟。

除此之外：

---

41 Kirsten Powers, "Kevin Williamson Is Wrong, Hanging Women Who Have an Abortion Is Not Pro-Life," *USA Today*, 2018/04/06, https://www.usatoday.com/story/opinion/2018/04/06/kevin-williamson-atlantic-fired-hanging-women-who-have-abortion-column/491590002/

42 也可參考《不只是厭女》〈第三章之〈慈愛的母親，抹煞其他〉一節〉，對這些看法有進一步討論。

Ronald Brownstein, "White Women Are Helping States Pass Abortion Restrictions," *The Atlantic*, 2019/05/23, https://www.theatlantic.com/politics/archive/2019/05/white-women-and-support-restrictive-abortion-laws/590101/

43 出處：Lynne M. Paltrow and Jeanne Flavin, "Arrests of and Forced Interventions on Pregnant Women in the United States, 1973-2005: Implications for Women's Legal Status and Public Health," *Journal of Health Politics, Policy and Law* 38:2(2013), p.301.

在我們的研究裡，不分種族，有七一％壓倒性比例的女性符合因為無資力而可申請指定公設辯護人（indigent defense），這點反映出她們絕大多數都屬於經濟弱勢。在三百六十八名可取得種族身分資訊的女性中，五九％是有色人種，包括非裔美國人、西班牙裔美國人／拉丁裔、美國原住民，以及亞洲／太平洋群島裔；這其中非裔美國人占五二％。非裔美國女性在我們的研究中占據了特別高的比例，這格外反應出了南方的真實情況……在非裔美國人作為被告的案子中，有將近四分之三來自於南方，相比之下，只有一半的案例涉及白人女性。[44]

案例之一是來自南卡羅萊納州的非裔美國女子蕾吉娜・麥可奈特。麥克奈特在二十一歲時無預期產下死胎，而後續的證據將顯示是感染造成的結果。然而，州政府把這件怪罪於麥可奈特使用古柯鹼。陪審團只花了十五分鐘商議就宣告她的殺人罪名成立，麥可奈特被判處十二年徒刑。她的罪名在二○○八年時被撤銷，但到了那時，她已經被監禁了近八年之久。[45]

女性的身體經由許多方式受到規範、監管，以及愈來愈常見的支配與打壓，控制她們的懷孕身體只是其中之一。一個特別有趣卻經常被忽略的平行情境是反跨性別運動，以及該運

(6) 難以管束——身體控制的資格感
Unruly—On the Entitlement to Bodily Control

動如何執迷於監管跨性別女性的身體,包括透過法律手段。以「廁所法案」為例,該法案提議,根據個人出生時的生理性別來規定他們能否進入多人廁所、更衣室,以及其他傳統上依

還有另一個殘忍卻尋常的方式,即強迫被監禁的懷孕者在生產時仍帶著腳鐐手銬。見:"Shackling Pregnant Inmates Is Still a Practice in Many States," CBS News, 2019/03/13, https://www.cbsnews.com/news/shackling-pregnant-inmates-is-still-a-practice-in-many-states/。

還有許多其他對生育正義的傷害,包括強迫結紮、強迫墮胎,以及將兒童從父母身邊「移除」(或更正確地形容:偷走)。貧窮、非白人、原住民、有身心障礙的女性特別不成比例地會被這些犯罪所傷。這是極為重要的議題,但繼續討論會偏離本章的範疇。針對此一主題的入門討論和相關資源,可參考:Amanda Manes, "Feproductive Justice and Violence Against Women: Understanding the Intersections," VAWnet, 2017/02/28, https://vawnet.org/sc/reproductive-justice-violence-against-women-understanding-intersections。

44 Paltrow and Flavin, "Arrests of and Forced Interventions on Pregnant Women in the United States," p. 311.

45 派特羅和佛萊文解釋:

二○○八年時,麥可奈特求助於定罪後的救濟程序,結果南卡羅萊納州的最高法院在程序中一致同意推翻她的有罪判決,斷定她在審判期間未能獲得有效的辯護。法院說,州政府援引的研究「已過時」,而且麥可奈特的辯護律師並未傳喚專家出庭。如果律師這麼做了,專家就會作證指出,「近期研究顯示,比起使用尼古丁、營養不良、缺乏產前照護,以及其他時常和都市貧窮相關的情況,古柯鹼並不會對胎兒造成更多傷害。」為了避免重新審判與被判處更長的刑期,麥可奈特承認過失殺人的罪名,進而獲得釋放。

出處:: Paltrow and Flavin, p. 306.

請留意,這樣一來,麥可奈特仍然被列為重罪犯。

照性別區隔空間的場所。在書寫本章的此刻,美國已經有十六個州在考慮此一類型的法案,其中北卡羅萊納州則於二○一七年通過提案,不過該案隨後即遭到聯邦法院否決。[46]這類立法強迫跨性別者使用不符合他們性別認同的廁所,使他們承受潛在的社會羞辱、較高的肢體攻擊風險,他們也可能因此產生性別焦慮,日常性地監管人們使用廁所也會帶來負面的影響:在過去一年間,有將近六○%的人至少有過一次因為擔心遭到攻擊或質問而避免使用公共廁所的經驗。[47]

廁所法案和反墮胎法規一樣,都仰賴於打造一個不道德(或根本就該受到譴責)的人物形象。在墮胎的情境中,這個人物是冷漠無情的順性別女人,意圖殺死她「未出世的孩子」;而在廁所法案裡,則是意圖掠奪的跨性別女性——或者說,是一個僅僅為了取得廁所使用權而假裝自己是跨性別女性的順性別男性。廁所法案也和反墮胎法規一樣,仰賴於打造一個名義上的受害者。在墮胎的情境裡,受害者是令人揪心、脆弱的胎兒,這個胎兒未嘗沒有可能成為下一個愛因斯坦。而在廁所法案中,受害者則是被虎視眈眈盯著的順性別女性。於是,這些名義上的受害者被當成理由,用於在事後合理化那些企圖監管假想道德罪犯的既存欲望。[48]

真實情況是,曾經對任何廁所使用者造成傷害的跨性別女性,或自稱為跨性別的順性

(6) 難以管束──身體控制的資格感
Unruly—On the Entitlement to Bodily Control

別男性,數量微乎其微。近期研究指出,自二〇〇四年以來,美國國內每年大約只有一起這類犯罪被通報。與此同時,(並未費心假裝成跨性別人士的)順性別男性在廁所裡攻擊女人的頻率卻遠遠高上許多:同一組研究者發現,在同一段時間內發生了超過一百五十起。[49] 所以,為什麼我們從某些人的口中聽到這麼多關於跨性別女性(或者,讓我再次重複,假裝成跨性別的順性別男性)的假想威脅,卻鮮少聽聞毫無偽裝的順性別男性對所有女性所造成的真實威脅?答案無庸置疑,是恐跨情結(transphobia)──尤其是厭跨女情結,它代表了許多跨性別女性所要面對的,一種厭女情結加上恐跨情結後,危險而有毒的交織。[50] 這樣固著於想像跨性別女性或假裝成女性的男性具有掠奪性的意圖,此觀點並非偶然。這

46　見:"'Bathroom Bill' Legislative Tracking," http://www.ncsl.org/research/education/-bathroom-bll-legislative-tracking635951130.aspx。

47　Brian Barnett, "Anti-Trans 'Bathroom Bills' Are Based on Lies. Here's the Research to Show It," HuffPost, 2019/09/11, https://www.huffpost.com/entry/opinion-transgender-bathroom-crime_n_5b96c5b0e4b0511db3e52825

48　另一個和反墮胎運動平行的情境則是順性別白人女性在這類道德監管中經常扮演的角色,這個角色有時會受到所謂的進步女性主義支持。相關入門討論可見:Katelyn Burns, "The Rise of Anti-Trans 'Radical' Feminists, Explained," Vox, 2019/09/05, https://www.vox.com/identities/2019/9/5/20840101/terf-radical-feminists-gender-critical

49　Barnett, "Anti-Trans 'Bathroom Bills' Are Based on Lies," Huffpost, https://www.huffpost.com/entry/opinion-transgender-bathroom-crime_n_5b96c5b0e4b0511db3e52825

的區分掩蓋了某個事實,亦即這兩個分離的詞組——在上句陳述中「或」字的前後部分——經常被沉溺於恐跨情結的人當成同一件事,而當他們這麼認為,針對跨性別女性的暴力就成了一個太有可能發生且稀鬆平常的結果。

哲學家塔莉亞・美伊・貝特契在一系列重要的文章中指出,恐跨偏執情結的深層中心想法在於認為,性別表現即為生殖器表現的代碼,並以自然和道德之名,堅持這兩者必須「一致」。她提到,在一個順性別性主義(cis-sexist)的社會裡:

陰莖和陰道〔被〕看作……男性和女性分別享有道德資格、得以理所當然主張的「合法所有物」。事實上,針對性的形上學所抱持的自然態度,也是一種關於道德秩序的看法。此概念有助於我們理解一種完全充斥著道德和形上學考量的恐跨情結。跨性別人士被描繪成「骨子裡是如此和如此,但表面上卻假裝成這樣和那樣」,此事並不罕見。舉例來說,一個跨性別女性可能會被描述成是在進行某種「性欺騙」。51

具體而言,跨性別女性要不可能被視為「邪惡的欺騙者」、假裝成某種並非她本身樣貌的狀態,要不就是被看作純粹的偽裝者、一個陰柔氣質的不完美模擬。52 因為,如貝特契所說:

(6) 難以管束——身體控制的資格感
Unruly—On the Entitlement to Bodily Control

50　跨性別女性的身體在私密層面上仍被當作是男性身體。於是她的陰道被視為不合法,一部分是因為,那並沒有完滿實現她身體的道德結構。如此一來,跨性別女性不只「扭

51　接下來,我將簡短討論到貝特契的著作。除了貝特契以外,其他和跨性別身分與恐跨情結相關的女性主義討論亦發人深省,它們包括羅蘋・丹布洛夫、小山繪美、蕾秋・麥金儂、茱莉亞・塞拉諾等人的作品:
Robin Dembroff, "Real Talk on the Metaphysics of Gender," in *Gendered Oppression and its Intersections*, a special issue of *Philosophical Topics*, edited by Bianka Takaoka and Kate Manne, forthcoming.
Robin Dembroff, "Trans Women Are Victims of Misogyny, Too—and All Feminists Must Recognize This," *The Guardian*, 2019/05/19, https://www.theguardian.com/commentisfree/2019/may/-9/valerie-jackson-trans-women-misogyny-feminism
Emi Koyama, "The Transfeminist Manifesto," in *Catching a Wave: Reclaiming Feminism for the 21st Century*, edited by Rory Dicker and Alison Piepmeier (Boston: Northeastern University Press, 2003), pp. 244-59.
Rachel V. McKinnon, "Stereotype Threat and Attributional Ambiguity for Trans Women," *Hypatia* 29:4 (2014), p. 857-72.
Rachel V. McKinnon, "Trans*formative Experiences," *Res Philosophica* 92:2 (2015), p. 419-40.
Julia Serano, *Whipping Girl: A Transsexual Woman on Sexism and the Scapegoating of Femininity*, 2nd ed. (2007; repr., Berkeley, Calif.: Seal Press, 2016).

52　Talia Mae Bettcher, "Full-Frontal Morality: The Naked Truth About Gender," *Hypatia* 27:2 (2012), p. 320。在此她援引了哈洛德・葛芬柯的作品。
Talia Mae Bettcher, "Evil Deceivers and Make-Believers: On Transphobic Violence and the Politics of Illusion," *Hypatia* 22:3 (2007), p. 43-65.

曲」了她的身體結構，更「扭曲」了她有資格擁有，且在道德上可以完滿前述結構的生殖器官。[53]

在貝特契所指出的動力之下，有一個重要的必然結果，亦即一種資格感的認定。也就是說，這讓我們認為，當我們在接觸性別表現為女性的對象時，即使她衣著整齊，我們也仍然可以在第一眼就清楚知曉她的生殖器如何安排運作，不存在任何懷疑或模稜兩可。由此出發，看似合理的延伸觀點即為一種資格感，認為我們能夠一眼得知女性的生育能力——這暗示了，假如她無法將異性戀霸權核准之下的性和親生子女「給予」順性別男性，她便有義務不得將自己表現成女性。我希望我無需補充這點：這份被想像出來的義務並非真實的義務。[54]

如我們所見，反墮胎運動的假意關注，掩蓋了它實際上正在損害順性別女性以及其他可能懷孕者的健康與生命。同樣的，反跨性別運動對性安全的假意關注則是掩蓋了另一個事實：它損害一群格外弱勢之人——即跨性別女性——的安全與生命，她們不成比例地容易遭遇到攻擊、侵害、謀殺，這類事件出現的頻率之高，讓美國醫學會於近期將此現象宣告為流行病。[55]

貝特契在一篇文章中討論到知名的關・阿勞霍一案*，這名來自加州的十七歲跨性別女孩在二〇〇二年時被惡意毆打並殺害。[56] 在阿勞霍遭到謀殺前，她參加了一場派對，由於派

(6) 難以管束──身體控制的資格感
Unruly—On the Entitlement to Bodily Control

對上的人們對她的生殖器表示猜疑，便藉由強迫她露出生殖器官，使她以這種公開且暴力的方式「被出櫃」。貝特契指出，人們隨後聲稱「他其實是個男人」，而這句話顯然猛地引發了四名順性別年輕男子──他們分別是傑森・卡薩爾茲、麥可・麥吉森、加隆・奈伯爾、荷西・梅羅──對阿勞霍的攻擊，這四人最後以一級謀殺罪遭起訴。[57] 值得留意的是，其中兩

53　Bettcher, "Full-Frontal Morality," p. 332.

54　儘管如此，法律卻在許多州內保障了另一個相近、駭人聽聞、錯誤的偽善義務，那就是可強暴犯的親權。見：Analyn Megison, "My Rapist Fought for Custody of My Daughter, States Can't Keep Survivors Tied to Rapists," USA Today, 2019/06/19, https://www.usatoday.com/story/opinion/voices/2019/06/19/abortion-laws-bans-rape-parental-rights-column/1432450001/。

55　Julie Euber, "American Medical Association: Transgender Deaths Are an Epidemic," Non-Profit Quarterly, October 2, 2019/10/02, https://nonprofitquarterly.org/american-medical-association-transgender-deaths-are-an-epidemic/若想取得可靠的估算，了解近期美國國內跨性別女性和順性別男性遭到殺害的數據，可參考數據科學家艾蜜莉・高森斯基的文章：Emily Gorcenski's "Transgender Murders: By the Numbers," 2019/01/13, https://emilygorcenski.com/post/transgender-murders-by-the-numbers/請留意，在這裡，非白人跨性別女性所面對的風險特別高。見：Rick Rojas and Vanessa Swales, "8 Transgender Killings This Year Raise Fears of an 'Epidemic,'" The New York Times, 2019/09/27, https://www.nytimes.com/2019/09/27/us/transgender-women-deaths.html。

56　Bettcher, "Evil Deceivers and Make-Believers," pp. 43-45.

*　編注：此案後來改編為電影《女孩不哭，女孩別哭》(A Girl Like Me: The Gwen Araujo Story)。

181

名男子(梅羅和麥吉森)在派對發生的幾天前曾經與阿勞霍有過性接觸,他們在那之後生起的暴力狂怒很有可能根植於一種資格感——認定基於阿勞霍的性別表現和他們對她所產生的性欲,自己有資格要求阿勞霍的生殖器官和她出生的生理性別必須符合他們的期待。

許多人對這幾名年輕男子表達了同理和支持,而非要他們為謀殺阿勞霍的行為負責——在殺害她後,他們將她被毆打的屍體埋在一百五十英里外的謝拉縣野地裡,接著去了麥當勞。一如貝特契所指出的,他們為加害者找藉口,同時擁抱著責怪受害者的邏輯。[58]其中一人的母親說,「如果你發現和你在一起的美麗女人其實是男人,任何男人都會抓狂的。」「他沒有對他們誠實,如果他坦白以告,這一切就不會發生了。」學生記者柴克・卡列夫這麼認為,他同時也用錯誤的代名詞稱呼阿勞霍,在道德傷害之上又額外添一筆重大羞辱。[59]而儘管這幾名年輕男子在殺害阿勞霍的幾天前就已經對她的生殖器官有所揣測,但根據其中一位辯護律師的說詞,他們的行為只是「一時衝動」,源自於「極度的震驚、詫異、困惑」。事實上,他們是受到激怒才會犯下謀殺之罪,「他們的憤怒如此深層,幾乎是原始衝動」——而那是源自於阿勞霍的「性騙局、欺瞞、背叛」。這些主張反映出一種觀念,也就是這些男性不只有權知道阿勞霍衣著下的生殖器狀態,在這種性占有的資格感受到挑戰時,他們還有權「抓狂」,甚至殺死她。

儘管這個例子相當戲劇化,但部分特權男性之間確實存在一種普遍的資格感,認定自己

(6) 難以管束——身體控制的資格感
Unruly—On the Entitlement to Bodily Control

得以規範、控制,並統治女性的身體,不論順性別或跨性別女性皆然。而這所導致的直接結果,便是那些遭受厭女情結監管的人往往被當作道德怪獸抨擊,儘管她們自身才是被迫遭遇重大痛苦的一方。

57 在一次無效審判後,麥吉森和梅羅最終被判處二級殺人罪,但並未因為仇恨犯罪而增加刑度。奈伯爾在第一場審判中承認故意殺人的罪名,而卡薩爾茲最後並未回應故意殺人的罪名。

58 針對恐跨情結與恐同情結之間的相關性,可以參考貝特契的精妙討論: Bettcher, "Evil Deceivers and Make-Believers," p. 47.

59 因此,這是一個典型的「同理他心」範例,我曾於稍早的章節中說明並探索這個概念。

183

（7）不獲支持——坐享家務勞動的資格感
Insupportable—On the Entitlement to Domestic Labor

「男人就覺得他們有資格坐享我們的勞動。」《所有的憤怒：母親、父親、及平等伴侶關係的神話》一書的作者達西・洛克曼寫道，「這種資格感的光芒如此耀眼」[1]，它也對許多異性戀家庭投下了綿長的陰影：擁有男性伴侶的母親承擔了遠超出合理範圍的育兒和家務工作。女性的「第二輪班」（second shift）數十年來不曾略為動搖；社會學家亞莉・羅素・霍希爾德於一九八〇年代晚期提出這個概念，描述女性每年多花了一個月的時間，進行「家庭」工作。

這幅家庭內家務不平等的慘澹圖像可能令人驚訝。在描繪當代異性戀伴侶關係時，這種為家庭付出的現代父親形象隨處可見，但很不幸，它卻是種誤導。儘管從一九八〇年到二〇〇〇年間，美國男性分擔育兒責任的程度確實有所增加（伴隨著女性的勞動參與率大幅提

---

[1] Darcy Lockman, *All the Rage: Mothers, Fathers, and the Myth of Equal Partnership* (New York: HarperCollins, 2019), F 205.

升），但在二〇〇〇年後陷入了停滯。在一份針對今日國內情況的代表性研究中，社會學家吉兒‧亞佛斯奇‧克萊兒‧坎普‧達許，與莎拉‧薛普—蘇利文發現，當雙方都有全職工作（每週工時大約為四十小時）的男女伴侶成為新手爸媽，男性在家中的工作量大約增加十小時，與此同時，女性的工作量則增加了約二十小時，因此，母親角色必須承擔比父親角色加倍的工作量。除此之外，父親在這些情境裡真正承擔的新工作中，有許多是與孩子互動這類相對「有趣」的任務——例如和嬰兒玩，父親平均每週花四個小時做這件事，但同時，也減少了五個小時的做家事時間。母親每週做家事的時間只有減少一個小時，卻增加了大約二十一個小時的育兒勞動時間，其中包括十五個小時的身體照護——例如換尿布和為嬰兒洗澡。而在與嬰兒的互動方面，母親也依舊做得更多，每週平均六小時。[2]

皮尤研究中心和美國勞動統計局所蒐集的時間使用日記統計資料也呈現出類似的情況。在二〇〇〇年時，他們發現，全職母親承擔了家中三分之二的育兒責任，而男性伴侶則負責餘下的三分之一。再一次，女性做了雙倍的工作，更令人困擾的是，在過去二十年間，這些數字一直保持穩定。[3]

樂施會於二〇一八年發表的報告顯示，女性從事無償照護工作和家務勞動是男性的兩倍，而這放在全球整體統計數字上看仍屬偏低。在世界各地，女性平均承擔了比起男性伴侶多出二到十倍這類工作，而這些工作的每年全球產值估計約為十兆美金。[4]根據現況，男

(7) 不獲支持──坐享家務勞動的資格感
Insupportable—On the Entitlement to Domestic Labor

性和女性若要在育兒工作上達到平等，需要花費的時間預計介於七十五年（由聯合國國際勞工組織「男人在乎」[MenCare]估算）和一百年這個更令人憂鬱的數字之間（由聯合國國際勞工組織提出）。5 不過，研究顯示，在某種情境之下，男性和女性間的家務分工仍有可能趨近平等，那就是她擁有全職工作，他卻處於待業中時。然而，就算如此，此處的關鍵字仍是趨近，她還是會做得多一些。即使在據稱眾人皆平等的美國社會脈絡之下，平等仍難以企及。6

---

2 Jill E. Yavorsky, Claire M. Kamp Dush, and Sarah J. Schoppe-Sullivan, "The Production of Inequality: The Gender Division of Labor Across the Transition to Parenthood," *Journal of Marriage and Family* 77:3 (2015), p.662–79.

3 "Time Spent in Primary Activities by Married Mothers and Fathers by Employment Status of Self and Spouse... 2011-15," Bureau of Labor Statistics, https://www.bls.gov/tus/tables/a7_1115.pdf

4 "Why the Majority of the World's Poor Are Women," Oxfam International, https://www.oxfam.org/en/even-it/why-majority-worlds-poor-are-women（資料擷取於二〇一九年七月十五日）

5 參見："Men Taking on 50 Percent of the World's Childcare and Domestic Work Requires Global Goal and Immediate Action, Reveals State of the World's Fathers Report," https://men-care.org/2017/06/09/men-aking-on-50-percent-of-the-worlds-childcare-and-domestic-work-requires-global-goal-and-immediate-action-reveals-state-of-the-worlds-fathers-report/，以及 International Labour Organization, *A Quantum Leap for Gender Equality: For a Better Future of Work for All* (Geneva, Switzerland: International Labour Office, 2019), https://www.ilo.org/wcmsp5/groups/public/---dgreports/---dcomm/---publ/documents/publication/wcms_674831.pdf。

6 Sara Raley, Suzanne M. Bianchi, and Wendy Wang, "When Do Fathers Care? Mothers' Economic Contribution and Fathers' Involvement in Childcare," *American Journal of Sociology* 117:5 (2005), p.1422–59.

但真要說的話,時間使用研究裡描繪出來的男性家事參與情況,可能還太過美好。「我對我們從時間使用日記中得到的資料抱持懷疑。」坎普對洛克曼說,「我們檢視一對伴侶在同一天內的情況,發現了不同的結果模型,顯示出男性甚至做得更少。」[7]與此一致的現象是,男性看來會高估自己對共同家務工作的貢獻程度。《經濟學人》近期針對八個西方國家的父母進行調查,結果顯示,四六％的父親認為自己是付出等量的家長,但只有三二％的母親同意他們對自己的評價。[8]當然,這或許是女性在時間使用日記裡少報了伴侶的貢獻,而不是男性多報,但社會科學家認為這不太可能。社會學家史考特・柯川指出:

基於共享家庭工作所擁有的潛在好處、女性的勞動參與快速增加,以及婚姻中的平等理念獲得愈來愈多大眾支持,許多人……預測家務勞動的分工會變得愈來愈性別中立。但儘管如此,研究……卻似乎不太支持這個說法。這為研究者迎來一個尚未有答覆的重大問題:「為什麼男性不多做一點?」[9]

男性為什麼沒有多做,原因之一很有可能是不以為意──一種存心的,且相對幸福的無知狀態。坎普・達許在評論她自身研究時寫道:

188

（7）不獲支持——坐享家務勞動的資格感
Insupportable—On the Entitlement to Domestic Labor

有趣的是，新手爸爸似乎沒有覺察到他們並未跟上伴侶增加的工作量。我們提問時，男性和女性都認為，在成為父母後，他們每週都各自多出超過三十個小時的總工作時數。但我們手上那份更精確的時間日記則說出了一個不同的故事，亦即親職為女性增加的工作量比男性多出許多。[10]

在如此情況下，另一個男性不多做的原因則是，去要求他們盡到本分，此事本身對女性便已是某種形式的勞動。

在《所有的憤怒》一書開頭，達西・洛克曼回憶了一樁事件，那是促使她撰寫本書的原因之一。她向丈夫喬治要求在母親節當天有個短暫的休假，請他帶兩個女兒去看他的母親，給洛克曼一段罕有的屬於自己的時間。這個約定心照不宣地包括喬治要在長女出生六年半以

7　Lockman, *All the Rage*, p. 16.

8　"Sharing Chores at Home: Houses Divided," *Economist*, 2017/10/05, https://www.economist.com/international/2017/10/05/houses-divided

9　Scott Coltrane, "Research on Household Labor: Modeling and Measuring the Social Embeddedness of Routine Family Work," *Journal of Marriage and Family* 52: 4 (2000), p. 1210.

10　Claire Kamp Dush, "Men Share Housework Equally—Until the First Baby," *Newsweek*, 2015/05/10, https://www.newsweek.com/men-share-housework-equally-until-first-baby-330347

來，第一次負責幫孩子打包行李。洛克曼回想起當他詢問他有沒有遺漏了什麼，她感到多麼沮喪，難以平和地回覆。但很快，內疚感就生效了。她寫道：

我肩上的惡魔——那是一陣已經被內化了幾十年的白噪音，一個關於女人、女人的責任，和她們相對地位的聲音——慫恿著我：你這樣對他不公平。他畢竟已經要帶她們出去了，你只要隨便丟幾樣東西進去行李箱就好。這只是個一天一夜的旅行，這只會花你三十秒，有什麼該死的大不了？我拿了iPad和幾樣玩具，把它們放到行李袋裡，作為對魔鬼的奉獻，也是我對丈夫的奉獻。對他，我尤其只希望以公平相待，再無其他。[11]

這段內心對話刻劃出情緒勞動經常造成的複雜代價。情緒勞動有許多內涵，尤其包括了那些太常落在女性頭上的追蹤和預期工作：知道哪樣東西在哪兒、誰需要什麼、購物清單、家庭預算、家人的行事曆等等，更別提還有打包無盡的行李，從尿布包到行李箱。（在洛克曼拒絕提供更進一步的協助之後，她的丈夫忘記帶兩個女兒的睡衣，她們最後穿著泳衣睡覺。）

如今所有這些形式的工作都被含括在情緒勞動的標題之下，已經算是相當標準的做法；在近期一份提供給男性聽眾的情緒勞動指南中，這個概念獲得了以下定義：

（7）不獲支持——坐享家務勞動的資格感
Insupportable—On the Entitlement to Domestic Labor

女性為了掌握生活中的小事而從事的無償、隱形工作，這些小事綜合起來後則構成生活中的大事：它們是膠水，凝聚了家家戶戶，藉此進一步凝聚了一個運作得宜的社會。[12]

我們必須承認，該詞的創始者亞莉・羅素・霍希爾德並不贊成對它作出這樣的延伸解釋，她最初使用該詞，是用來指涉那些為了維持特定情緒效果而必要的有償工作——例如空服員要展現出令人愉快的風度舉止。[13] 但對我而言，這正是一個令人印象深刻的例子，顯示一個詞語如何自然演變，好跟上語言使用者的需求。情緒勞動的概念自然而然被理解成涵蓋許多

在近日一場訪談中，霍希爾德說：

我最初在《情緒管理的探索》一書裡提出情緒勞動一詞時，指的是你必須付出費用的工作，主要涉及了試圖為作本身打造正確的感覺，包括喚醒和壓抑一些感受。一些工作仰賴大量的情緒勞動，一些則很少。從空服員的工作要求他們比一般人更和善，到收帳員的工作要求他們在必要時刻比一般人更苛刻，有各式各樣的工作都會仰賴情緒勞動，例如教師、看護中心的服務員、兒童托育工作者皆是。重點是，儘管你可能也從事者身體和心靈勞動，但你主要是因為你管理和製造某種感受的能力而受到雇用與監管。

11 Lockman, *All the Rage*, p. 3.
12 Tracy Moore, "The Stupid-Easy Guide to Emotional Labor," *Mel Magazine*, 2018, https://melmagazine.com/en-us/story/the-stupid-easy-guide-to-emotional-labor
13 出處：Julie Beck, "The Concept Creep of 'Emotional Labor,'" *The Atlantic*, 2018/11/26, https://www.theatlantic.com/family/archive/2018/11/arlie-hodschild-housework-isnt-emotional-labor/576637/

191

情況，如同《拒絕失衡的「情緒勞動」》一書的作者潔瑪‧哈特莉所說：

家務並不是唯一一件令人感到厭倦的事。我也是行程管理人，負責安排預約並隨時隨地知道行事曆上寫了什麼。我是那個擁有所有答案的人，從我丈夫把鑰匙放在哪裡、那場婚禮是幾點，還有當天的服裝規定是什麼、家裡還有沒有柳橙汁、那件綠色的毛衣在哪裡、那個誰誰誰的生日是什麼時候，到我們晚餐要吃什麼。我心裡揣著一張包山包海的列表，不是因為我想這麼做，而是因為我知道沒有其他人會做。[14]

情緒勞動也包括處理環繞著這類事務而生的情緒：例如，不要指出男性伴侶哪件事情做得很糟，以免使他惱怒，也要避免太常在家中尋求他的「幫助」和「支持」。如此一來，許多女性陷入了一個強大的進退兩難局面：妳若不開口求助，就必須承擔許多的物質、家務、情緒勞動，遠遠超出妳原本應該擔負的量；當妳真的開口，則會破壞一套隱晦的社會規範，亦即女性得維持秩序、照顧他人，並且不要要求太多。哈特莉：

開口求助，還要用正確的方式求助，是一層額外的勞動。在許多情境裡，個人為了要把工作委託給他人，必須反覆提出要求，而這經常被視作嘮叨。有時實在就是不值得費

(7) 不獲支持——坐享家務勞動的資格感
Insupportable—On the Entitlement to Domestic Labor

力反覆要求，還得都是用正確的語氣（依舊有可能被說成一個嘮叨的人），我乾脆自己動手做。[15]

哈特莉的書以‧椿事件開場，和洛克曼的開篇小故事明顯相似：作為母親節禮物，她要求雇用家事清潔服務員，為她與丈夫子女一起住的公寓打掃浴室和地板。她解釋：

對我來說，這個禮物的重點不是打掃本身，而是總算有那麼一次，我不用負責家裡的事務性工作。我不必打電話聯絡、到處詢價、研究比較每間清潔公司、處理付款，然後預約打掃時間。我真正想要的禮物是擺脫這件任務所帶來的情緒勞動，它已在心中困擾我許久，打掃房子只不過是加分而已。[16]

然而，唉，事情未能如願。哈特莉的先生選擇省錢，自己動手徹底清掃浴室；在此同時，她則被交付獨自照顧孩子的任務，而整間屋子浴室以外的部分在她周遭陷入一片混亂。她描

14　Gemma Hartley, *Fed Up: Emotional Labor, Women, and the Way Forward* (New York: HarperCollins, 2018), pp. 3–4.
15　出處同上，頁4。
16　出處同上，頁1。

述自己隨之而來的憤怒是「年復一年，逐漸接下家中唯一在乎所有事情的角色所綜合起來的結果。」[17]

我們可以簡單把這樁事件歸咎成已開發第一世界的煩惱，進而不予理會，這也是一道障眼法。在此，將這些女性和她們特權較少的同儕比較，意義不大；後者無疑面對許多獨特的問題，其中某些主題我們已經討論過，也會在後續討論更多。真正有意義的比較，是比較女性與其未能公平負擔家庭照護重擔的男性同伴，而在這件事情上，沒有好理由可以解釋男性的失職。男性和女性「天生」有著不同的育兒傾向或偏好，這個太過便宜行事、性別主義的假設已經被破解了，一部分是因為研究顯示，當男性是主要照顧者，他們的大腦（大腦是可塑的）會變得和擔任主要照顧者的女性相似。[18] 縱然如此，男性卻還是未能適當投入家務和育兒勞動，而此事影響了各種人口統計背景下的每一個女性。[19] 當然了，這不是在說富有和貧窮的女性受到影響的方式一模一樣。當高收入、占優勢地位的白人男性不在乎，而與他們同樣富有（且還是一樣，通常是白人）的女性伴侶變得精疲力盡且感到絕望時，她們最後經常就會「俯身取用」（lean down）非白人和貧窮女性的勞力。因此，當享有特權的白人男性失職，不只會對他們的妻子造成傷害，傷害也會延伸到更弱勢的女性身上，她們最終可能會遭到剝削，必須承攬這些相對具特權女性原本應該要做、但不應該由她們獨自承擔的事務。[20]

(7) 不獲支持——坐享家務勞動的資格感
Insupportable—On the Entitlement to Domestic Labor

男性未能在乎或拒絕在乎照護工作的情況,不只出現在家庭脈絡中,就連有償的照護工作也極度不受男性歡迎。經濟學者觀察到,比起從事護理(如助理護理人員)、老人照護員,或擔任居家照護助理,男性往往寧願失業。然而,隨著傳統的男性藍領工作逐漸在美國經濟體系裡消失,前述這類工作卻愈來愈常見,並且需要人做。一篇二〇一七年六月刊登於《紐約時報》上的文章直言不諱地指出:「解方看來很簡單,傳統的男性工廠工作慢慢枯竭,美國經濟裡成長最快速的職位空缺則是那些經常由女性從事的工作,為什麼不讓男性去做呢?」[21]

17 出處同上,頁5。

18 例如可參見:Eyal Abraham, Talma Hendler, Irit Shapira-Lichter, Yaniv Kanat-Maymon, Orna Zagoory-Sharon, and Ruth Feldman, "Father's Brain Is Sensitive to Childcare Experiences," *Proceedings of the National Academy of Sciences* 111: 27 (2014), p. 9792–97.

19 讀者可以在我的著作《不只是厭女》的第三章中找到和這類性別主義假設有關的一般性討論,這類假設合理化並自然化父權的社會秩序。見:《不只是厭女》,第三章。

20 同樣值得注意,即使享有特權的白人女性確實在家事和育兒責任上取得了付費協助,她們還是經常承受額外的情緒負擔,必須要獨自管理那些外雇者和自身之間的關係。

21 參見:Artie Russell Hochschild (with Anne Machung), *The Second Shift: Working Families and the Revolution at Home* (London: Penguin, 1989), pp. 5–6,及 Lockman, *All the Rage*, p. 17.

Susan Chira, "Men Don't Want to Be Nurses. Their Wives Agree," *The New York Times*, June 24, 2017/06/24, https://www.nytimes.com/2017/06/24/op.nion/sunday/men-dont-want-to-be-nurses-their-wives-agree.html

無庸置疑，阻止男性參與有償照護工作的障礙之一，在於男性認定了自身有資格被授予更多傳統的陽剛職缺，換句話說，「工廠工作，不然就拉倒」，白人男性尤其如此。另一個障礙則可能是，他們的女性伴侶先入為主認定哪類工作和男性伴侶的尊嚴相稱。社會學家歐佛‧夏隆內發現，當會從事專業工作的男性中年失業，就算他們願意從事傳統上屬於柔性產業的較低薪工作，他們的妻子往往也會鼓勵他們繼續求職，對於就業中，或待業中但積極求職）的男性比例已加倍成長──從一九五〇年的一五％成長到二〇一八年的三〇％。[23]

許多論述已經分析了當代美國（主要是白人）的陽剛氣概面臨到的危機。在許多社區裡，尤其是在鄉村地區，沒工作的白人男性愈來愈多，他們也處於愈來愈嚴重的憂鬱、藥物依賴（尤其是鴉片），甚至有自殺風險。對此現象可能有許多解讀，其中主要之一，這是存在意義面臨危機的結果：這些社會環境裡缺少男性可以取得並給予其滿足感的角色。然而，照護工作不只需要有人做，它們也是有意義的工作，不必然帶有剝削性質，而且和其他傳統的陽剛藍領勞動形式相比，它們有著其他優勢。因為一般說來，這些工作對身體和環境造成的損害較少。由此看來，男性對資格感的認定不只傷害到其他弱勢群體，也傷害到男性自己，阻礙他們找到方法解決角色供需間這個迫切需要被填補的落差。

196

(7) 不獲支持——坐享家務勞動的資格感
Insupportable—On the Entitlement to Domestic Labor

伴隨著男性經常覺得自己有資格從事某類有償工作,他們同樣也覺得,自己比起女性伴侶應得更多的閒暇時間。如達西・洛克曼所言,多項研究發現,「工時長的父親,其妻子育兒照護工作更重;但工時長的母親,其丈夫則睡眠時間較長且花很多時間看電視。」[24]

男性在有償工作以外如何運用時間一問,此為答案之一。但先有雞還是先有蛋的提問卻仍未解決:是因為男性比女性伴侶從事更多的休閒活動,所以他們家事才做得這麼少嗎?還

---

22 出處同上。必須承認的是,這項研究並沒有回答一個問題,亦即這些男性的妻子是否本來就不贊同這類工作,並認定這類工作有損丈夫的尊嚴。還是,她們預期到,如果丈夫真的接受了這些比起他們過往習慣的工作而言較為低階、低薪的工作,將會引發難以承受的情緒後果。

23 N. Gregory Mankiw, "Why Aren't More Men Working?" *The New York Times*, 2018/06/15, https://www.nytimes.com/2018/06/15/business/men-unemployment-jobs.html

24 本段引言出自洛克曼刊登於《大西洋雜誌》上的文章:"Don't Be Grateful That Dad Does His Share," 2019/05/07, https://www.theatlantic.com/ideas/archive/2019/05/mothers-shouldnt-be-grateful-their-husbands-help/588787/。針對洛克曼在此引述的研究,可以參考包括以下在內的著作:Suzanne M. Bianchi, John P. Robinson, and Melissa A. Milkie, *Changing Rhythms of American Life* (New York: Russell Sage Foundation, 2006), pp. 121-22; Andrea Doucet, "Can Parenting Be Equal? Rethinking Equality and Gender Differences in Parenting," in *What Is Parenthood?*, edited by Linda C. McClain and Daniel Cere (New York: NYU Press, 2013), pp. 251-75; and Claire M. Kamp Dush, Jill E. Yavorsky, and Sarah J. Schoppe-Sullivan, "What Are Men Doing While Women Perform Extra Unpaid Labor? Leisure and Specialization at the Transitions to Parenthood," *Sex Roles* 78: 11-12 (2018), p. 715-30.

厭女的資格
ENTITLED

是說，他們從事更多休閒活動，好讓自己可以只做這麼少的家事？潔瑪・哈特莉的丈夫羅伯被解雇，兩人約定他將會接手例行的早晨家務，好讓她可以把書寫完。她記錄了該項安排生效一個月後的某個下午：

我從家裡書房走出來時，兩歲大的那隻還沒吃午餐，我倉促幫他煮了泡麵，然後讓他睡午覺，此時羅伯換上了他的騎車服⋯⋯四散的著色本、蠟筆、馬克筆、列印紙⋯⋯鉛筆屑，還有一本從圖書館借來的書鋪蓋著〔餐桌桌面〕，我都不敢看它的內頁變成什麼樣子。有兩種顏色的動力沙*，小塊小塊地散落在它們專屬的盒子外，布滿整片地板。有早餐過後的髒碗盤，吃了一半的食物從盤子上被掃下來，木質桌面上慢慢變成硬的牛奶⋯⋯整間屋子不是只有點亂，而是一場災難。[25]

哈特莉著手處理這些混亂時，她的丈夫出門騎登山車去了。《拒絕失衡的「情緒勞動」》書裡說得很清楚，這類事件一點也不稀奇。

珍西・唐恩的丈夫湯姆也很喜歡騎單車，他在兩人的女兒希薇亞還是嬰孩時養成了騎長途自行車的習慣。唐恩的著作有個稍嫌不祥的書名《我如何忍住不踹孩子的爸》（*How Not to Hate Your Husband After Kids*，直譯為：如何在有小孩後不恨妳的丈夫。），而和洛克曼或哈特莉

198

(7) 不獲支持——坐享家務勞動的資格感
Insupportable—On the Entitlement to Domestic Labor

的作品相比，這本書沒那麼學術，也是針對一群比較特定的受眾：不是那些行為令人討厭、舉止不公平的男性，而是他們的女性伴侶，她們必須找到一個不厭惡男性伴侶的方法。在唐恩和丈夫的情況裡，儘管兩個人都是獨立記者，工作時程差不多，他卻僅僅負責一〇％的家事。唐恩寫道：

> 我真希望他負擔一〇％就夠了，但那不夠。我覺得他像個客人，住在我經營的旅館裡。我總是沉默保持著女性主義立場，看看他會不會挺身而出、出手做事。這個計分過程從來沒有盡頭。有一件事在我的怨懟上更加一筆，每逢週末，湯姆不知道怎地，總有辦法在一個快樂的單身漢泡泡裡兜來轉去。對他來說，一個典型的週六從一場和友人的足球賽或長達五小時的自行車之旅開始（似乎從孩子臍帶被剪斷的一刻起，他就迷上耐力運動，那聲喀擦是躲避球賽裡叫他快逃的槍響），緊接著是二十分鐘從容沖澡、晚晚的早餐、長長的午覺，再閒散瀏覽各式期刊。與此同時，我則忙著送女兒去生日派對和玩伴家。週末晚間，湯姆在出門和朋友喝酒前不會先跟我說一聲，他就這樣漫不經心走出家門，一副我反正會負責孩子們的洗澡和就寢的樣子。[26]

---

* 譯注：由沙和疏水性液體組成的玩具，類似黏土，可以被塑造成各種形狀。

[25] Hartley, *Fed Up*, pp. 27–28

199

唐恩思索，對於最終的這副局面，她所感受到的憤怒是否公平，畢竟是她「放任這個模式發展」。在我看來，答案是肯定的，因為她的丈夫才是真正行為不當的一方。唐恩和先生在這個時期找了一位婚姻諮商師——波士頓地區知名的治療師泰瑞・瑞爾，他每個小時索價八百美金，為客戶提供他的洞見——他就兩人的情況提出了同樣明確的判斷。瑞爾要求他們描述兩人間一次典型的爭吵過程，唐恩隨後解說，某次湯姆為了幫一份雜誌撰寫相關的旅行文章，剛從一趟橫越義大利鄉間的自行車旅行回到家裡，他返家後受時差所苦，睡了兩天。與此同時，唐恩則持續扮演著單親家長，當湯姆終於清醒，唐恩憤怒並對他吼叫。瑞爾對唐恩說，「我要告訴妳一個消息，我站在妳這邊。」[27]

這位治療師不為唐恩找藉口，合理化她在回應丈夫的「自私和講究」（這是瑞爾的用詞）時做出的一些舉止。事實上，他甚至直言不諱說出唐恩的行為屬於「言語虐待」（因為她經常罵湯姆「渾球」和「蠢貨」）。然而，瑞爾在他的評估中也明確表示，儘管唐恩表達憤怒的方式可能令人無法接受，她的憤怒本身卻很合理，「爆炸的女性通常就是覺得自己沒被傾聽。」瑞爾指出。[28]

近期研究顯示，男性之所以可以成功在家庭中少有貢獻卻不受責怪、安全下莊，一部分的原因可能是，在異性戀伴侶關係內的女性受制於更高的標準，[29]也就是說，女性更有可能

200

(7) 不獲支持──坐享家務勞動的資格感
Insupportable—On the Entitlement to Domestic Labor

因為髒亂的住家、穿著奇特的子女,或因為自己沒有在每個上學日為孩子準備完美的午餐盒而遭到羞辱或責怪。[30]另一部分的原因,就算男性的付出少得可悲,相對來說,他們仍算是好男人。正如洛克曼所言:

26 Jancee Dunn, How Not to Hate Your Husband After Kids (New York: Little, Brown, 2017), p. 8.
27 出處同上,頁58。
28 出處同上,頁60。
29 Claire Cain Miller, "Why Women, but Not Men, Are Judged for a Messy House," The New York Times, 2019/06/11, https://www.nytimes.com/2019/05/11/upshot/why-women-but-not-men-are-judged-for-a-messy-house.html 儘管這篇文章的標題如此,研究發現本身卻有點模稜兩可:當研究參與者被告知乾淨房間為女性居住的情況,相比於房間為男性居住的情況,該房間會被判定為比較不乾淨,她也會被認定比較不會得到訪客的正面評價,並對接待訪客感到較不自在。當受試者被告知房間為男性居住,他們比較傾向於指出房間急需打掃。男性和女性都會因為房間髒亂而受責難。研究指出,髒亂似乎符合了男性作為懶惰蟲的刻板印象。但其中有個關鍵差異:和女性的情況不同之處在於,受試者認為髒亂的男性比較不會被訪客批評,或因為有訪客而感到不自在。
30 但請留意,認為女性比男性更容易留意到家中凌亂,或是女性比較善於多工,或在不同任務間轉換,這個假設已被徹底推翻。見:Leah Ruppanner, "Women Are Not Better at Multitasking. They Just Do More Work, Studies Show," Science Alert, 2019/08/15, https://www.sciencealert.com/women-aren-t-better-multitaskers-than-men-they-re-just-doing-more-work。

雙親家庭中的父親在近幾十年間提升了他們的參與程度，但與此同時，有父親的家庭數卻也減少了。顯然留下來關愛並守護後代的父親不應該只受到中傷。[31]

當為男人設定的整體標準如此之低，我們便會忍不住想拿一個「在場」的男性伴侶和父親，與他那缺席的男性同儕比較，得出他在道德上令人欽佩，而非不足的結論。另一個不公平的比較則指向一個事實：當代的父親做得遠比他們的父親多。平均來說，和前人相比，現代父親的參與程度的確高出許多。然而，再一次，最重要的是我們得搞清楚，此處在道德上最有意義的還是介於男女伴侶雙方的比較。從這個角度看來，女性的負擔仍舊太過沉重，而男性仍然經常沒有盡到本分。有鑑於男性的女性伴侶如今更有可能為家庭帶來相當的收入，投入相當時數的有償勞動，上述所言更格外真實。[32]因此，在兩人其他條件相等的情況下，為什麼她在家裡就應該做得比他多出許多？答案當然是不應該。

但儘管如此，像珍西·唐恩這樣的女性仍然難以承認這點。在長達五小時的馬拉松諮商中，瑞爾問她和丈夫，既然他們的專業角色和義務相當，為什麼他們不平均分攤家事。他指出，除了五五對分以外，其他安排都不公平。有趣的是，這時唐恩開始為丈夫找藉口，「但我以為男人不贊成平分。」她大膽提出。「我們不是在討論男人，我們在討論湯姆。」瑞爾回應。接著：

(7) 不獲支持──坐享家務勞動的資格感
Insupportable—On the Entitlement to Domestic Labor

〔瑞爾〕問湯姆他贊不贊成平分，湯姆開始說：「這個嘛，有時候情況會變得混亂，然後我……」瑞爾打斷他：「聽著，我知道你的意思，惰性、懶散嘛。但這也是一種資格感。而這很愚蠢。」[33]

這段交換意見指出了另一個原因，為什麼男性經常能夠不因為這種不平衡而受罰：當男性伴侶不公正地認定自己應得她們付出的勞動，並享受著自身的閒暇時間，許多女性不自覺附和並肯定了他們的應得感。儘管女性感到沮喪，她接下來卻傳遞給他混雜的訊息，也不願意堅持取得一個更公平的安排。在此情境中，即使她自己本人就是受害者，她仍展現出同理他心──亦即當男性以厭女或（我如今會再加上）一副理所當然的方式對待他們的女性受害者──仍對他們展現出不合比例或不合宜的同情心。唐恩寫到，在這次諮商開始時：

31 Lockman, *All the Rage*, p. 25.
32 根據近日報導，在美國，超過四〇%的母親是家庭內唯一或主要的養家者，同時略少於四分之一的母親是「共同養家者」。該詞的定義為「薪資占家戶總收入至少二五%」的已婚人士。除此之外，有小孩的美國家庭中，超過三分之二的母親從事家庭外的有償工作。見：Sarah Jane Glynn, "Breadwinning Mothers Continue to Be the U.S. Norm," Centre for American Progress, 2019/05/10, https://www.americanprogress.org/issues/women/reports/2019/05/10/469739/breadwinning-mothers-continue-u-s-norm/。
33 Dunn, *How Not to Hate Your Husband*, p. 64.

我突然淚流滿面，這讓我感到非常不自在。「我想要對湯姆好一點。」我帶著鼻音這麼說，「但我也想要他做更多家事，不要把一切都丟給我。」我揉著雙眼，「我擦了睫毛膏，我有多蠢？」瑞爾把一盒面紙推到我面前。34

同樣地，唐恩回憶起當瑞爾訓斥她丈夫時，自己的情緒狀態：她想要保護他，進而「加入到對話裡，補充說，他和希薇亞在一起時，他徹底無私、仁慈、體貼。」沒錯，這類美德都為他加分，但檯面上的問題，一如瑞爾所指出的，是湯姆怎麼對待唐恩，而不是他怎麼對待兩人的女兒。因此，考量到這方面的苦澀現實，她的憐憫絕對放錯了地方。但這同樣可以理解——也可以想像。當女性內化了自身被認定的義務，認為必須犧牲自己照顧他人，就會產生情感和行為上的後果。她可能會因為對男性伴侶究責感到內疚與羞恥，且如洛克曼所說，就算她離公平還很遠，她也會對他抱持著超量的感激。35

於是，此處的問題之一，可能是女性對自身資格的認定。某些女性可能不覺得自己應得公平的家務安排，給予自己和丈夫等量的閒暇時間。抑或，她們可能覺得自己理論上有，但在現實中卻無法堅持，因為周遭的社會力量告訴她們不要堅持，還要她們永遠「犧牲小我、完成大我」。珍西·唐恩在《我如何忍住不踹孩子的爸》書中甚至寫到，她不覺得自己有資格從盒子裡拿出一整塊完整的餅乾吃，相反的，

204

(7) 不獲支持──坐享家務勞動的資格感
Insupportable—On the Entitlement to Domestic Labor

她會吃那些碎屑,把完好的餅乾留給丈夫和女兒。在本書的結論裡,其中一件她學到的事情如下:

妳不必每次都吃碎掉的餅乾。有個我必須克服的困難問題是,培養一點點我自己的資格感,然後同意我需要人幫忙家事這件事,我也需要休息和閒暇時間。要擺脫隨侍在側的內疚感,以及不知為何認定自己應該有辦法處理所有事情的想法,這很困難……但,當我讓自己休息,等我回來,我更能成為自己想要成為的母親。藉著照顧自己,我得以成為一個更好的照顧者。[36]

儘管這可能已經是種進步,但此處的表達方式卻有些令人感傷。一位女性有資格獲得的,不僅只男性伴侶的「協助」或「支持」。她也有資格為了自己獲得等量的休息和閒暇時間,而非只是為了成為一個更好的照顧者。[37]

---

34 出處同上,頁58。
35 Lockman, "Don't Be Grateful," *The Atlantic*.
36 Lockman, "Don't Be Grateful," *The Atlantic*.

在唐恩的例子裡，在她正同時忙著寫書和挽救婚姻的十四個月中，直到最後，她丈夫的參與程度仍舊少得令人沮喪。她在結論裡列出了一些好主意給面臨同樣狀況的女性參考，包括接受伴侶諮商（唐恩寫下：「特別是，如果妳可以找到一個諮商師，會對著妳的丈夫大罵：『收起你那理所當然的態度，移動你的尊駕，幫她幹活！』」）。38 但裡面也包含一些其他點子，在整本書裡，這些點子似乎在回應一些不同的、比較不急迫的問題，而不是處理對男性資格感的認定，即便後者顯然如影隨形困擾著他們的婚姻。最後的結果，她針對伴侶關係給出了一種葛瑞琴・魯賓式的快樂提案（Happiness Project）*，卻不是基於平等主義的徹底重整。唐恩和丈夫投入到各種練習活動中——從「性實驗」（連續十天發生性行為，這背後的理論是，做得愈多，你愈想要），到丟棄公寓裡多餘的東西，再到讓女兒參與家事等都包括在內。她甚至鼓勵湯姆採取聯邦調查局幹員的官方「辯駁」術，安撫她的憤怒。她回憶，最後湯姆開始每週負責一天的晚餐，他有時候會帶女兒去公園玩四十五分鐘，而且他首次出席了家長會，並帶女兒去看醫生。唐恩這麼寫道：

我不在乎這仍不平等，我覺得自己獲得了支持，而這份感受很重要。我感到很吃驚（有時候有點不悅），湯姆多麼小小象徵性的舉動，就可以穿越多大的距離安撫到我。他不

（7）不獲支持──坐享家務勞動的資格感
Insupportable—On the Entitlement to Domestic Labor

需要艱苦地和我肩並肩同行。

與此同時，唐恩繼續擔任「不情願的家事管理人，而且可能永遠都會是這樣，我還是得安靜但堅定地繼續堅持，要湯姆為這個家盡他的本分。」[39] 根據她的說法，他仍舊沒有做到，但儘管如此，唐恩在書的尾聲對湯姆表達了深刻的感激：「最重要的是，我永遠感激我的丈夫湯姆，當我思考著你對我的意義，我無法不流淚。」[41]

---

37 同時，如前所述，有一件整體而言很重要的事情，我們要了解到，「俯身取用」更弱勢的女性會帶來什麼危險，尤其當我們是相對富有的白人女性。富有的白人女性最後經常得以剝削非白人和貧窮女性以獲得照護勞動，而不是堅持男性伴侶必須參與。

38 Dunn, *How Not to Hate Your Husband*, p. 257.

＊ 譯注：葛瑞琴・魯賓是美國部落客和作家，著有多本勵志書籍，其中包括《過得還不錯的一年：我的快樂生活提案》，她在該書記錄自己如何花費十二個月，嘗試各種讓人更快樂的建議。

39 出處同上，頁256。

40 出處同上，頁247。

41 出處同上，頁272。

（8）不出風頭——擁有知識的資格感
Unassuming—On the Entitlement to Knowledge

英國《衛報》的推特帳戶在二〇一九年二月九日主打了一篇文章，名為〈我和我的陰戶：一百個女人揭露一切〉，[1] 文章裡介紹了由蘿拉・道斯沃斯所拍攝的一系列私密照片。照片的目的在於去除和女性（順性別與跨性別的）陰部以及非常規性別者（gender-nonconforming）相應的身體器官之相關汙名，教育人們。一名男子隨即決定要對文章標題發表意見：「正確的說法是陰道（vagina）才對。」名為「保羅・布林醫師」的用戶在推特上這麼說道。很快的，指正蜂擁而至：針對照片裡出現的人體外部構造，「陰戶」當然是正確的稱呼；陰道則是連通到子宮的內部器官，相對而言不太容易被拍攝下來。也有來自權威人士的指正，例如婦產科醫師。[2] 甚至連線上字典網站 Dictionary.com 都加入了，它在推特發文裡寫下「呃」，然後附上「陰戶」一詞的線上解釋網址連結。[3]

1　麗芙・立特訪談蘿拉・道斯沃斯，見，"Me and My Vulva: 100 Women Reveal All," *The Guardian*, 2019/02/09, https://www.theguardian.com/lifeandstyle/2019/feb/09/me-and-my-vulva-100-women-reveal-all-photographs.

但是保羅・布林不洩氣，他不可思議地持續加碼，推文堅持事實上自己的用詞才正確，他（在一則隨後遭到刪除的推特發文裡）寫道：「近來人們試圖用陰戶一詞取代陰道，我認為這是裝腔作勢。」[4] 其他人順勢回應，貼切指出這是一起格外過分的「男性說教」事件，但布林還是一樣頑強不遜，他插話說：「這是對男性說教一詞的誤用。不是我想合理化這個詞，而是從定義上來說，光是一個男人在解釋一件事情，不能就算成男性說教，就算某些聽眾是女性也一樣。」

布林認為「男性說教」並非僅意指男性在解釋事情，在這一點上，他其實是對的。但他的推特發文確實符合了進一步的相關條件。要構成典型的男性說教行為，須由一名男性擅自對另一位或一群更專精的女性說話者「解釋」某件事情但解釋錯誤──並採用一種過度自信、傲慢或專橫的姿態，而這經常導致其他人在以可靠的權威方式指出其謬誤後，他仍舊不願意讓步或承認自己有錯。因此，在男性說教這件事上，保羅布林的推特發文是一個完美的範例（事實上，他事後的詭辯只會強化這件事。）

我們可以論證的是，當一項行動某種程度上偏離了這個典型範例，是否仍然算是男性說教。如同自然語言裡的大部分詞彙所表達的概念，男性說教一詞的延伸有可能隨著時間而變得模糊，並發生變化。（在此情況下，我會傾向如此理解關鍵的問題：我們應該如何理解該詞彙？要如何才能最有效定義並理解該詞彙？）[5] 但就此處討論的目的來說，我更有興趣的

(8) 不出風頭──擁有知識的資格感
Unassuming—On the Entitlement to Knowledge

是,哪類態度構成並延續了男性說教的行為。6 簡而言之,我的答案是資格感:獲得知識類型(epistemic variety)的資格感,此中涉及的是知識、信仰、資訊的擁有。

我特別相信,典型的男性說教行為源自於男性說教者(mansplainer)毫無根據認定自己享

2 例如可以參考珍‧崗特醫師的回應:https://twitter.com/DrJenGunter/status/1094831250945191936(內容擷取於二〇一九年七月五日)。

3 Julie Scagell, "Guy Mansplains 'Vulva' vs. 'Vagina' to Women and It Goes About as Well as Expected," Scary Mommy 2019/02/12, https://www.scarymommy.com/vulva-versus-vagina-twitter/

4 他的某些後續評論進入了語無倫次的局面:「你的論點錯誤假設了我以為這是簡化的說法,但我並不支持這個假設。我要對你的論點提出異議。」這句話是在回應其中一條留言(一個當時就旁人看來可能會受到歡迎的解釋),對方指出他(布林)的誤用乃肇因於一種常見的情況,也就是把正確的解剖學名詞簡化,才會導致他錯誤地以「陰道」取代「陰戶」一詞。

5 可參考我的著作《不只是厭女》的第一與第二章,我在其中說明了這類「改良式」解釋的好處。改良式解釋的概念乃由莎莉‧哈斯蘭爾提出,針對哈斯蘭爾最初的開創性分析,可以參考她的文章〈性別與種族:它們是(什麼)?我們希望它們是(什麼)?〉。見:"Gender and Race: (What) Are They? (What) Do We Want Them to Be?" Noûs 34.1 (2000), p. 31–55。該文於二〇一二年重新收錄於哈斯蘭爾的著作《抗拒現實》中。見:Resisting Reality: Social Construction and Social Critique (New York: Oxford University Press, 2012)。

6 一如以往,當我使用「態度」一詞,我指的不是某種只能由個人和心理諮商師一起探索的內心深層感受。我感興趣的是像「你這是什麼態度?」這類常見提問中所指涉的態度,例如在此處是一個常見的不當行為,究竟反應和鞏固了哪些一般性的社會期待或假設?

211

有一種資格,使其自然在對話中占據「知者」的位置:也就是說,自己是作為分配資訊、提出糾正,並以權威身分給予解釋的人。這種情況之所以令人反感,部分原因就在他不具這個資格──尤其在他人(如女性)碰巧知道得比他多時。他應該要預期有這種可能性,而非從一開始就假設自己在知識上較優越。舉例來說,保羅・布林醫師本該要能預期到,拍攝了這一系列照片並隨後接受〈我和我的陰戶〉一文訪問的這名女性,蘿拉・道斯沃斯,她會知道哪個詞彙才能正確描述自己的作品主題──更別提那還是她自己的身體構造。[7]

我會於本書前段介紹過米蘭達・弗里克提出了「知識不正義」(epistemic injustice)的概念──特別是「證言不正義」(testimonial injustice),即因為所屬特定社會團體(例如身為黑人女性)遭遇的偏見,使得一個人的說詞在相關知識領域裡(如她的身體經驗、疼痛、疾病等等)不被賦予應得的可信度。因此,她在該主題上作為「知者」的地位被不公地否定或漠視了。

在此處,我則要提出知識資格感(epistemic entitlement)的概念,顯然和證言不正義的主張密切相關,但有所不同,兩者互補。證言不正義,牽涉到不公平地蔑視一個較少特權的言說者──通常是在她們試圖做出貢獻之後。而知識資格感,則是讓較多特權的言說者不容置辯就假定了自己有更高的發言權威。[8] 根據這樣的理解,我們可以看到,知識資格感是證言不正義常見的先決條件與成因。[9]

在其他情境裡,知識資格感的展現可能會導致較少特權的人決定不在對話時做出她原本

(8) 不出風頭——擁有知識的資格感
Unassuming—On the Entitlement to Knowledge

計畫的或相稱的貢獻。這又時常會構成哲學家克莉絲蒂・道森稱之為「證詞扼殺」的現象，在此情境中，一個人預期到自身說詞不但不會被正確理解，反而有可能會置自己於「不安全或有風險」的情況中，因此她自我消音。[10] 此事之所以發生，有可能是因為她的證詞中有特定的內容，對於她這樣身分的人而言，說出來並不安全，或是會帶來風險。或者，她自我消音是因為對她這樣族群的人而言，膽敢提出任何意見，或在男性意氣風發、高談闊論時打斷他們，就可能造成不安全與風險。男性說教者可能幾乎不容打斷。

7 這不是第一次一個男人試圖在推特上糾正女人，和她身體部位相關的知識，儘管他自己沒有那個器官。唐納・川普在一段無心被錄下的對話中，吹噓他如何「抓住女人的陰部」（grabbing women "by the pussy"），二〇一六年十月，在該段錄音被公開後，一位名為@DaveBussone的男性用戶錯誤挪用了資訊，指出陰道其實是內在器官，個人不可能因為被暴力觸碰或「抓住」這個部位，而遭到性侵害。他在推特上對報導這起事件的政治評論者克絲汀・鮑爾斯發文指出：「通常我會放你一馬，但這次不行。去查閱解剖課本，陰道位於人體內部，沒有辦法被抓住。#MAGA」克絲汀・鮑爾斯在推特上回覆：「我知道我的陰道在哪裡。」見：https://www.facebook.com/kirstenpowers10/posts/10709571563543947。

8 我在此隱隱把「知識資格感」打造成一個帶有貶意的詞語，藉此指涉一種「未經核准且過度」理所當然的知識資格感。我後續將會針對這類態度和另一種經過認可或合理的知識資格感做出區分，例如聲明自己的觀點、主張知識，或以權威身分傳遞資訊等行為。

9 此處另一個重要差異是它們的道德本質，也就是——證言不正義，涉及一個人不正當且過度的、理所當然的資格認定與行為。換句話說，他們太過度假設別人有義務傾聽他們。見本章注釋20。資格感，指的則是一個人不正當且過度的、理所當然的資格認定與行為。換句話說，他們太過度假設別人有義務傾聽他們。見本章注釋20。

213

雷貝嘉‧索爾尼特在她經典並激勵人心的論文〈男人愛說教〉中敘述了一起事件，具體呈現此一論點。（索爾尼特自己並沒有想出「男性說教」一詞，她對該詞也抱持著有些矛盾的態度，縱然如此，她的論文為這個新詞及後續論述提供了靈感。）索爾尼特和一位女友人一同前往參加一場晚餐派對，在派對上，一名較為年長、「卓越不凡」的男主人說服她在晚餐後留下來談論她的寫作。「我聽說妳寫了幾本書。」他親切指出。「其實是好多本。」她大膽回答。「主題是什麼？」他以一種紆尊降貴的口吻詢問——像是「你鼓勵朋友的七歲小孩描述直笛練習的方式」，索爾尼特這麼形容。饒是如此，她還是回應了提問，開始描述她當時最新出版的著作，該書以英裔美國攝影師和電影先驅埃德沃德‧邁布里奇為題材，但她卻沒能說太多。索爾尼特回憶：

我提到邁布里奇後，他馬上打斷我，「那妳聽說過今年問世的那本關於邁布里奇的重磅作品嗎？」因為我太過投入扮演一個指派給我的天真少女角色，導致我完全願意接受可能有另一本同樣主題的書和我的作品同時問世，而我卻不知怎地錯過了。他已經開始對我介紹那本重磅作品，一個滔滔不絕的男人，臉上帶著我熟悉的得意神情，他的雙眼則聚焦於遠方模糊的地平線上，他自己的權威。[11]

（8）不出風頭——擁有知識的資格感
Unassuming—On the Entitlement to Knowledge

索爾尼特的女性友人很快察覺那本重磅巨作就是索爾尼特的書，該友人三番兩次試圖指出這一點，但不知怎地，這位說教者卻沒聽見她說的話。最後當他終於注意到這件事，他垮下臉來，臉色變得「灰白」。索爾尼特寫下…

> 我確實是那本重磅作品的作者，那本他原來並沒讀過、只是幾個月前在《紐約時報》書評上讀到的書。這件事情徹底混淆了他所處世界的分類法則，導致他驚愕無語了一會兒，才能夠繼續滔滔不絕。

在此，索爾尼特對於男性說教一事的本質向我們提供了諸多洞見，其中最驚人的一點

---

10 道森針對證詞扼殺的完整定義如下：

說到底，證詞扼殺指的是，一個人刪節自身證詞，以確保證詞中只包含了他的聽眾能夠理解的特定內容……證詞扼殺的情境通常會包含三個條件……(1) 證詞內容必定不安全且帶有風險；(2) 針對該證詞內容，聽眾自身必定展現出缺乏理解發言者的能力（testimonial incompetence）；以及 (3) 對該證詞的無能力理解必須來自於、或看似來自於惡性無知（pernicious ignorance）。

11 出處： "Tracking Epistemic Violence, Tracking Practices of Silencing," *Hypatia* 26:2 (2011), p.244

Rebecca Solnit, "Men Explain Things to Me," 重新刊登於 *Guernica magazine*, 2012/08/20, https://www.guernicamag.com/rebecca-solnit-men-explain-things-to-me/。

215

是，在這場對話中，言說雙方如何被指派角色，進而難以從中逃脫。邀請索爾尼特的主人當然是權威的一方，索爾尼特則被賦予天真的角色，「一個等著被（他的）智慧與知識灌注的空洞容器，用某種猥褻的受精比喻來說的話。」她寫道。這個運行中的社會動力讓對話的軌道變得非常困難，就連索爾尼特的女性友人都只能以十分有限的力量進行干預。而且我們不禁好奇，假如沒有這樣一個主動的旁觀者，這個糾正是不是根本就不會被提出。某種程度而言，這會取決於索爾尼特有沒有自信堅持那本書確實是她的作品──正如她所說，身為一位知名且多產的作者（還要加上白人女性這個身分），她相對有能力做到這件事情。但對我們之中的許多人而言，這不是一件易事，包括對我而言亦同。而同樣重要（甚至可能更重要）的是，這也會取決於索爾尼特是否願意在此主張自己的權利，進而在這個過程中，做出一個在社交場合上令人不快、有可能被視為粗魯無禮的行為。毫無疑問，她絕對有權利──且完全有資格──這麼做，然而對知識資格感的扭曲認定打造了這場對話，使得這位宴會主人終於認知到自己的錯誤時，變得一臉「灰白」。她正冒著羞辱他的風險，然而，他只是短暫地洩了氣：當他被無禮剝奪了那方新生的知識支配領地，他開始接著解釋其他事情。

這類事件強力提醒著女性，「真理不是〔我們的〕所有物，現在不是，自始至終都不是。」的確，就像索爾尼特所坦然承認的，女性也有可能傲慢，並偶爾不正確地對更專業的他人「說教」。但此處的重點在於男性說教是系統性的現象，它隸屬於一個

（8）不出風頭──擁有知識的資格感
Unassuming—On the Entitlement to Knowledge

更廣大（許多）的體系。索爾尼特精妙地把這個體系解釋為男性的「自負群島」（archipelago of arrogance）──而我會補充，還有資格感。

如果真理不是我們的所有物，權威也不會對方安靜。除非個人是基於工具性的理由而聽女性說話──僅僅以此作為表演、好用來使對方安靜，或可能用於外顯自身美德（virtue-signal），否則這件事並無必要。當然，問題的嚴重性遠勝於此，而且對於受制於多重複合壓迫的女性來說，問題有時也自成一格。崔西・麥克米蘭・卡頓在她精采的論文《六號女孩》中一一清點了大衛・布魯克和強納森・柴特[*]兩人當時在推特上分別追蹤的黑人女性數目，結果是六人，在他們各自所追蹤的三百二十二人和三百七十八人中，分別都只包含了六位黑人女性。麥克米蘭・卡頓：

一個聰明的專業人士可以從來沒有閱讀過黑人女性的作品、從來沒有訪談過黑人女性、從來沒有（在社群網站上）追蹤過黑人女性，或甚至從來沒有思考過黑人女性的存在，但他們仍舊是聰明的專業人士。[12]

---

[*] 譯注：兩人都是美國知名的白人男評論家，大衛・布魯克為《紐約時報》撰寫政治和文化評論，強納森・柴特則分別為《洛杉磯時報》和《紐約》雜誌寫作評論。

[12] Tressie McMillan Cottom, *Thick: And Other Essays* (New York: New Press, 2019), p. 219.

因此，黑人女性不只受到輕視，她們從一開始就不被許多知識特權的人留意。如我們所見，個人可以藉著極致（且不勞而獲）的自信，維持對知識資格感的認定。它也可以藉由強烈的占有欲守衛並保護——有時還是透過恐怖、控制、甚至暴力的行為這麼做。於此脈絡之下，知識資格感最黑暗的表現形式之一便是煤氣燈操縱（gaslighting）。

「煤氣燈操縱」一詞出自派翠克・漢米爾頓於一九三八年所作之劇本，原名為《天使街》，後來則以《煤氣燈下》之名登上舞臺。[13] 該劇本以後者之名被改編為兩部沉重的電影——分別是英國與美國版本——兩者都比原作更為出名，但在我看來，原舞臺劇本比兩部電影都更為豐富，因此我也以它作為此處討論的基礎。

在《煤氣燈下》（我將會這麼稱呼這齣劇作）裡，傑克・曼寧漢似乎一心想把妻子貝拉逼瘋。促使他這麼做的原始動機要一直等到劇本的第二幕才會變得清晰，但重要的是，他的行為從一開始就十分機智，為這齣劇作帶來令人感到幽閉、甚至窒息的氛圍。第一幕生動描繪了家庭內的恐懼，曼寧漢處處貶抑妻子、和她作對，在僕人面前羞辱她、不斷糾正她，甚至在她因此為自己灌輸了焦慮感後，他卻質疑她不理性且沒有根據。（曼寧漢先生：「貝拉，妳為什麼總是如此恐懼呢？我沒有要指責妳的意思。」曼寧漢太太：〔緊張地⋯⋯〕「是的，親愛的，我知道你沒有。」[14] 隨後，他就開始指責她，甚至可以說是怒斥了她一頓。）

在一系列長期且格外殘酷的心理操縱過程之中，曼寧漢先生藉著規律地把兩人的物品藏

(8) 不出風頭──擁有知識的資格感
Unassuming—On the Entitlement to Knowledge

起來,然後把物品遺失的責任推到妻子身上,好讓她相信自己瘋了,也失去了理性思考的能力。同時,他不只在因果關係上對她究責,也在道德上這麼做:他把她描述得淘氣又邪惡,同時神智不清又充滿妄想。(最令人痛苦的是,他也指控她故意傷害兩人飼養的狗,藉此把她描繪成一個殘忍又暴力的人。)沒錯,這些指控綜合起來不合邏輯,貝拉‧曼寧漢也不斷試著對丈夫指出這點:假如她真的神智不清又充滿妄想,且無法控制自身行為,他理當要和善對待自己,並試圖提供協助,而不是為此憤怒。她在自己的家中毫無權力,就如同他無視妻子為了喚起他的善意而嘗試的各種舉措。並且由於丈夫刻意隔離她和所有親友,她在家庭外也是無名之輩。[16]因此,她除了聽從制。

13　Patrick Hamilton, Angel Street: A Victorian Thriller in Three Acts (New York: Samuel French, 1939)。版權名稱為《煤氣燈下》(Gas Light)。

14　出處同上,頁5。

15　此處牽涉到的是,煤氣燈操縱行為裡包含了一部分的健全主義思維,亦即心理疾患是一件必須被羞辱和汙名化的事,而不該以人道、有效、不帶價值判斷的方式處置。特別感謝巴比‧康和尼可拉斯‧提姆斯,以及我二○一九年春季在康乃爾大學人文學會社開設的「(解)追蹤」課程上的其他同學針對這個主題提出的討論。

16　如哲學家凱特‧亞布蘭森所說,孤立是煤氣燈操縱者使用的一個關鍵技巧,如此一來,受害者或操縱目標就沒有可以輕易諮詢的對象,無法藉此肯定或至少支持自身觀點。見:Kate Abramson, "Turning Up the Lights on Gaslighting," Philosophical Perspectives 28 (2014), p. 2.

丈夫，別無其他選擇，但甚至就連這樣，也難以緩和他火爆的脾氣。

曼寧漢先生的行為造成了效果——勾勒出了一個可被辨認且傷害重大的暴力虐待模式，這個模式後來被稱為煤氣燈操縱，而我們很快就會知道這個名稱的來由。這剝奪了貝拉對自身資格感的認定，讓她甚至無法陳述最基本的現實。第一幕接近尾聲時，發生了一樁可說是令人失望的解危事件。一名警探前來拜訪貝拉，並終於告訴她一個儘管令人感到解脫卻十分可怕的事實：她的丈夫是邪惡的席尼・鮑爾，他殺害了兩人房屋的前任所有者愛麗絲・巴洛，好竊取她的紅寶石。大約十五年前，他割斷愛麗絲的喉嚨，讓她永遠安靜，隨後再勸說貝拉用她繼承到的遺產買下房子。不過，警探魯夫告訴貝拉，鮑爾可能始終未能找到那些紅寶石，他也懷疑鮑爾有可能還在兩人家中的頂樓尋找那些寶石——那裡被鎖上了，貝拉或甚至僕人都無法進入。貝拉意識到，他確實可能在找東西：

曼寧漢太太：這一切聽來都太不可置信了，〔但〕每當我一個人在夜晚獨處時，我總覺得，有人在上頭走動〔抬頭看〕。在樓上，晚上我先生不在時，我在我的房間裡聽到聲響，但我太害怕了，不敢上樓查看⋯⋯

魯夫：妳對丈夫說過這件事嗎？

曼寧漢太太：沒有，我不敢說，他會生氣，他會說我在想像一些不存在的事情。

220

（8）不出風頭——擁有知識的資格感
Unassuming—On the Entitlement to Knowledge

魯夫：妳從來沒有想過，可能是妳的丈夫在樓上走動嗎？

曼寧漢太太：有，我就是那麼想的，但我以為一定是我瘋了。告訴我你是怎麼知道的。

魯夫：曼寧漢太太，不如妳先告訴我，妳是怎麼知道的。

曼寧漢太太：這麼說來，這是真的了，是真的。我就知道，我就知道。[17]

在貝拉·曼寧漢內心深處，她確實知道丈夫在樓上鬼鬼祟祟，因為，她接著解釋，每晚丈夫表面上離家（在他實際上悄悄地從天窗爬進閣樓前）十分鐘後，煤氣燈的光線就會變得微弱，然後在他再次從前門走進來的十分鐘前，煤氣燈又會重新恢復光亮。這就表示，家中某處的另一盞燈必定被打開了，然後再次被關上，因為另一盞燈會分走瓦斯壓力，使得其他每一盞燈的亮度變弱。但貝拉·曼寧漢被迫否決自己知道的事情——而她也幾乎無法對自己承認那些事。她的丈夫在知識上對她的支配如此鋪天蓋地，使得她不敢質問他的行動，更別提他的動機；他對自身知識資格感的認定——也就是，他可以維持這樣的支配、決定她的現實條件——如此強烈，導致她如果膽敢對下流並滿口謊言的丈夫表現出絲毫懷疑，她就會因此感到內疚。在劇本剛開始時，以下這般的對話就已展現出她多麼沒有餘裕可以質疑丈夫的

[17] Hamilton, *Gas Light*, pp. 34–35.

221

看法，或是他行為背後的善意。在第一幕裡，她大膽希望著：

曼寧漢太太：親愛的傑克，你最近變得和善許多，有沒有可能，你開始同意我的觀點了？

曼寧漢先生：我以為我從來就沒有反對過，不是嗎？貝拉。

曼寧漢太太：哦，傑克，沒錯，沒錯。[18]

在劇作的整體脈絡中，有一事十分清楚，亦即她不被允許質疑他的和善，而這便是一種特別殘酷的行為。

因此，煤氣燈操縱具有一個獨特的道德面向，以及一個知識面向：透過不同技巧，受害者基本上可能被有效禁止質疑操縱者持有的事件版本、敘事，以及他那一面的故事。[19]當她質疑他的權威、挑戰他對知識的主張，或甚至在某些主題上不同意他，她便是在關係的脈絡裡犯下了一起重罪。[20]針對煤氣燈操縱，哲學家凱特．亞布蘭森在她談及煤氣燈操縱的開創性著作中指出，「無視或藐視證據者〔……〕與那些施行煤氣燈操縱的人，兩者之間的不同在於，後者無法容忍任何被挑戰的可能性。」[21]

現實生活裡，和前述虛構事件同樣極端的煤氣燈操縱案例並不少，它們也凸顯了煤氣燈

222

（8）不出風頭——擁有知識的資格感
Unassuming—On the Entitlement to Knowledge

操縱的現象常見於家庭內部與親密關係之中。以凱爾‧史黛芬為例，她是遭到密西根州立大

18 出處同上，頁10－11。

19 此處值得留意的是，儘管煤氣燈操縱並不一定是性別化（gendered）的過程，但它卻經常以凱特‧亞布蘭森闡明的方式濫用和延續性別化的動力。正如她所指出的：

首先，（1）女性比男性更常成為煤氣燈操縱的目標。（2）男性更常進行煤氣燈操縱。更重要的，再一次，儘管煤氣燈操縱並非總是基於性別主義，它卻經常透過下列方式展現出該過程會採用某些形式的情緒操弄，它們經常仰賴被歧視性）行為的情境中，並作為對此的回應。（4）煤氣燈操縱的過程會採用某些形式的情緒操弄，它們經常仰賴被操縱者對性別主義規範的內化。（5）富煤氣燈操縱成功了——也就是它確實貶低了受害者時——它有可能強化了受害者原本試圖抗拒的特定性別主義規範，或是強化了操縱者在操弄目標時仰賴的規範，或兩者皆有。（6）有時它是特定性別主義規範中的一些子集合，煤氣燈操縱者試圖透過此種操縱保存它。

出自：Kate Abramson, "Turning Up the Lights," p. 3.

20 我先前會強調過，「證言不正義」和「不當假設的」「知識資格感」之間的一些差異。在此，我還可以指出介於「證言不正義」和「煤氣燈操縱」（我已論證過它經常源自於一種極端的知識資格感）兩者之間值得強調的一個不同之處。證言不正義，事關行為人未能履行他們真正的道德義務，把對話者視為知者或潛在的知者。煤氣燈操縱，則是有關行為人——煤氣燈操縱者——把一種偽造的道德義務加諸於對話者身上，要求他們要把煤氣燈操縱者視為知者，不論對話者自身的知識地位是不是可能比其更優越。因此，儘管蕾秋‧麥金儂很有說服力地指出，煤氣燈操縱可能是證言不正義的一種形式——但也不僅止於此，它格外令人毛骨悚然。見：Rachel V. McKinnon, "Allies Behaving Badly: Gaslighting as Epistemic Injustice," in The Routledge Handbook of Epistemic Injustice, edited by Gaile Polhaus, Jr., Ian James Kidd, and José Medina (New York: Routledge, 2017), pp. 167–75.

21 Abramson, "Turning up the Lights," p. 9.

學體操隊醫師賴瑞‧納薩侵害的眾多女孩之一,她因為將納薩的暴力行為告知父母,有損他的名譽,而被迫向他道歉。是誰強迫她道歉的?她的父母。他們不僅因為她挺身而出懲罰她,並認定她錯待了這位好醫師——後者對於事件的說詞基本上變得不可質疑。史黛芬和許多這類煤氣燈操縱的受害者一樣,隨後也開始懷疑自己的記憶,「我開始覺得被洗腦了。」她於二○一八年一月時,在賴瑞‧納薩的審判上作證指出,「彷彿我從未指控過他,我覺得我正在失去對現實的掌控,我開始懷疑這起侵害是否真的發生過。」她會在腦海中一遍又一遍重複播放那些帶來重大創傷的事件,好確保自己固守真相——如此一來,她才不會忘記,她不是說謊的一方。[22]

最近大受歡迎的 Podcast 節目《髒鬼約翰》則深入探討另一起真實的煤氣燈操縱案件。同名主角約翰的受害者黛博拉‧紐威爾是名五十多歲的離婚婦女,她在前一段親密關係結束後重新開始約會,在網路上結識約翰‧米漢。最初,他使她傾心,他浪漫、殷勤,而且她以為他的職業是麻醉科醫師,收入不菲。兩人同居並結婚後,黛博拉發現新婚丈夫幾乎徹頭徹尾杜撰了自身背景(她的子女對此則是懷疑已久)。[23] 他並非如他宣稱的是一名麻醉科醫師,而是一名麻醉護理師——如今也不再是了,他偷走開給病人的藥物,他甚至根本不是醫師——而是一名麻醉護理師——如今也不再是了,他偷走開給病人的藥物,因此被吊銷執照。黛博拉和約翰相遇時,他剛服完竊盜罪的刑期——但她直到很久以後才知道此事。他長期對處方止痛藥(其中一些病人當下正躺在手術檯上,被他丟在龐大的痛苦中)

(8) 不出風頭——擁有知識的資格感
Unassuming—On the Entitlement to Knowledge

藥上癮,同時和不同女子有著漫長的破裂關係歷史,包括之前的一次婚姻,那段婚姻最後是以女方對他申請禁制令作結。他是詐騙犯,卻不僅止於此。許多見過他的人都表示他的存在令人感到極度不安,暴力的威脅總在表面底下伺機而動。以下,便是他之所以獲得他的綽號(髒鬼約翰)的部分原因:

約翰在約會網站上搭訕女性,他通常使用match.com或Plenty of Fish這兩個網站。他會在赴約時穿著手術服,假裝自己是醫師。他引誘女性寄給自己的私密照片給他,然後用這些照片勒索她們,他會把這些照片寄給她們的家人、寄給她們子女就讀的學校校方。來自加州爾灣市的一名女子告訴我,約翰剪貼她在match.com網站上的照片,製作傳單寄給她的鄰居,在傳單裡稱她為蕩婦和小三。一名法官核發給他長達五年的禁制令,而約翰則反過來申請對她的禁制令作為報復。另一名來自波特牧場的女子則告訴警方,約

22 Kyle Swenson, "Abuse Survivor Confronts Gymnastics Doctor: 'I Have Been Coming for You for a Long Time,'" *The Washington Post*, 2018/01/17, https://www.washingtonpost.com/news/morning-mix/wp/2018/01/17/ive-been-coming-for-you-for-a-long-time-abuse-survivor-confronts-gymnastics-doctor/

23 約翰·米漢也試圖隔離黛博拉·紐威爾和她的子女與其他親戚。又一次,如凱特·亞布蘭森所說,這是煤氣燈操縱者常用的伎倆(見本章注釋16)。

翰寫了一封匿名信，信中暗指他曾趁她意識不清時強暴她，並持有相關照片。他在信中說，「我向妳保證，妳是我接下來幾年的計畫。妳以為我在說笑嗎？我每一次呼吸，都會致力於毀掉妳用手術植入的人生。多謝妳的照片囉。」[24]

「他是我見過最最狡詐的人……最狡詐、最危險、最會騙人的人。」一位在職員警如此形容約翰・米漢。

黛博拉發現了約翰的隨身文件，文件中揭露了他大部分的過去（警方報告、禁制令，以及服刑紀錄），在那之後，她搬出兩人位於加州新港灘的豪華住所。她躲在旅館裡，尋求了一位警探的協助，根據對方的建議，每隔幾天就變換地址，以免約翰找到自己。與此同時，約翰入院接受背部手術，並因為腸阻塞而無法行動。《洛杉磯時報》記者、也是《髒鬼約翰》節目的主持人克里斯多夫・高法回憶：

〔約翰〕開始傳簡訊〔給黛博拉〕，內容是一些她無法理解的指控，例如她打他、她從他皮夾裡偷了一萬元美金，他威脅要打電話報警。他變得讓她認不出來……他曾經大方而無止盡地詩讚她的美貌，如今他卻詆毀她的長相、嘲笑她的年紀、挪揄她在五十九歲之齡還試圖讓自己保持吸引力。「五段婚姻，還有恨妳的家人，妳想看看這最後會怎麼

（8）不出風頭──擁有知識的資格感
Unassuming—On the Entitlement to Knowledge

收場嗎？我肯定是想看的。妳想要看看最後的結局會多慘嗎？妳打我、妳威脅我。」她則回覆：「夠了。你真邪惡。」

儘管黛博拉一開始很有魄力，那些指控也完全不是事實，但約翰持續把自己描繪成她的受害者。最終，儘管發生了這一切，她還是不知怎地就原諒了他。黛博拉如此解釋此事的始末：

黛博拉：經過了二十三天〔此時約翰在住院〕，我想要面對面看著他、問他為什麼這麼做，所以我去了醫院。然後他說那些事情都是假的，他被設計了，有好幾次他都想要告訴我，他被設計了，並因此坐過牢。他請我原諒他，他知道除非他拿出全部的證據，不然我不會相信他。

高法：一切都只是誤會？

黛博拉：一切都是誤會，而且他解釋了每一件事，他聽起來這麼有說服力，於是我想，「好。」他當時真的說服了我，那個當下，讓我覺得他不是那樣的人。

24 這句話和接下來所引用的內容都出自於 Podcast 節目《髒鬼約翰》，見：https://www.latirces.com/projects/la-me-dirty-john/。

高法：儘管有那些文件？

黛博拉：對，所有的事實都在我眼前，然後他這麼有說服力……我當時也還愛他。你深陷愛河時，傾聽很難，你只傾聽你的內心，而不是你的腦袋。

高法：妳問過他，他的綽號是不是「髒鬼約翰」嗎？

黛博拉：他說那不是真的。他說：「我不知道妳從哪裡聽來的。」就彷彿……他什麼事情都可以說服我，他好擅長這件事，就算天氣很冷，他還是有辦法說服我外頭有攝氏三十五度。他就是這麼厲害，厲害到你會懷疑自己。

高法：這幾乎像是，他成功說服了妳，所有和他人生有關的事實，都是妳的某種幻想？

黛博拉：對，他把我打造成那一方……他的說詞是，他是個大好人，所有人都錯待他……他總是，一再的，他總是有一套解釋。他告訴我，他之所以說謊是因為他害怕失去我，他覺得他如此幸運，因為我是一個這麼寬容的人，我——見鬼了——是他今生至愛，我讓他成為更好的人，就這一類的東西……我感到有點內疚，因為我嫁給了他，然後他人在醫院裡，但與此同時，我覺得害怕……

高法：向我解釋一下，為什麼要內疚？

黛博拉：因為我許下過承諾，我發過婚誓，要患難與共。

(8) 不出風頭——擁有知識的資格感
Unassuming—On the Entitlement to Knowledge

這段對話顯示，讓某個人質疑自己的理智，或以為自己肯定是瘋了，我認為只是煤氣燈操縱致力達到知識支配地位的手段之一。25（儘管如此，黛博拉受到的對待，大有可能造成這樣的連鎖反應，畢竟，雖然黛博拉沒有質疑自己的神智，她卻確實懷疑過自己的判斷。）就像在此案例裡，有時候煤氣燈操縱者可以成功打造受害者的道德責任，讓自己的故事被對方相信並原諒自己的現有罪行。26 他可能把自己描寫成其他人的受害者，或是他自己的受害者之下的受害者，且他在各方面都是弱勢——在此，約翰聲稱自己患有多發性硬化症（但沒

25 ——相比於凱特・亞布蘭森的說法，我此處提出的煤氣燈操縱概念較為廣泛。亞布蘭森寫道：

用以辨認〔煤氣燈操縱一詞〕的現象是一種情緒操弄的形式，煤氣燈操縱者試圖（有意識或無意識地）促使一個人認定自己的反應、觀點、記憶或信念不只是錯誤的，更完全沒有道理，典型地毫無根據到了可說是瘋狂的程度。……煤氣燈操縱的目標在於讓另一個人不認真看待自己作為對話者的身分。

她之後寫下：

煤氣燈操縱者指控他們的攻擊對象瘋狂、過度敏感、偏執。在煤氣燈操縱的情境脈絡裡，這些詞語的共通之處，在於它們都被用來指控：一個人不只犯了錯或被誤導，更完全沒有能力可以判斷自己犯了錯或「被誤導」。她辨認正確事實和思考的能力，與做出適當反應的能力，也就是她作為一個思考者和道德主體的獨立地位。當煤氣燈操縱成功發揮作用，能使目標對象發瘋，因為它徹底在這些方面侵蝕一個人的獨立地位。

出處："Turning Up the Lights," p. 2 and p. 8.

229

有證據顯示他患有此病），還有自殺傾向，而不是一個有殺人傾向的瘋子（儘管現實上如此）。藉由呼籲一個人拿出忠誠或同情心，好說服她歸順——如此一來，不論他為自己打造的故事多麼不可信，她也會出於一種錯置的內疚感而不予質疑。它企圖達到一種效應——這樣的做法，如同那些讓她懷疑自身理性思考的能力，幾乎有相同的效果。它企圖達到一種效應，假如她質疑他，代表她有某些根本的缺陷——若不是知識上的問題（她「瘋狂」、妄想、偏執），就是道德上的問題（她是個冷血的婊子、無法信任他人、殘忍不寬容，諸如此類）。兩者的結果也將十分類似：操控出一個不會、也沒有能力挑戰他的人。[27]

於是，煤氣燈操縱使受害者感受到一種錯誤的義務，認為她必須要採信他的故事，而不是自己的。她在知識上受支配——甚至被殖民。我們不難理解此事何其邪惡，這比傷害某人更嚴重。當煤氣燈操縱成功，受害者的能力會遭到剝奪，無法指認自己遭遇的傷害——以及同樣的，指認誰是造成傷害的人。

約翰‧米漢施展了一些伎倆贏回黛博拉‧紐威爾的心，讓她相信自己勉強遮掩的謊言與藉口，而這些伎倆絕非特例。他一而再再而三使用它們，甚至是在她訴請離婚後仍照做不誤。（他接著聲稱自己即將死於癌症，「我就要死了，黛比，慢慢死去，拜託妳，黛比，我過得不好，沒有妳我過得糟透了，我需要妳。」）他傳簡訊給她。「黛比，我過得不好，告訴我妳要什麼，讓我們可以重修舊好。」根據克里斯多夫‧高法的說詞，這些憂傷的自我描繪完全符合「約翰描述自己人生

230

(8) 不出風頭──擁有知識的資格感
Unassuming—On the Entitlement to Knowledge

的標準方式，在這裡，他是永恆的受害者。」現實中，約翰初出茅廬時，在加州拉古納海灘

26 黛博拉‧紐威爾的過去裡潛伏著一個灰暗的理由，讓她有可能願意原諒丈夫並放棄自己的觀點：數十年前，她的姊姊辛蒂遭丈夫比利‧維克謀殺。在辛蒂訴請離婚後，他近距離對她的後腦勺開槍。但辛蒂和黛博拉的母親，阿蓮恩‧哈特原諒了比利的所作所為，她甚至願意在謀殺審判中為他出庭作證。她做到了一種極端形式的原諒，但至少對一些目睹她行為的人來說，如此的做法傷害了人們對她女兒的記憶。克里斯多大‧高法寫道：她的證詞震驚了檢察官湯瑪斯‧艾維迪夫，他認為這是冷血的作為。根據他的解讀，這位母親的證詞裡……描述了辛蒂如何錯待丈夫。

「他們犧牲了她。」艾維迪夫說：「我不知道這個家庭的動力為何，我永遠都沒有辦法理解為什麼要說受害者的壞話。」

出處：https://www.latimes.com/projects/la-me-dirty-john/。

27 有種普遍的趨勢是讓人同理男性行為人，而非女性受害者，即便在這個受害者是自己女兒的案例裡，情況亦然。我希望隨著我在此探究為何這樣的趨勢存在，本書能夠有助於回答這個好問題。一言以蔽之：同理他心，必須負很大的責任。

一些人可能會堅持主張，煤氣燈操縱涉及了操縱者想要把受害者逼瘋的動機。但在我看來，這會使得煤氣燈操縱的現象太過仰賴心理學因素，進而催生出一種太過心理主義的定義。與此同時，這也使得行為人必須是刻意為之，才能符合其定義。我偏好設想另一種概念，根據煤氣燈操縱的行為是否試圖達成什麼目標（也就是其目的或「終極目標」）為它下定義，而不去考慮煤氣燈操縱者是否有目的意識，也不考慮他是否採用了令人發瘋的或教化的策略（或結合兩者，或者是另一種完全不同的技巧，例如威脅）。不過我當然不否認，此處這些簡短的意見只是一些聯想，如何最恰當理解和定義煤氣燈操縱是一個龐大得多的哲學主題，有興趣的讀者最好還是閱讀先前注釋中提到的精采著作，包括凱特‧亞布蘭森、蕾秋‧麥金儂與其他學者的作品。

231

市就至少有其他八位女性受害者，用的手段有很多與用在黛博拉・紐威爾身上的相同。顯然，她們的錢是他的目標之一。高法訪問了麥可・歐尼爾，這位律師試圖協助黛博拉・紐威爾脫離這個恐怖的處境：

高法：他〔約翰〕的目標是滲入別人的生活、和她們結婚，然後拿走一半的財產，對嗎？

歐尼爾：不，是拿走她們所有的財產⋯⋯畢竟他相信自己理所當然應得這一切。他有資格取得這一切。

但如我們所見，約翰・米漢認定他不只有資格獲得財物，他還有資格享有更多。事實上，詐欺女性受害者可能只是手段──為了讓他達成在金錢上支配女性的目的，在這點上，他有貪得無厭的胃口，這是他為何如此駭人又危險的原因。高法：

〔在約翰・米漢對女性的傷害中〕一連串殘忍和執著的報復心態貫穿了這些故事，這些故事顯示一個男人如何以他所精通的陰險技巧為樂。這似乎不僅超出了〔勒索她們的〕錢財，他看來沉浸於羞辱所有違背他意願的人。

232

（8）不出風頭——擁有知識的資格感
Unassuming—On the Entitlement to Knowledge

先不論髒鬼約翰偏愛使用哪些煤氣燈操縱的伎倆，從許多角度來看，他顯然都是真實世界裡的曼寧漢先生，同時，什某些方面，至少他的動機更為明確清晰。儘管他也想要錢，「他最終的計畫，是遊戲本身。」麥可・歐尼爾如此說道。約翰決心要贏得（回）這些女性的芳心，而且他無法忍受自己在這場關於引誘、欺騙、支配的心理遊戲中落敗。有鑑於他自身的扭曲觀點，煤氣燈操縱代表著一個獨特的解決方案，解決他會面臨的問題：如何讓這些女性──這些有著獨立觀點的人──維持一種錯覺，以為自己擁有伴侶與談話對象，同時又摧毀她們反對他的能力。在節目最後一集，詳細描述他如何試圖綁架黛博拉的女兒泰拉，且十之八九打算殺害她，這透露了他對於實實在在推毀受害者、藉此抹煞其觀點一事毫無顧忌。[28] 但是，透過在大多數受害者身上運用煤氣燈操縱的策略，而非訴諸更粗暴的抹除手段，他能感覺自己吸引、迷住且說服了她們，更杜絕了自己受到挑戰的可能性。

---

28 克里斯多夫・高法評論道，約翰・米漢「同意犯罪集團做生意的方式，對象是敵人時更是如此。他一次又一次對一個冷血觀念表達了贊同之意：死去的敵人無法受苦，所以你要鎖定他們所愛之人。你要鎖定他們的家人。」這很有可能解釋了他為何在某晚帶著被警方稱為「綁架工具箱」的物品（包括膠帶、束帶、一組廚房用刀、一小瓶睪固酮，以及自己的護照）前往泰拉・紐威爾的公寓。他先用刀攻擊她，泰拉試圖反擊，最後泰拉成功奪下了他的武器，並在自衛過程中多次以刀刺傷他。四天後，他在醫院死亡。高法寫道，「警探告訴檢察官麥特・墨菲，這看來是很明確的自衛情境，在此情境中，通常殺人者最後會逃跑，受害者會死亡」，並被丟棄在高速公路旁或沙漠裡。」泰拉沒有被逮捕，也沒有被起訴。出處：https://www.latimes.com/projects/la-me-dirty-john-terra/。

一如凱特‧亞布蘭森所論證的，對某人施行煤氣燈操縱通常是一個長期工程。要打造出一種讓對方必須同意操縱者說詞的知識義務，這段過程不但耗時，通常也需要不少努力（不過這些努力並不一定是有意識以煤氣燈操縱為目標，亦即想達到知識上的支配）。29 但知識資格感也可能促成一種錯誤的感受，認為他人沒有資格提出對立或具有威脅性的觀點，即使她們實際上絕對有權這麼做。這可能導致男人系統性地試圖讓女人永遠閉嘴，或因為她表達了自身意見而展現暫時的狂怒。但即使是在後者的情境中，狂怒的時刻也經常展示出一種暴力或帶有威脅的暗流。如雷貝嘉‧索爾尼特所觀察到的，她以男性說教為主題的經典論文，結果被永久消音），不是沒有原因的。30

婉轉地說，男性因為女性在網路上表達意見而被激怒的案例並不少見。我自己就在許多場合經驗過那樣的憤怒，而且逐漸學習到如何預料這類的厭女情結，與之共存。31 在我書寫本章內容時，一位長期發表厭女評論的澳洲右派電臺主持人艾倫‧瓊斯，32 對紐西蘭女總理傑辛達‧阿爾登提出其氣候變遷主張一事，表達了異議。在全球領導人共同與會的太平洋島國論壇上，阿爾登正確地指出，澳洲「必須對太平洋（群島）負責」，由於澳洲目前對氣候變遷毫無作為，這些地區將會因為海平面上升而遭受毀滅性的影響。她也重申自身決心，紐西蘭將盡其本分，在

234

(8) 不出風頭——擁有知識的資格感
Unassuming—On the Entitlement to Knowledge

二○五○年前達到零排碳量。³³ 不令人意外的，這段評論引發父倫·瓊斯的不滿：研究顯示，在談到氣候變遷的主題時，保守的白人男性會覺得自己格外有資格發表意見，無論這個意見多麼不正確，他們會聲稱氣候變遷這件事情不會發生。³⁴（某種程度上，這類對基本現實的否定，可以說是企圖對地球進行煤氣燈操縱了。）

因此，瓊斯的憤怒可能可預期，³⁵ 即使如此，他選擇的表達方式卻登上了頭條新聞。「她在這裡宣導全球暖化，然後說我們得對氣候變遷採取行動。」瓊斯在他的電臺節目上憤怒地

---

29 Abramson, "Turning Up the Lights," pp. 8–12.

30 Solnit, "Men Explain Things to Me," *Guernica*.

31 當然，任何人都有可能在網路上成為憤怒攻擊的目標，但根據我的分析，此處的重點在於，有很明顯不成比例的情況會鎖定女性作為目標（和她們的男性同伴相比），同時這些情況也經常涉及特別性別化的威脅與侮辱。這也是為什麼這個現象是厭女情結的表現。針對第一點，可以參見："The Dark Side of Internet Comments," *The Guardian*, 2016/04/12, https://www.theguardian.com/technology/2016/apr/12/the-dark-s:de-of-guardian-comments。

32 例如，瓊斯在二○一二年時說過，澳洲首位女總理茱莉亞·吉拉德應該要「被塞進麻袋」，丟到海底。吉拉德的父親於該年稍後去世時，瓊斯說，想必是對女兒的羞恥感殺了他。

33 阿爾登隨後履行了這份承諾，紐西蘭將此目標正式納入法律。見："New Zealand 'On the Right Side of History' with 2050 Carbon Emissions Target, Jacinda Ardern Says," ABC News, 2019/11/07, https://www.abc.net.au/news/2019-11-07 new-zealand-passes-leading-carbon-emissions-law/11683910。

34 Aaron M. McCright and Riley E. Dunlap, "Cool Dudes: The Denial of Climate Change Among Conservative White Males in the United States," *Global Environmental Change* 21:4 (2011), p. 1163–72.

說，「我只是好奇，〔澳洲總理〕史考特・莫里森會不會收到完整的指令，要往她嘴裡塞下一只襪子。」36 這段威脅言論是不折不扣陶醉在阿爾登被消音的可能性裡，而且是被一個和她地位相當的男性消音，他為此廣受譴責──但艾倫・瓊斯最初拒絕道歉。他僅僅試著以一種不合情理的方式轉移話題：他說批評者扭曲了他的意思，他的原意是阿爾登應該要把她的襪子塞進她自己的喉嚨裡。這個說法好一點，唯獨沒什麼可信度。37

有一類男性是這樣的，當別人表達的意見威脅到他們如何理解已經發生或理當要發生的事，他們沒有能力或意願應對。這類男性特別無法容許女性表現出她們有正當的知識資格感，陳述世上正在發生或在未來需要改變的事。他們的回應方式不只是頑強反對這個位置的女性，事實上，他們往往看似缺乏能力──或再一次，缺乏意願──用任何理由反對她。相反的，他們想讓她閉嘴，藉由否認她的言語有任何意義或優點（她瘋了，或她很邪惡──如此一來，不論是哪種情況，她說的任何事都不值得採納）、攔截任何異議出現的可能性。又或者，這類男性會反過來想像出一個世界，在那裡他和他的同類有權讓她收回自己的話──在這個事件裡，就是把一樣東西塞進她的喉嚨裡，永久消音。令人吃驚的是，他有可能在這整個過程中都覺得自己很合理，或甚至是受委屈的一方。

根據《衛報》報導，反家暴團體「我們的守衛」（Our Watch）的執行長派蒂・金尼斯利表示，她對瓊斯的「言語暴力威脅」感到擔憂──她指出，「語言的力量〔可以〕創造一個環境，讓

(8) 不出風頭——擁有知識的資格感
Unassuming—On the Entitlement to Knowledge

對女性的暴力看來可以被接受，或可以合理化。」「你可以不同意某人，無須透過讓他們消音的方式。」金尼斯利明智補充。[38]

好吧，親愛的讀者，我假設你可以。但並非每一個人都如此有才。

---

35 可以和環境運動者格蕾塔‧桑伯格遇到的許多貶低進行比較。有自閉症傾向的桑伯格也受制於健全主義的刻板印象與相關修辭，例如可參考澳洲專欄作者安德魯‧博爾特對她的低劣攻擊：「我從來沒有見過一個這麼年輕卻有這麼多精神疾病的女孩，被這麼多大人當成一名大師對待。」他在一篇名為〈格蕾塔‧桑柏格邪教裡的惱人祕密〉的文章中寫道。參見："The Disturbing Secret to the Cult of Greta Thunberg," The Herald Sun, 2019/08/01, https://www.heraldsun.com.au/blogs/andrew-bolt/the-disturbing-secret-to-the-cult-of-greta-thunberg/news-story/5582c063e3589e02707fb-b5a9a75d4cc

36 Kate Lyons, Naaman Zhou, and Adam Morton, "Scott Morrison Condemns Alan Jones's Call to 'Shove Sock Down Throat' of Jacinda Ardern," The Guardian, 2019/08/15, https://www.theguardian.com/media/2019/aug/15/alan-jones-scott-morrison-shove-sock-throat-jacinda-ardern

37 他自於撤銷廣告的企業，以及不悅的電臺本身）巨大壓力的瓊斯隨後確實發表了一道不認真的道歉聲明，他在同一天稱傑辛達‧阿爾登「笨頭笨腦」，而且是一個「偽善的人」。見："Alan Jones Writes to Jacinda Ardern to Apologise After Companies Pull Ads," The Guardian, 2019/08/16, https://www.theguardian.com/media/2019/aug/16/alan-jones-writes-to-jacinda-ardern-to-apologise-after-companies-pull-ads

38 Lyons, Zhou, and Morton, "Scott Morrison Condemns Alan Jones's Call to 'Shove Sock Down Throat' of Jacinda Ardern," The Guardian.

(9) 無法當選──權力的資格感
Unelectable— On the Entitlement to Power

CHAPTER (9) 無法當選──權力的資格感
Unelectable— On the Entitlement to Power

二〇一六年美國總統大選，希拉蕊・柯林頓出人意料輸給了唐納・川普，在那之後，不令人意外，關於「女性在這個國家裡選不選得上」的這類問題，在廣大群眾眼中變得迫切需要解答。[1] 大量研究顯示，這些─完全不是蠢問題─儘管，我們最後會在本章發現，這些問題的答案很容易受到操弄，並被錯誤詮釋。不過，當問題是誰被認定有掌握權力的資格時，女性在許多（儘管不是全部）情境裡受制於明顯的劣勢。而既然對我們許多人來說，在二〇一九年八月的此刻（二〇一九年九月一日，距離大選仍有一年多）已有超過一萬七千則新聞報導提到「當選可能性」一詞，以及最受歡迎的女總統候選人伊莉莎白・華倫。確實，理論上，其中某些報導可能更著重於男性候選人的當選可能性，或是綜合性地討論這件事，但檢視相關標題後則會發現，在大多數的例子中，事情並非如此。比方說，二〇一九年八月時，單單一週內就出現了以下標題：

---

1 在寫作本章的此刻（二〇一九年九月一日，距離大選仍有一年多），已有超過一萬七千則新聞報導提到「當選可能性」一詞，以及最受歡迎的女總統候選人伊莉莎白・華倫。確實，理論上，其中某些報導可能更著重於男性候選人的當選可能性，或是綜合性地討論這件事，但檢視相關標題後則會發現，在大多數的例子中，事情並非如此。比方說，二〇一九年八月時，單單一週內就出現了以下標題：

艾倫・布萊克，〈伊莉莎白・華倫人氣上升，但這個巨大疑問（當選可能性）壟罩著她〉，《華盛頓郵報》（二〇一九年八月八日）。見：Aaron Blake, "Elizabeth Warren Is Surging, but This One Big Question [Electability] Looms Over Her," *The Washington Post*, 2019/08/08, https://www.washingtonpost.com/politics/2019/08/08/elizabeth-warren-all-important-electability-question/。

239

二〇大選擊敗川普是最急迫的政治任務,那麼,倘若我們無視女性在競選過程中遇到困難(至少在跟特權男性同胞互相比較之下)的證據,這便會是魯莽的做法。我們需要確認這些證據的可信度有多高,並追問這些困難是否可能會難以克服。我們也應該質問,這個「當選可能性」(electability)的框架通常對誰有利,但這個問題,我們稍後再談。

麥德琳・海曼與其同僚完成了一項劃時代的研究,他們請實驗參與者依據兩份檔案裡提供的資訊,分別針對名為「詹姆士」(James)的男子和名為「安德莉亞」(Andrea)的女子這兩位虛構人物的表現進行評量。[2] 根據描述,詹姆士和安德莉亞皆擁有陽剛屬性的領導人職位,都在一間飛機製造公司內擔任助理副總。研究者輪流調換兩份個人檔案上的姓名(因此,每兩名受試者就有一人會收到調換過姓名的檔案),藉此可確認受試者收到的資訊裡,這兩人之間平均而言並無任何重大的根本差異。然而,實驗受試者卻對男性領導人表現出明顯且一致的偏愛,特別是當沒有明確資訊說明兩人的能力,大約有八六%的實驗參與者會判定「詹姆士」比「安德莉亞」有能力——儘管在兩人受喜愛的程度上,受試者評價他們的方式沒有表現出重大差異。不過,當檔案中的資訊明確指出兩人能力優異之程度(指出兩人和其他相同位階的員工相比,表現都屬於前五%),結果便改變了。這一次,有八三%的受試者判定「詹姆士」比「安德莉亞」討喜(但兩人相對能力的排名則沒有差異)。有趣的是,把實驗結果依照受試者的性別分開來看,不會使上述發現有任何改變:男性和女性都展現出了同樣的

240

(9) 無法當選——權力的資格感
Unelectable— On the Entitlement to Power

偏愛傾向。[3]

結論是，人們不論自身的性別為何，都會傾向於假定在歷史中由男性主導的權力位置上，男性比女性更有能力，除非這項假設與更進一步的資訊明確有所牴觸。當這項假設確實被反駁了，女性則有可能會受人討厭，尤其可能會被視為「在人際互動上帶有敵意」，而在此研究中，這項指標包含了被看作是不懷好意、強勢、自私、不顧他人、操縱人心，而且不予以輕視。

2 Madeline E. Heilman, Aaron S. Wallen, Daniella Fuchs, and Melinda M. Tamkins, "Penalties for Success: Reactions to Women Who Succeed at Male Gender-Typed Tasks," *Journal of Applied Psychology* 89:3 (2004), p. 416–27. 有一位實驗參與者並未說明自身性別，可能是單純遺漏，或是認同自己屬於非二元性別者。此外，實驗參與者也請留意，海曼等人的研究發表於二〇〇四年，但本章將會陸續指出，該研究後來被大量複製。當時是大學部學生，平均年齡為二十歲半，因此屬於千禧年世代，這使我們不能輕率地視這些實驗結果為歷史遺緒

3 強納森・馬汀，〈許多民主黨人喜愛伊莉莎白・華倫，但他們也擔心她〔的當選可能性〕〉,《紐約時報》（二〇一九年八月十五日）。見：Jonathan Martin, "Many Democrats Love Elizabeth Warren. They Also Worry About Her [Electability]," *The New York Times*, 2019/0815, https://www.nytimes.com/2019/08/15/us/politics/elizabeth-warren-2020-campaign.html。

妮可・古德金，〈民主黨人擔憂女性候選人無法擊敗川普〉,《新聞周刊》（二〇一九年八月十五日）。見：Nicole Goodkind, "Democrats Worry That a Female Candidate Can't Beat Trump," *Newsweek*, 2019/08/15, https://www.newsweek.com/2020-candidates-women-vote-trump-electability-1454622。

值得信賴。研究者說這個效應很「具戲劇性」——其實他們也可以再加上「令人沮喪」這個形容。考慮到這些偏見的普及程度，女性怎麼可能贏得選舉？

一項研究進一步證明了這個難題，該研究在二○○八年總統大選的前兩年針對潛在選民進行調查。研究者大衛・保羅和潔西・史密斯讓實驗參與者考慮三名共和黨候選人——魯迪・朱利安尼、約翰・麥肯、伊莉莎白・多爾——以及兩名民主黨候選人——約翰・艾德華和希拉蕊・柯林頓。在每一場單一對決（包括跨黨派和同黨人士間的競爭）中，女性候選人都輸給了男性。最令人驚訝的可能是，有大量選民叛逃到另一黨候選人的陣營中，藉此避免把選票投給和自身同黨的女性——例如，民主黨選民會選擇共和黨的男性候選人，而非希拉蕊・柯林頓。若我們考量到近幾十年來美國人民把選票投給自身政黨候選人的強烈傾向，這項研究確實為「女性贏不了」的這個假設提供了某種寫實的支持，至少在女性競選總統上的情況是如此。[4] 近期的調查發現為此一假設提供了更多（且同樣令人沮喪）的證據，該調查顯示，許多美國人（包括略微占了多數的美國男性）仍然對於女總統這個想法，感到「不太自在」。[5]

當然，我們也有充分的證據指出，女性可以贏得選戰，在面對男性對手時亦然：二○一八年的美國期中選舉有史上最多的女性政治人物當選國會議員，[6] 而這只是例子之一。但社會心理學家猜測，當女性追求最高的權力位置及屬性最為陽剛的權威位置時，人們仍舊會覺得她們有哪裡令人倒胃口。在一項研究中，當虛構的女性政治人物被描述成參議員競選人

(9) 無法當選──權力的資格感
Unelectable— On the Entitlement to Power

時,她們幾乎沒有遭遇到性別偏見,直到她們被明確刻畫成渴求權力之人──此狀態下,性別化的反撲效應變得十分驚人。進一步來看,正如研究者留意到的,並不需要做很多事,就能使他人認定她們渴求權力:「單單是競選總統可能便已足夠。他們指出:「在比較需要指揮、決斷、權威風格的政治角色上(如美國總統、眾議院發言人),反撲可能也更常出現。」7 他們猜想,類似懲罰可能也適用於女性追求同樣被視為具強烈陽剛屬性、單調乏味的權力位置,例如擔任老闆或經理時。

4 David Paul and Jessi L. Smith, "Subtle Sexism? Examining Vote Preferences When Women Run Against Men for the Presidency," *Journal of Women, Politics, and Policy* 29: 4 (2008), p. 451–76. 我在我刊登於《政客》上的〈笨蛋,是性別主義啊〉一文中更詳盡討論了這項研究,以及本章注釋 2 中提到的實驗。見:"It's the Sexism, Stupid," *Politico*, 2019/04/11, https://www.politico.com/magazine/story/2019/04/11/its-the-sexism-stupid-226620。

5 Emily Peck, "Half the Men in the U.S. Are Uncomfortable with Female Political Leaders," *HuffPost*, 2019/11/21, https://www.huffpost.com/entry/half-us-men-uncomfortable-with-female-political-leaders_n_5dd30573e4b0263fbc993674

6 該次選舉的結果中,共有一百一十七位女性候選人當選第一百一十六屆眾議院議員,對比之下,二〇一六年人選中只有八十九位女性議員當選。見: Li Zhou, "A Historic New Congress Will Be Sworn in Today," *Vox*, 2019/01/03, https://www.vox.com/2018/12/6/18119733/congress-diversity-women-election-good-news

7 Tyler G. Okimoto and Victoria L. Brescoll, "The Price of Power: Power Seeking and Backlash Against Female Politicians," *Personality and Social Psychology Bulletin* 36:7 (2010), p. 933.

所以，我們不能只因為有許多女性當選了國會或甚至參議院議員就感到滿足，我們必須質問：如果可能，要哪些條件，才能讓女性權力中最讓人如鯁在喉的形式變得比較容易吞下？

海曼在進一步的研究中提出了重要的洞見，解釋了女性的權力有時為何能夠被好好容忍，又是如何被容忍的。海曼與其同僚泰勒．沖本著手調查，當女性占據了歷史上由男性主導的權力位置，她們所面臨的偏見奠基於什麼樣的基礎上。他們想要了解為什麼「就算有明確證據顯示出，一位女性在性別屬性為男性的工作上十分成功，她仍會在工作環境裡遇到阻礙職涯的問題——包括不被喜歡，以及在人際關係上遭到毀謗。」[8]研究者假設這類的問題源自於一個觀念，也就是在這類位置上成功的女性勢必缺少「合群性格」（communality）：亦即滋養關懷與支持社會的品質。缺少此種品質的女性往往會遭到嚴厲的懲罰。這是因為，如同我貫穿本書的論點，有一些普遍的不成文規定，「規定女性應該合群，展現出關懷和具有社會敏感度、為他人著想的特質，例如表現得和善、有同情心，並且通情達理。」[9]而且，就海曼和沖本所指出，如此這般的社會規範往往在女性身上執行得嚴格許多。研究者也留意到，就算女性沒有主動展現出不關心的特質，她們還是有可能被看作不合群，並進而遭到懲罰。光是因為女性在陽剛屬性的領導角色上獲得成功，人們就有可能推論或假設出這樣的缺失。海曼和沖本寫道：

(9) 無法當選——權力的資格感
Unelectable— On the Entitlement to Power

好幾項調查發現,當實驗參與者僅僅被告知女性經理人的成功(而沒有獲得其他額外的行為相關資訊),他們會把這些經理人描述為缺少關乎合群、常規下討人喜歡的人際關係特質。相反的,這些女性會具有例如自私、不誠實、狡詐、冷漠、心機重等特徵⋯⋯於是,除了知道女性在陽剛屬性的工作上取得成功,似乎不需要什麼額外原因,便可引發他人對她產生負面的人際觀感。[10]

然而,這樣的推論是否可能被擋下?這類的假設是否可以被撤銷?可以。海曼和沖本決定採用和本章開頭提到的研究類似的實驗設計,探究上述問題,但他們加入一個關鍵的差異:在實驗組中,他們納入了新資訊,暗示「詹姆士」和「安德莉亞」都具備合群的心態(控制組則沒有提到兩人的心態,但他們都被描述成相當有能力之人)。實驗結果為何?在控制組中,對安德莉亞的偏見和對詹姆士的偏好完全維持了原本的力道(亦即重複了前述研究的結果),但倘若實驗參與者被明確告知,安德莉亞的下屬把她描述成

---
8 Madeline Heilman and Tyler Okimoto, "Why Are Women Penalized for Success at Male Tasks?" *Journal of Applied Psychology* 92:1 (2007), p. 31.
9 出處同上。
10 出處同上,頁82。

一位「通情達理且關心他人」的人,她「鼓勵合作和助人行為」,且「致力於提升員工的『歸屬感』」,這個模式就會遭到反轉:實驗參與者明顯更有可能把安德莉亞選為較理想的老闆,認為她是兩人中較討喜的一方,也不再認定她在人際關係上沒有詹姆士來得友善。而別忘了,在此情境中,詹姆士同樣被描述成具有合群的特質,但結果不變。[11] 被認為性格合群,為女性當事人帶來了巨大的不同,但對男性當事人則否。表現得和善可親,對有權力的女性而言是必須履行的義務,但對她們的男性對手來說,卻似乎是無足輕重之事。[12]

因此,如果我們假設,就算女性候選人同樣符合資格或甚至更能夠勝任,男性總統候選人勢必仍可以輕鬆獲得支持,這會是一個錯誤。[13] 前述研究顯示,在特定情境下,女性也可能被認定和她們的男對手一樣有資格在這類男性主導的領域中掌握權力——甚至可能被看作更有資格。這是好消息。那壞消息呢?壞消息是這些特定的情境經常無法成形,對許多女性候選人而言,要在總統選戰中被看成合群的人,竟是一場艱難的戰役。

「沙拉狂艾美・克羅布查為了忘記叉子而大力斥責助理」,一則新聞標題寫著,語氣激動。[14]《紐約時報》則以一篇標題為「艾美・克羅布查如何對待員工」的新聞較為嚴肅地報導這起事件,該篇報導藉著遊走在意淫邊緣的軼事,結合了針對這位明尼蘇達州參議員(她不到兩週前甫宣告參選總統)的合理疑慮,其中最值得注意的是這一則:

246

（9）無法當選——權力的資格感
Unelectable— On the Entitlement to Power

11 參議員艾美・克羅布查餓了，她沒叉子也沒耐心。二〇〇八年時，一位和她共同前往南卡羅萊納州的助理拖著兩人的行李穿越航空站，一邊在途中為老闆買了一份沙拉。然而，一上飛機他便宣布了這個殘忍的消息：他在登機門前弄丟了塑膠餐具，而在這類的短程班機上，空服人員又沒有任何叉子。

12 實驗者以上述方式描述安德莉亞時，詹姆士同樣會被描述成「一個投入的經理人，關心並敏銳體察下屬需求」，他「強調支持性工作環境的重要性」，也曾經「致力於推動一個正向的工作社群，且因此受到讚揚」。山處同上，頁83。一如以往，這兩則關於合群性格的敘述會交替提供給實驗參與者。請留意，研究者也增加了另一個情境，在此其中，兩位受評量者的說明裡增加了正面但並非合群的資訊。他們想藉此確認，是不是只是因為加入了讚賞的敘述，才對女性的評量結果造成了差異，男性的結果卻不受影響（而情況不是如此）。

13 然而再一次，實驗參與者的性別不影響研究發現，這表示自身的性別不會左右他們的偏見，也不會影響這些偏見可以如何被改變。出處同上，頁84。

14 在此，我有必要提醒讀者，希拉蕊確實贏得了多數的普選票（popular vote），但這件事的影響只局限於辯證上。對於希拉蕊會不會是一個好總統，我相信明理之人可能有著極為不同的意見，但在我看來，她會是一個比川普好的總統，此事無庸置疑。因此，她作為一個更加合格得多的候選人，卻在二〇一六年大選中落敗，這點為女性普遍的當選可能性提供了一個雖令人煩惱但——如我們將會看到的——絕非決定性的數據。

Tina Nguyen, "Salad Fiend Amy Klobuchar Once Berated an Aide for Forgetting a Fork," *Vanity Fair*, 2019/02/2，https://www.vanityfair.com/news/2019/02/amy-klobuchar-comb-fork-sa.ad 持平而論，文章本身的口吻較為慎重，而作者往往無法自行決定標題。

接下來發生的事很典型——克羅布查立刻因為這個錯誤狠狠責罵助理。但再接下來的事情則意想不到，根據四名熟悉這起事件的人士表示，她從包包裡拿出一把梳子，用它吃沙拉。

然後她把梳子遞給員工，下達指令：洗乾淨。[15]

這篇文章以該起（距今已逾十年的）事件當作開頭，從助理的角度回憶，且寫法看來就是要盡可能讓參議員難堪——而不是先討論其他作者後續詳述的克羅布查的行為（在我看來，那些才更令人擔憂：包括對助理丟東西，指派他們一些不恰當的任務，像是固定幫她洗碗）——此事說明了一些背後的問題。克羅布查對待員工的方式是否粗魯暴力，此項疑慮絕對值得被認真看待，但不可否認，這則故事也惹惱了另一些人，這些人不管女老闆的怒氣是不是可以理解或符合人性，就是無法容忍她發怒。或許更關鍵的是，即使有人認為這些和布羅克查有關的事件都和社會大眾直接相關，並且報導得恰如其分，針對男性政治人物的類似報導接收到的關注卻相對少。以一篇報導為例：

喬·拜登表面上的和藹可親與好心情遮掩了他私底下的壞脾氣，一則新的報導指出，這位前副總統經常痛罵員工……「每個為他工作的人都被他吼過。」一位前任顧問告訴

(9) 無法當選──權力的資格感
Unelectable— On the Entitlement to Power

本雜誌……

這起關於拜登的爆料，呼應了身為明尼蘇達州參議員、同時也是他二〇二〇年競選對手的艾美・克羅布查在二月宣告參選不久前才被報導的事件。[16]

呼應之處可能確實存在，迴響卻非常不同。在拜登身上，這件事基本上只有挑起一片尷尬的沉默。

伯尼・桑德斯的前任下屬也說他的「言語侮辱令人難以置信」。在二〇一六年他競選總統期間，保羅・漢茲於一篇題為「憤怒管理：桑德斯為受雇者爭取權益，但他自己的員工除外」的文章中，對桑德斯祖父般的形象提出質疑：

一些過去幾年來和桑德斯密切共事的人說，「暴躁的爺爺」一詞根本無法描繪事情的

15　Matt Flegenheimer and Sydney Ember, "How Amy Klobuchar Treats Her Staff," *The New York Times*, 2019/02/22, https://www.nytimes.com/2019/02/22/us/politics/amy-klobuchar-staff.html

16　Joseph Simonson, "Biden Aide: Everyone Who Has Worked for Him Has Been Screamed At," *Washington Examiner*, 2019/07/01, https://www.washingtonexaminer.com/news/biden-aide-everyone-who-has-worked-for-him-has-been-screamed-at

萬分之一。他們描述這位參議員的性格，說他粗魯無禮、脾氣暴躁，而且有時敵意十足。儘管桑德斯一生中投入了許多時間為佛蒙特州的工人爭取權益，但他們說，他並未善待為他工作的下屬。

一位前任競選團隊員工表示，「作為主管，他的言語侮辱粗暴到令人難以置信」，他聲稱自己經常必須忍受言語上的攻擊。這裡的雙重標準一清二楚：「他這個人啊，如果他發現另一位主管在職場上這麼做，他會對他們窮追猛打。你不能這樣對待員工。」……其他人也附和該名前員工，指出參議員本人很常發脾氣。「伯尼是個渾球。」一位曾於競選活動中與桑德斯共事的民主黨內部人士說，「他純粹就是個渾球。」17

還有一位想要登上總統大位的男性，貝托・歐洛克也以「渾球」的行為對待員工，他自己就這麼承認。在歐洛克未能成功當選德州參議員後，一部名為《為貝托而跑》的紀錄片拍下他「口出髒字……抱怨自己必須在媒體前『跳舞』，並突然對員工發火……『我知道有時我是個大渾蛋，和我相處很不愉快。』」歐洛克在紀錄片中一度對首席助理承認，而對方當下沒有反駁。」一則發表於歐洛克宣布競選總統前的新聞報導寫道。18

和布羅克查如何對待員工的報導相比，這些有關拜登、桑德斯、歐洛克的消息幾乎沒有讓誰感興趣，更沒有引發什麼驚愕之情。這與研究的發現一致，有權力的女性若被認定缺乏

250

(9) 無法當選──權力的資格感
Unelectable— On the Entitlement to Power

合群性格,她們經常會受到嚴厲的懲罰,但同樣的特質出現在男性同伴身上時,則相對無傷大雅。無論我們覺得我們應該多麼嚴肅看待總統候選人所展現出來的這類道德失誤,在這裡,我們顯然沒有藉口可以解釋性別化的雙重標準。

假如這些事情沒有流傳,關於布羅克查在選戰中會獲得多少吸引力,明理之人大概也可能觀點分歧,[19] 但另一位女性總統候選人的當選可能性就絕對是因為人們認為她缺少合群性

不可否認,和報導克羅布查事件的媒體相比,這裡某些資料的來源小眾得多,也較不具知名度,但某種程度上,這正是我的論點:和女性參議員相關的這類謠言,從一開始就被認為更具新聞性。

17 Paul Heintz, "Anger Management: Sanders Fights for Employees, Except His Own," Seven Days, 2015/08/26, https://www.sevendaysvt.com/vermont/anger-management-sanders-fights-for-employees-except-his-own/ 也可參考⋯

Harry Jaffe, "Bernie Sanders_s Cold as Ice," Boston Magazine, 2015/09/29, https://www.bostonmagazine.com/news/2015/09/29/bernie-sanders/; Mickey Hirten, "The Trouble with Bernie," Lansing City Pulse, 2015/10/07, https://www.lansingcitypulse.com/stories/the-trouble-with-bernie,4622; and Graham Vyse, "10 Things Biographer Harry Jaffe Learned About Bernie Sanders," InsideSources, 2015/12/23, https://www.insidesources.com/10-things-biographer-harry-jaffe-learned-about-bernie-sanders/

18 Alex Seitz-Wald, "Beto O'Rourke Drops F-Bombs, Snaps at Staff, Stresses Out in Revealing New Documentary," NBC News, 2019/03/09, https://www.nbcnews.com/politics/2020-election/beto-o-rourke-drops-f-bombs-snaps-staff-stresses-out-n981421

251

格而受到阻礙,紐約州的參議員陸天娜。[20]為了和克羅布查相當不同的罪過被認定不合群,但它們引起了同樣大的狂怒。在陸天娜對明尼蘇達州參議員艾爾·佛蘭肯提出不當性舉止的指控之後,人們普遍認為她「為一己之利出賣了艾爾·佛蘭肯」——顯示出她的不忠誠、不牢靠、自私、投機。[21]儘管陸天娜只是要求佛蘭肯辭職的三十多位民主黨員之一,佛蘭肯於二〇一八年年初主動提出辭呈,她是首位發難者,而這件事對許多人來說不可饒恕。

[22]陸天娜於二〇一九年八月宣告退出總統選戰,一篇隨後刊登於《政客》上的文章恰如其分地總結了整個情況:

陸天娜一度看來是一位正統的候選人,甚至令人生畏。她有缺點,但她也有完美的選舉成績及明確的女性主義訊息為她加分,後者看來是對唐納·川普的有力反擊。然而,陸天娜因為要求參議員艾爾·佛蘭肯辭職而飽受批評糾纏,始終未能擺脫⋯⋯陸天娜在週三晚間宣布退選,數小時後,她和佛蘭肯一起成為推特上的熱門話題,其中關聯看來密不可分。

「佛蘭肯絕對是募款上週到的問題之一。」一位熟悉陸天娜競選活動的知情人士說,「他就是會不斷被提到,一而再再而三。」希拉蕊·柯林頓的前任通訊主任珍妮佛·帕爾米耶里說,「毫無疑問。」這場佛蘭肯的嚴峻考驗「對她有嚴重、巨大的影響。」「人們不公

(9) 無法當選──權力的資格感
Unelectable— On the Entitlement to Power

19 《政客》雜誌從二〇一九年二月三日起開始記錄民調數據。二月十日到三月十日的幾週之間，克羅布查最初的民調支持率介於三─四%，但在二〇一九年剩餘的期間內則落在一─二%之間，一度跌出支持率最高的前十名候選人之外。見：https://www.politico.com/2020-election/democratic-presidential-candidates/polls/（資料擷取於二〇一九年十二月二十日）。儘管克羅布查在新罕布夏州初選中出人意料地獲得了第三名的好成績，她仍在超級星期二來臨之前退出了選戰。

20 儘管人們普遍認為陸天娜確實有機會角逐總統大位，但她的民調數字卻甚至比克羅布查還要澹淡。她一開始的民調數字維持在一%，僅有一次突破二%（在以四月七日收尾的那一週）。在七月和八月之間，她從來沒進入過《政客》雜誌統計裡的前十名。她未能進入民主黨第三輪辯論，並接著於八月二十八日週三退出選戰。見：https://www.politico.com/2020-election/democratic-presidential-candidates/polls/。

21 陸天娜宣布自己將退出總統選戰後，以下是幾則推特上的代表性回應：

「我很滿意十位中選的候選人，但還是覺得苦澀……艾爾·佛蘭肯（@alfranken）可能是一位可以擊敗（川普）的強大對手，而我們永遠無法見證了……但妳心知肚明……對吧?」https://twitter.co/m/criteria681/status/1166879516951797762。

「本黨謝謝妳。我們也永遠不會忘記全國步槍協會和艾爾·佛蘭肯。」https://twitter.com/rmayesinger/status/1166845231448256518。

以及「再見了女孩……署名：艾爾·佛蘭肯。」https://twitter.com/DCRobMan/status/1166827567040598018.

22 我也要提醒讀者，從道德層面上來說，只有佛蘭肯本人需要為他的辭職負責。除此之外，他也要為他一開始的不當行為（針對此事，我相信指控所言）負責。我在另一篇文章中，進一步討論了這個主題，可見："Gillibrand's Al Franken Problem, Won't Die," The Cut, 2019/01/17, https://www.thecut.com/2019/01/kirsten-gillibrands-al-franken-problem-wont-die.html。

平地把佛蘭肯的辭職歸咎於她，成為她整體候選資格下的暗潮，」帕爾米耶里說，「這戰場很擁擠，對所有候選人而言都很艱難，但那件事著實拖累了她。」

對某些人來說，當一位女性領導人阻撓了一名被心照不宣認為有資格獲得權力的男性，沒有什麼罪惡比這嚴重，就算許多可信的說詞指出他有不當的性舉止、好色、毛手毛腳，也是一樣。

海曼和沖本在他們針對有權力的女性會面對哪些偏見的調查中，又進一步操作了兩項實驗。在其中一項實驗裡，他們再次提供了資訊，指出「安德莉亞」和「詹姆士」表現都很合群。但這一次，他們不清楚說明這行為的動機，而是隱約暗示這是更廣大的部門或整體公司計畫中的一部分，因此兩人「可能〔只〕是為了履行職責才這麼做」。[24] 在兩則類似的敘述中（兩則敘述再次被交替運用到「詹姆士」或「安德莉亞」身上），實驗參與者讀到的其中一條內容是：「在他／她任職於〔不具名公司〕的最後一年間，詹姆士／安德莉亞的主管以高度重視員工關係聞名。」而針對另一項評估目標，實驗參與者則讀到：「近年來，〔不具名公司〕更新了公司願景，對於理解員工的顧慮更為重視。作為這項公司整體計畫的一分子，詹姆士／安德莉亞……」實驗參與者先讀完和兩位當事人的合群表現敘述，接著再像之前一樣往下進

254

（9）無法當選——權力的資格感
Unelectable— On the Entitlement to Power

行，完成對兩人的評量。

如此一來，安德莉亞會對下屬展現出的關心和體貼，還足以克服人們不喜歡她，判定她在人際關係上較不友善的傾向嗎？答案是否定的。當實驗參與者無法得知安德莉亞的合群表現是來自個人特質，他們再一次顯示出在之前實驗裡展現過的顯著性別偏見（因而，再一次重複了同樣的實驗發現結果）。[25] 合群表現似乎只有在它能夠歸因於穩固的人格特質，或女性個人的真實本色時，才對女性有利。

這不特別令人驚訝，卻在政治場域造成惱人的後果。在政治場域裡，重要的女性政治人物很難被認為具有任何真實的一面。很「假」、不真誠，以及只想要取得權力的指控糾纏著多位知名的女性政治人物——不只是希拉蕊·柯林頓，還有澳洲第一位女總理茱莉亞·吉拉

23　Elena Schneider, "Why Gillibrand Crashed and Burned," *Politico*, 2019/08/29, https://www.politico.com/story/2019/08/29/kirsten-gillibrand-drops-out-2020-race-1477845

24　Heilman and Okimoto, "Why Are Women Penalized for Success at Male Tasks?" p. 86.

25　研究者展示了另一個方法，可以克服這類性別偏見：他們加入資訊，指出兩名被評量者已為人父母。女性是母親時，她們會顯得更討人喜歡，但在男性方面，這個條件看來依然不會造成任何不同。也就是說，相比沒有小孩的情況，父親身分不會為男性帶來明顯的「加分」，讓他們更受人喜愛，或成為更受歡迎的上司。不過，海曼和沖本指出這項結果的適用程度有限。因為許多研究已經顯示，女性遭遇一種強力的母職偏見，相比於沒有小孩的同儕，母親往往被視為比較沒有能力，職場上較不盡責。因此，又一道不公平的雙面刃又仕地平線上苦澀地閃爍光芒。

德。[26] 希拉蕊‧柯林頓的支持率在擔任國務卿時原本非常高，當她開始爭取總統大位，支持率卻受到重創；與此同時，發生了一個事件，媒體報導把她描繪成一個對在利比亞班加西的美國人的命運，以及對國家安全事務（因她的電子郵件而出現的偽造醜聞）都漠不關心的人，這某程度上解釋了她支持率的下滑。茱莉亞‧吉拉德則一直是澳洲相對受歡迎的政治人物，直到她成為總理。從那時開始，媒體普遍把她描繪成虛偽、自私、投機、憤世嫉俗的人，還說她會在背後陷害他人（因為她在黨內競爭時推翻了前任領導人凱文‧魯德）。[27]

由於關於任何公眾人物的資訊都極為豐富，要找到角度將一位知名女性描繪成在某個時刻缺乏關懷、體貼或對他人不夠體察，其實不困難。我們不只該警惕那些針對女性的公然人格謀殺和抹黑，甚至連那些較為隱晦、或許在某種程度上合理，但會質疑她是否被賦予過高重要性的觀點，也需要保持提防。

要正確理解上述論點是件需要謹慎拿捏的事。合群是一種重要的美德，但我們對領導者期待的美德有很多種，而期許每一個身處權力位置的人都要超乎常人地合群（而非只是合理展現出仁慈、同理、體貼等特質）既不符合現實，也不公平。還有一個簡單明瞭的觀點，就算我們對女性的合群表現要求確實合理，但離用同樣的道德標準要求男性，我們還有很長一段路要走。

另一個值得我們停下腳步討論的複雜問題，是人們對合群的看法，可能因為個人的政治

(9) 無法當選——權力的資格感
Unelectable— On the Entitlement to Power

價值而截然不同。舉例而言，政治傾向偏左的人普遍認為眾議員亞莉珊卓・歐加修—寇提茲特別合群（而我相信，這看法相當正確），但從她在《福斯新聞》和其他保守媒體平台上所吸引到的那種驚恐來看，在右傾的人眼裡，她可是不合群到家了。對其他投身於環境改革和各種社會正義議題的知名女性而言，情況亦同。我們目睹了環保倡議者格蕾塔・桑柏格在聯合國的演說招來兩極的反應。她在演說中拒絕擔負陰柔刻板印象的「給予聽眾希望」的偽義務，而是正義凜然並動人地撻伐他們：

你們用空洞的語言奪走了我的夢想和童年。然而我還算幸運的一群。人們正在受苦。人們正在死去。整個生態體系正在崩壞。我們正處於大型物種滅絕的開端，而你們談論的卻只有金錢和永恆經濟成長的神話。你們怎麼敢這樣！[28]

---

26 我懷疑這可能是一個特殊的性別化動力，並進而從網站 ratemyprofessor.com 上學生的集體評價中發現，學生也明顯更常使用這些詞語形容女教授。這個發現提供了適切的證據，證明了一個假設：女性權威人物的某些特質常會被詮釋為不真誠，至少當她們身處於男性主導的位置上時是如此。可參考敝人著作《不只是厭女》的第八章（特別是「假裝」這一節）。

27 見《不只是厭女》第八章。

28 "Transcript: Greta Thunberg's Speech at the U.N. Climate Action Summit," NPR, 2019/09/23, https://www.npr.org/2019/09/23/763452863/transcript-greta-thunbergs-speech-at-the-u-n-climate-action-summit

本章探討的權力動態有助於解釋歐加修—寇提茲和桑柏格所遭遇的不成比例的厭女情結,即便採對女性公眾人物的嚴苛標準亦然。29 左派愈愛她們(一部分是因為她們在為下一代奮鬥的過程中非凡的合群表現),右派就愈發怨懟——尤其是就他們的觀點來看,這兩名女子事實上正在損害人們(也就是他們自己)的利益,並抨擊他們的善良人格。30

關於對合群的看法可能如何與各種形式的邊緣化和性別偏見連動,此處也十分微妙複雜。舉例而言,一個有著非典型神經發育症狀*或特別內向的人,可能無法自在透過長期或廣泛的人際互動表現出自己的關心,儘管如此,他們可能還是深深重視道德議題,堅定支持社會正義。我們必須要讓人們可以用不同的方式,表現合群的道德美德。

我們也絕不能讓我們對合群領導人的想像被一種溫和的濫好人取代。正如哲學家米依沙・切利和阿米亞・斯里尼瓦桑、政治理論家布萊特妮・庫柏、政治評論者兼作家索拉雅・切梅利與雷貝嘉・崔斯特一直以來極有說服力地指出,一些情況下,名副其實的資格確實存在,允許人們展現氣憤,或甚至暴怒。31 基於對合群的細緻理解,應該可以讓這類情緒自由表達——尤其當它們代表的是遭到錯待、壓迫或邊緣化的人們。「我很氣憤,而且我承認。」伊莉莎白・華倫在近日一封給支持者的電子郵件主旨欄寫著,回應喬・拜登對於她強烈反對某些事的影射。她寫道,基於這個世界上最富有的國家裡發生的不正義,我們應該要被激怒,然而,「我們一而再再而三被告知,女性憤怒不被允許。」她指出,「在那些希望我們安

（9）無法當選──權力的資格感
Unelectable— On the Entitlement to Power

靜的有權男性眼中，憤怒讓我們變得沒有吸引力。」[32]

所以有諸多理由解釋，為什麼一個鼓舞人心的女政治領導人可能還是很難改善大眾對她

29 可以和紐西蘭女總理傑辛達・阿爾登所得到的回應相比：二〇一九年三月，紐西蘭基督城的一間清真寺內發生槍擊案，在那之後，她深具同理心的表現受到廣泛的讚賞。不過也可以參考本書第八章〈不出風頭〉的討論，阿爾登為提及環境議題而在一些圈子裡引起驚愕與不悅。

馬汀・哲林在他的文章中更廣汎且精采分析了厭女情結和環境變遷否定論者之間的關聯。見：Martin Gelin, "The Misogyny of Climate Deniers," The New Republic, 2019/08/28, https://newrepublic.com/article/154879/misogyny-climate-deniers。

30 政治右傾者可能較左傾者更容易被視為合群的人，因為他們可以藉此將自身打造成維護傳統家庭價值之人。這符合我在《不只是厭女》一書中的預測，也就是在其他條件都相等的情況下，保守派的女性政治人物遭受到的厭女情結，會比左派和中間派女性來得少。見第四章，頁114-115。

* 譯注：Neuro-atypical，指的是在神經發育上有著某些特異表現，例如自閉症、閱讀障礙、發展性協調障礙、雙向情感障礙、注意力缺陷過動症等。其對應詞為neuro-typical，也就是沒有任何特異神經發育情況。

31 見：Myisha Cherry, "Love, Anger, and Racial Injustice," in The Routledge Handbook of Love in Philosophy, edited by Adrienne Martin (New York: Routledge, 2019)，第十三章；Amia Srinivasan, "The Aptness of Anger," Journal of Political Philosophy 26:2 (2018), p. 123-44；Brittney Cooper, Eloquent Rage: A Black Feminist Discovers Her Superpower (New York: St. Martin's, 2013)；Soraya Chemaly, Rage Becomes Her: The Power of Women's Anger (New York: Atria, 2018)；以及Rebecca Traister, Good and Mad: The Revolutionary Power of Women's Anger (New York: Simon & Schuster, 2018).

32 Shannon Carlin, "Elizabeth Warren Doesn't Care If Joe Biden Thinks She's Angry," Refinery 29, 2019/11/10, https://www.refinery29.com/en-us/2019/11/8752565/elizabeth-warren-angry-joe-biden-email-response

的觀感──就算她確實是一個關愛、仁慈、體貼的人，一個根據海曼和沖本研究的發現，理論上應該要能從這樣的合群加分的人。另一個重點在於，要如何展現出自己是真正的關心，而不只是為了可能帶來某些特定的困難，不論性別為何。你要如何表現出你真的關心，而不只是為了可能被拍攝才親吻嬰兒？又或，期待一個人無論何時親吻嬰孩都不只是為了拍照，這本身合理嗎？政治人物會面對各種時間和精力上的要求，有鑒於此，期待她和每一個在競選活動中遇到的人都有深刻互動，可能等同期待她當一個社交上的超人──某種女性獨角獸。

伊莉莎白・華倫在此出場。她因為親自致電給小額捐款人而聲名大噪，且截至二〇二〇年年初，她和個別選民拍了約莫十萬張的自拍照。[33] 喜劇演員艾希莉・妮可・布萊克在推特上開玩笑問華倫，是否有辦法補救她的感情生活，「私訊我，我們來搞定這件事。」華倫回覆，她在那之後安排了一次顯然非常有幫助的通話。[34]

在左傾選民中的主要競爭對手伯尼・桑德斯於競選期間心臟病發時，華倫不只傳送親切的訊息祝他康復（許多總統候選人都這麼做），她甚至做了更多：桑德斯在醫院休養時，她送了晚餐和餅乾給桑德斯的團隊成員。[35]

「伊莉莎白・華倫站在星巴克櫃檯前面時，她總是知道自己要點什麼，從來不會耽誤到

(9) 無法當選──權力的資格感
Unelectable— On the Entitlement to Power

後面排隊的人。」36「伊莉莎白・華倫從來不問酒保,『你們有什麼威士忌?』因為她已經自己去看架上有什麼。」37「伊莉莎白・華倫從來不會在人行道或地鐵上占據太多空間,她會檢視自己的特權並與他人共享公共空間。」38

這類的推特發文很快成為推特上受人歡迎的迷因(meme),反映出一個普遍的看法:伊

33 Benjamin Fearnow, "Elizabeth Warren Celebrates Taking 100,000 'Selfies' with Supporters During 2020 Campaign," *Newsweek*, 2020/01/05, https://www.newsweek.com/elizabeth-warrer-celebrates-taking-100000-selfies-supporters-during-2020-campaign-1480473

34 Lauren Strapagiel, "Elizabeth Warren Followed Through on Giving This Woman Advice on Her Love Life," BuzzFeed News, 2019/05/19, https://www.buzzfeednews.com/article/laurenstrapagiel/elizabeth-warren-followed-through-on-giving-this-woman-love

35 Aris Folley, "Warren's Campaign Team Sends Dinner, Cookies to Sanders Staffers After Heart Procedure," *The Hill*, 2019/10/03, https://thehill.com/homenews/campaign/464253-warrens-campaign-team-sends-dinner-cookies-to-sanders-staffers-after-heart

36 這則推特發文被轉發了一萬八千次,並收到二十二萬八千個「讚」。(內容擷取於二〇一九年八月十一日):https://twitter.com/AlishaGrauso/status/1144073941922832385

37 這則推特發文被轉發了三萬一千次,並收到三十二萬五千個「讚」。(內容擷取於二〇一九年八月十一日):https://twitter.com/MerrillBarr/status/1144074388993499136

38 這則推特發文被轉發了三萬八千次,並收到四十一萬六千個「讚」。(內容擷取於二〇一九年八月十一日):https://twitter.com/ashleyn1cole/status/1144125555438018560

261

莉莎白‧華倫是一個格外合群的人，她仁慈、關心他人、富同情心、照顧他人的需求，諸如此類。根據本章蒐集的實際經驗證據，這類看法有助於解釋為什麼華倫在爭取總統提名期間一度相當受歡迎，讓她在二○一九年十月前於選戰中領先。[39]這也解釋了她快速又戲劇化的沒落——華倫在早期的黨內初選中未會取得比第三名更好的成績，包括在她的家鄉麻州也沒有。[40]

除了她的合群美德，華倫無疑是民主黨候選人中最有經驗、準備充足、沉著，也最聰明的人。她以完備周詳的計畫聞名，從應對氣候變遷，到新冠肺炎疫情都涵蓋在內，而當她犯錯，例如接受基因檢測確認自己（無關緊要的）原住民血統，她不只道了歉，更從錯誤中學習。[41]如金柏利‧克倫肯在推特上所說：

我今天投票投華倫，〔因為〕她傾聽黑人女性、了解「經濟正義從來不足以保證種族正義」、承認錯誤，是個不屈不撓的女子漢，也〔因為〕我們如今已見證，我們如何因為一個沒有計畫的領導人犧牲了許多生命。[42]

對此，我實在太贊同不過了。同時，為了立場能充分披露，我以華倫忠實支持者的身分寫下以下內容：她從一開始就拿下了我這一票，[43]我認為她會成為一位傑出的總統，而她在

262

（9）無法當選──權力的資格感
Unelectable— On the Entitlement to Power

我寫作本章的這天終止了競選活動，我感到非常傷心。

儘管對於華倫是否值得贏得提名資格有各種不同意見，但令人意外與驚愕的是，她沒有表現出比眼下更好的成績──她輸給了多位白人男候選人，包括伯尼・桑德斯、喬・拜登，有幾次甚至輸給了彼特・布塔朱吉和麥克・彭博。特別是她之前還這麼受歡迎。44 本章蒐集

39 見：Steve Peoples, "Analysis: Elizabeth Warren Growing into Front-Runner Status," AP News, 2019/10/16, https://apnews.com/43a868c4b91746f5a5a74df751a08df3

40 超級星期二後，截至二〇二〇年三月四日下午一點，華倫（在民主黨黨內初選）只取得了四十七張代表人票，拜登則分別獲得了五百三十一張代表人票，桑德斯四百六十一張（而布塔朱吉、彭博、克羅布查等人在宣告退出選戰前，則分別獲得了二十六張、二十四張、七張的代表人票，圖茜・加巴德也獲得了一張代表人票）。https://twitter.com/NBCNews/status/1235264711136071680

41 我這麼說是因為，華倫不只宣示要做得更好，更承諾要讓美國原住民社群的需求成為將來的優先日標。例如可參考：Thomas Kaplan, "Elizabeth Warren Apologizes at Native American Forum: 'I Have Listened, and I Have Learned,'" The New York Times, 2019/08/19, https://www.nytimes.com/2019/08/19/us/politics/elizabeth-warren-native-american.html

42 這是從名義上說──因為我作為長期居留美國的澳洲公民，在寫下這句話的此刻，是不能投票的。

43 這是因為羅珊・蓋伊，她在推特上寫下：「我被這場選戰搞得很迷惘。我期待桑德斯的表現會很好，但也同樣期待華倫會表現很好，她的結果著實令人失望。假如他真的被提名了呃，他最好提名碧昂絲當他的副總統。」見：https://twitter.com/rgay/status/1235081083038752768（內容截取於二〇二〇年三月四日）

44 例如可參考羅珊・蓋伊，她在推特上寫下：「我被這場選戰搞一路順風前進，實在讓人好失望，假如他真的被提名了呃，他最好提名碧昂絲當他的副總統。」見：https://twitter.com/rgay/status/1235081083038752768（內容截取於二〇二〇年三月四日）

263

到的研究對這個令人困惑的結果做出解釋。

因為問題在於，對於合群表現的看法可能反覆變動，它們在女性政治人物的吸引力上構成一個危險的面向——倘若如我們所見，合群是必要面向的話。於是，身處此位置的女性面臨一個強力又進退兩難的處境：妳可以期許自己格外合群，然後冒險——而當人們無可避免因為妳的過去、看法或政見裡的某些方面感到失望，妳就會從原本的成功轉為一敗塗地。或者，妳不為自己打造一個特別合群的形象，進而冒上更大的險，也就是妳的選戰將無疾而終，如同克羅布查和陸天娜的下場。[45]

當然，華倫在競選總統期間也面臨到直截了當的厭女情結與相關的性別偏見。她的義憤填膺令一些人憤怒、甚至不安。（〔刻薄又凶巴巴的華倫可不好看〕保守派作家珍妮佛・魯賓在推特上寫道。[46]）當華倫的專業背景由一名女性所扛起，有人感到深惡痛絕。[47] 還有一些人，他們可能夠喜歡華倫，把她當作自己的第二選擇，但還是更偏愛男性候選人，至少他們在投票所裡的關鍵時刻會這麼選擇。有些時候，這可能是前述性別偏見的展現（當然，這不是在否認一些人基於自身價值觀，確實有其正當的理由更想投拜登或桑德斯）。[48] 這類偏見經常難以察覺，且會在事後被合理化——包括利用女性選不上這種常見的說詞。（針對這點，有句巧妙的回應被做成了T恤上的吸睛標語：「如果你他╳的投給她，她就選得上。」）令人愉快的，這款上衣也有沒刪掉髒話的版本。）[49] 請記得，如本章內容所示，實證研究已發現男

264

(9) 無法當選——權力的資格感
Unelectable— On the Entitlement to Power

性和女性同樣持有這類偏見,年輕人亦同,例如千禧年世代。50

45 基於幾個理由,賀錦麗的狀況複雜一些。一方面,在她退出選戰前,她的支持率比克羅布查和陸天娜高出許多,但明顯比華倫低。另一方面,她在擔任檢察官時的紀錄確實令人憂心,而我必須坦白說,我對此感到相當矛盾。這個角色,以及她於任內針對跨性別服刑人的決定,是否顯示她確實缺乏合群性格與同情心?在我看來,比起我們應該如何看待克羅布查對待員工的方式,在賀錦麗的這個議題上,各種理性意見甚至更為分歧。賀錦麗為制度性種族歧視、恐跨情結,與其他這類的結構性問題盡了一份力,對我而言,這個議題更為重要。最後,還有一個問題,就此段討論的有限目的,上述這些白人女性之間的比較享有某種知識優勢,因為作為一個想要角逐總統大位的黑人女性,賀錦麗無疑面對了形式獨特的偏見。

感謝瑞吉諾・端恩・貝茲協助我思考這些議題,並鼓勵我重新檢視我一開始對賀錦麗的檢察官生涯紀錄所抱持的某些(但非全部)擔憂。

46 https://twitter.com/RubinBlogger/status/1230317991180546049(內容擷取於二〇二〇年三月四日)

47 蘇珊・戴瑪斯對這類批評做了優秀的摘要,見:Susan J. Demas, "Nobody Likes a Smarty Pants: Why Warren and Obama Irk Pundits So Much," *Wisconsin Examiner*, 2020/02/20, https://wisconsinexaminer.com/2020/02/20/nobody-likes-a-smarty-pants-why-warren-and-obama-irk-pundits-so-much/。

48 事實上,初選開始前不久,華倫還是民主黨選民前兩名的選擇。見:Philip Bump, "A New National Poll Answers a Critical Question: Who Is the Second Choice of Democratic Voters?" *The Washington Post*, 2020/01/28, https://www.washingtonpost.com/politics/2020/01/28/new-national-poll-answers-critical-question-who-is-second-choice-democratic-voters/。

49 可在此網站上買到這件上衣:https://nextlevely.com/product/shes-electable-if-you-fucking-vote-for-her-elizabeth-warren-shirt/(內容擷取於二〇二〇年三月四日)。

不過,形式更隱微的厭女情結有可能也損害了華倫選上的機會。[51] 華倫被敦促回答她將如何執行全民健保方案的細節——追問力道遠大過她的進步派對手桑德斯所遇到的——她最終宣布,她將於入主白宮的第三年期間通過全面性的健康照護法案,實施單一付費者制度,在那之前,則會以擴展平價醫療法的給付範圍處理。[52] 不論我們對此方案抱持什麼看法(對我而言,談到重要的進步價值觀究竟要如何實踐,我傾向在相關知識方面持適度的謙遜),華倫因為被認定立場出爾反爾,受到全面的譴責。在我看來,其嚴厲的程度不合比例。她在照護這條政策上被認定失敗,造成她巨大的損失,看起來不太可能是意外。人們會不自覺向女性領導人索求盡善盡美的關懷,卻原諒她們的男性同儕有類似或更嚴重的缺失。[53]

同樣的,華倫很可能因為她在選戰的生死存亡之際,決定接受超級政治行動委員會(super-PAC)的捐款,而大幅失去了某些進步派的支持。不管我們是否認同這項決定,就一名潛在的華倫支持者來看,此事竟然成為破局關鍵,絕對不是那麼顯而易見。然而又一次,在堅定不移和純潔無瑕兩件事上,女性受制於性別化的雙重標準,一旦她們在這方面被證實有過失,這些過失就會被無情利用。[54] 而當然了,她們值得信賴的程度,也經常在沒有正當理由的情況下遭到懷疑。

我們對女性有太多期待了。而一個我們喜歡或尊敬的女性使我們失望時,就算那件事十分微小或值得原諒,她還是很容易遭到懲罰——懲罰她的人也經常覺得自己占據道德高地,

(9) 無法當選——權力的資格感
Unelectable— On the Entitlement to Power

他們的反應僅是她應得的，而非他們透過道德主義協助執行了厭女情結。與此同時，她的男性對手卻不會被要求完美無瑕。當桑德斯因為看到二〇二〇年的投票結果可能對他有利，反

50 見本章注釋3。

51 我在此引用了我的文章⋯"Warren Succeeded Because Voters Saw Her as Caring, That's Also Why She Failed," The Washington Post, 2020/03/06, https://www.washingtonpost.com/outlook/warren-succeeded-because-voters-saw-her-as-caring-thats-also-why-she-failed/2020/03/06/8064b7c2-5f0f-11ea-b014-4fafa866bb81_story.html。

52 見：Alex Thompson and Alice Miranda Ollstein, "Warren Details How She'd Transition Country to 'Medicare for All,'" Politico, 2019/11/15, https://www.politico.com/news/2019/11/15/warren-medicare-for-all-071152。

53 我在我的文章中提出了證據，說明桑德斯在面對一位佛蒙特州身心障礙選民時，對他的健康狀況缺乏同理心，見⋯"Unfeeling the Bern: Or, He Is the One Who Protests," https://www.academia.edu/30041350/Unfeeling_the_Bern_or_He_is_the_One_Who_Protests_--_Draft_of_June_2.。我在另一篇文章中則概括討論我對桑德斯的政治立場抱持哪些疑慮，見："The Art of Losing: Bernie Sanders' White Male Problem," https://www.academia.edu/30040727/The_Art_of_Losing_Bernie_Sanders_White_Male_Problem_Draft_of_May_24_2016_。

54 一則具代表性的推特發文來自於用戶 Aren R. LeBrun @proustmalone，其中寫道⋯「說幾遍都不夠，伊莉莎白·華倫，這個右派的企業法律顧問，曾經一度捏造她的種族背景，好讓自己成為哈佛大學的第一位『非白人女教授』，現在要在選戰裡接受來自超級政治行動委員會的政治獻金了，儘管她的網站上說她將會『拒絕接受任何來自超級政治行動委員會的支持捐款』。」(見 https://twitter.com/proustmalone/status/1235215120160219139，內容擷取於二〇二〇年三月四日)

55 我在《不只是厭女》的第八章中充分地討論了希拉蕊·柯林頓和茱莉亞·吉拉德兩人如何被看作是特別不值得信賴的政治人物（而我相信那些看法大部分是錯的）。

轉了自己二○一六年時的立場、主張獲得相對多數票的候選人應該自動成為民主黨提名候選人，基本上，他並未因此受到懲罰。[56]拜登也沒有因為他模糊不清的健保選項計畫，或是他在競選期間所說的過度美化的言詞而遭遇太多批評，更別提他的剽竊歷史了。[57]

但也許，在華倫投入競選的期間，使她失去支持的最關鍵時刻，是她和桑德斯之間罕見的衝突。此事發生在二○一八年一場兩人會面的細節外流之後，會面當下，華倫告訴桑德斯她計畫參選總統。華倫身邊的知情人士表示，且華倫隨後也證實，桑德斯說他不認為一個女性可以擊敗唐納・川普勝選。但與此同時，桑德斯強力否認自己曾這麼說。相反的，他堅持他說的是，性別主義會被川普當成武器來對付女性候選人。[58]

不論當時究竟發生了什麼事——而且我們當時也並不清楚，兩位候選人各自的版本最終會互相矛盾——比起桑德斯，華倫在這場衝突中的角色對她造成了遠遠更大的傷害。[59]當女性挑戰一位飽受信賴男性的知識與道德權威，在其他條件都相同的情況下，她可能成為看來不正確或不道德的一方。而在這起案例裡，雪上加霜，她也被看成了愛發牢騷的人：因為人們認定了華倫是在指控桑德斯有性別主義，＊儘管她自己從來沒有做出這份指控。這件事再加上人們覺得華倫沒有「友好對待」桑德斯，認為她背叛了進步派的理念，很可能使華倫損失慘重。儘管事實大體而言，這是一場半斤八兩的爭執，雙方都主張另一方沒有說出、或可能就只是忘了說出完整的情況。但是當他說是她說謊，人們傾向於相信他；當她說是他說

(9) 無法當選──權力的資格感
Unelectable— On the Entitlement to Power

謊，卻被看成是在殘忍攻擊他。這起事件過後，一張華倫被畫成一條蛇的迷因在推特上流傳，象徵意義很清楚：男性和女性起衝突時，她是惡毒且狡詐的那方。

這一切都反映了普遍存在的──是的──厭女情結觀點，也就是女性不像男性對手一樣有資格犯錯，特別在所謂的合群價值上更是如此。她們沒有資格接受金錢贈予，沒有資格挑戰男性同儕提出的主張。儘管她們可能有資格在某些情況下享有權力，但她們沒有

---

56 Hope Yen, "AP Fact Check: Sanders' Shift on Delegates Needed to Win," AP News, 2020/03/01, https://apnews.com/a5f8f2335cf1b617dbb662684 5b1c4a8

57 針對第一點，可以參考：Libby Watson, "Joe Biden's Individual Mandate Madness," The New Republic, 2019/10/23, https://newrepublic.com/article/155477/joe-bidens-individual-mandate-madness；針對第二點，見 Matt Flegenheimer, "Biden's First Run for President Was a Calamity. Some Missteps Still Resonate," The New York Times, 2019/06/04, https://www.nytimes.com/2019/06/03/us/politics/biden-1988-presidential-campaign.html。

58 MJ Lee, "Bernie Sanders Told Elizabeth Warren in Private 2018 Meeting That a Woman Can't Win, Sources Say," CNN, 2020/01/13, https://www.cnn.com/2020/01/13/politics/bernie-sanders-elizabeth-warren-meeting/index.html

59 針對第一點，指出性別主義有可能被川普當作武器在大選中用來打擊女性候選人，在這類對話的脈絡中提及此事，需要留意的是，其實是強烈暗示了女性確實很難擊敗川普。（不然為何要提起？尤其對華倫來說，這幾乎不是新鮮事。）不過，也有一些理性的不同意見，討論桑德斯的說法是否在暗示選舉這件事本身就帶有性別主義思維，又或者，這只是他一不委婉的說話方式，針對女性在競選總統時會遇到哪些難以克服的障礙，根出一項說得彷彿真有其事的假設（儘管如我們所見，這項假設最終並沒有找到正當理由支持）。

* 譯注：作者在此指的是，桑德斯是否沿用了基於性別主義而產生的性別偏見思維。

269

格主動索求，也沒有資格從對立的男性身上奪取權力。在我們面對這些事實之前，我們不會有女總統。

然而，這不是要回頭支持「華倫選不上」這個說法，在民主黨初選投票結束前，未來如何都還難說。同時，這個選不選得上的框架有幾個重大的缺失。

一來，這是一道自我應驗的預言：愈多選民被告知某位候選人贏不了，他／她就愈不可能獲勝。畢竟，當選可能性不是靜態的社會事實，而是一個過程由我們持續不斷、集體建構出來的社會事實。[60] 二〇一九年六月的一項民調顯示，當選民被問到假如當天就是投票日，他們會投給誰，喬‧拜登取得領先，伯尼‧桑德斯緊追其後。但當他們被詢問假如自己有魔杖，會想要讓誰當總統，伊莉莎白‧華倫則略勝一籌。[61]

因此，儘管華倫是某些偏好的民主黨候選人，對於當選可能性的考量卻可能讓他們過早放棄了她。女選民尤其會這麼做。來自選舉預測網站538的奈特‧席維爾指出，「許多女性可能會因為擔心其他人不會投給女性，而不把票投給女性候選人，但假如每個人都乾脆地把票投給他們真正想要的總統候選人，這位女性就會贏了！」[62]

當選可能性的敘事也被一些二人用來便宜行事地合理化自己偏頗、不公平的偏好，更掩蓋了另一個事實：儘管原因不同，其他候選人也有可能遇到相同或更多的阻礙，使他們選不上。

在這場選戰裡，隨著如此大有可為的女性候選人（以及非白人男性候選人[63]）參選，選

（9）無法當選──權力的資格感
Unelectable— On the Entitlement to Power

不選得上的疑慮以前所未有的力道浮上水面，疑慮的程度透露出一些令人十足焦慮的訊息。在「我想投給她，但她就不……」的句型裡，似乎總是有某個詞可以填進去，不論這個句子接下來要表達的擔憂是針對她的能力、她受人喜愛的程度，還是──如眼下的案例──她的當選可能性，這都經常會被當成託辭，用以導出一個早就被決定的結論：還是投給另一個男性候選人吧。在一些案例裡，這反映了個人自身未被察覺的性別偏見，一些案例則牽涉到對想像中他人持有的偏見「磕頭」的情況。[64] 不論哪一種情況，這都是保守主義的明顯配方，也

60 我在此引用了伊茲拉・克萊恩與我的訪談內容，見：Ezra Klein, "Kate Manne on Why Female Candidates Get Ruled 'Unelectable' So Quickly," Vox, 2019/04/23, https://www.vox.com/policy-and-politics/2019/4/23/18512016/elizabeth-warren-electability-amy-klobuchar-2020-primary-female-candidates。

61 在「賽馬式」（horse race）民調中，拜登獲得了二九％的選票，桑德斯以一七％的選票緊跟其後，華倫則取得一六％的支持。但當受訪者被問到「魔杖」問題時，二一％的人偏好華倫，另有分別一九％的人偏好拜登或桑德斯。見：Greenwood, "Poll: Democrats Prefer Warren When Not Considering 'Electability,'" The Hill, 2019/06/19, https://thehill.com/homenews/campaign/449315-poll-dems-prefer-warren-when-not-considering-electability。

62 席維爾這句話被蜜雪兒・卡托引用於報導中，卡托在報導中也討論了前述注釋裡提到的民調結果。見：Michelle Cottle, "Elizabeth Warren Had a Good Run. Maybe Next Time, Ladies," The New York Times, 2020/03/05, https://www.nytimes.com/2020/03/04/opinion/democrats-super-tuesday-warren.html。

63 原先是民主黨史上最多元的角逐名單，到了超級星期二（許多州在本週二舉行初選），被篩選到只剩下三位七十幾歲的白人男性，加上還勉強撐著的華倫，這個現象反映出了一些問題。

因如此，遂構成了一個集體的行動問題：假如我們全都在這類情況下過早放棄她們，只因為她們是女性，她們就永遠不會取得進展。更進一步來說，她們實際上仍將受制於厭女情結：這就是身為男性世界中的女性會面臨的一種阻礙，一些人懷抱的動機無論有多麼良善，都會扼殺她們的前途。

其中最致命的問題可能是，當選可能性的敘事，把在二○二○年民主黨初選中票投女性的這件事情塑造成一個自私的選擇──考量到川普重返白宮會帶來的根本危機，這麼做會是一個政治累贅。於是乎，這樣的敘事玩弄著最有可能受華倫政治立場吸引的人的良心：也就是那些重視合群表現，而可能願意為了所謂大局犧牲自身投票偏好的人。

但是，一部分的大局無疑應該是：在如此這般的脈絡下，我們有資格把票投給我們認為最適合這個職位的人。就我的看法，不會是一名最近為了自己與種族隔離主義者共事辯護，然後色迷迷地嗅聞年輕拉丁裔女議員頭髮的男人；* 也不是另一名在競選期間心臟病發，隨後卻拒絕公開個人健康紀錄的男人。65 † 最適合這個職位的，是一位機敏、真摯有同理心，且看來對每件事都做好計畫的女性。‡

(9) 無法當選——權力的資格感
Unelectable— On the Entitlement to Power

64 針對「性別主義代理人」（sexism by proxy）這個概念，可以參考莫拉·多尼根的精采討論，見 Moira Donegan's "Elizabeth Warren's Radical Idea," *The Atlantic*, 2019/06/26, https://www.theatlantic.com/ideas/archive/2019/08/sexism-proxy-still-sexism/596752/。

* 譯注：指拜登。拜登曾於二〇一九年的一場募款餐會上指出，他在個人政治生涯中，經常可以和持有不同立場的人共事並合作，其中包括兩位已逝的前民主黨參議員，分別是密西西比州參議員伊斯蘭和塔瑪吉，因為這兩人當年都曾經反對民權法案，為種族隔離主義的支持者。儘管民主黨議員要求拜登道歉，但拜登仍為自己辯護。此外，二〇一九年時，前內華達州議會議員佛羅瑞斯投書媒體指出，某次拜登為她的選戰站台造勢時，一度離她非常近並嗅聞她的頭髮，讓她感到不適。

65 見：Amanda Arnold, "All the Women Who Have Spoken Out Against Joe B;den," *The Cut*, 2019/34/05, https://www.thecut.com/2020/04/joe-biden-accuser-accusations-allegations.html：與 Emma Tucker, "Sanders Backtracks on Promise to Release Medical Records: 'I'm in Good Health,'" *The Daily Beast*, 2020/02/05, https://www.thedailybeast.com/bernie-sanders-backtracks-promise-to-re-ease-medical-records-says-im-in-good-health。

† 譯注：指桑德斯。桑德斯於二〇一九年十月曾因心臟病發住院。

‡ 編注：遺憾的是，最終結果，二〇二〇年美國總統大選由民主黨由喬·拜登勝選。二〇二四年川普又再次當選總統，擊敗民主黨的女性候選人賀錦麗。

(10) 永不氣餒──女孩的資格感
Undespairing—On the Entitlement of Girls

CHAPTER (10) 永不氣餒──女孩的資格感
Undespairing—On the Entitlement of Girls

在一種氣餒絕望的心情之下，我完成了我的第一本書《不只是厭女》。我當時寫下「我放棄了，我本來希望我可以給出一個更有希望的訊息。」但與此相反，我當時在結論裡做了一次事後檢討，嚴肅概述了我為何持悲觀態度，不認為我們有辦法可以讓人們認真看待厭女情結，或甚至只是正視它為一個問題。

儘管我還是不抱什麼希望，但我現在不再如此絕望了。這一部分是因為，我認為上一次我犯了一個學究式的錯誤：某些人的態度是頑固不願妥協，但大多數人是不願意清醒深刻地思考女性所面對的問題，我將這兩者混為一談。在這段期間，我意外卻愉快地──甚至可謂震驚地──收到了許多讀者的回應，他們已經準備好、甚至昂迫不及待想要與我一同思考這些問題，並以對抗它們為目標。的確，本書悲哀又清晰地揭穿了仍有許多人在花費巨大精力試圖否認與低估厭女情結的存在。但也有許多能量──包括已經存在與正在累積的──努力抵抗它。

另一個讓我不再這麼絕望的原因比較私人。我一邊完成這本書的大部分內容時，腹中也

正孕育著我的第一個孩子,而我逐漸覺得,我過去的絕望感是一種奢侈,一種如今我無法再縱容自己耽溺其中的奢侈。對於該如何在女性主義方面達到我們非常需要的社會進步,而不招致毀滅性的、毒性的反撲,我仍舊感到悲觀。[1]但我不再覺得放棄是一個可行的選項。我愈來愈覺得,不論結果如何,都需要繼續奮鬥。於我而言,希望是一份相信未來會更光明的信仰,而我始終沒有貯存太多希望。但是,為了一個更好的世界奮鬥——且(同樣重要)抵抗倒退——不是一份信仰,而是一個我願意加入的政治承諾。[2]

當我與丈夫得知我們即將迎來一個女兒,這樣的心情又更加熱烈。我們很開心——也很害怕。我們自然而然渴望孩子可以獲得某些東西,也嚴肅認知到厭女情結的現實,以及經常引發厭女情結的男性資格感;這些渴望與嚴肅的認知,彼此之間很難調和。一如我們在這整本書裡看到的,女性太常因為沒有給予男性他們被默許獲得的事物而遭到懲罰——而這不只源自於男性對自身應得之物過度膨脹的想像,還加上了社會結構力量的運作,這些社會結構致力於賦予、促進並維持男性的特權。不言而喻,作為父母,我們希望給予女兒更好的。

與此同時,我必須承認,即將有個女兒的這件事(或更精確說,一個暫時會是女孩的孩子)[3]讓我稍稍放寬了心。要將一個男孩養育成有自信、快樂,但又能適當覺察到自身特權的人,看起來是一項格外令人畏懼的道德挑戰。很明顯的,在長大的過程中,沒有哪個孩子的童年應該要被籠罩於一種自己可能是壞人的認知下,那沒有益處、不合倫理,說得極端一

(10) 永不氣餒──女孩的資格感
Undespairing—On the Entitlement of Girls

1 例如,在 Me Too 運動後,研究顯示,職場上的性別態度往一個對許多人而言更不利的方向改變。二〇一九年年初,研究者發現,「一九％的男性說他們不願意雇用漂亮女性,二〇％的人說不願意雇用女性從事必須和男性有密切接觸的工作(例如需要旅行的工作),二七％的人則說會避免和女同事一對一會面」相比於二〇一七年時 Me Too 運動最初的爆料過後受訪者預期的結果,此時反撲更為強大,而且在這段期間內,這些數字在各種情況中都往上增加,只有一種情境例外。見:Tim Bower, "The #MeToo Backlash," Harvard Business Review, September–October 2019, https://hbr.org/2019/09/the-metoc-backlash.

2 在此,有一種理解其中差異的方法:信仰乃致力於正確反映事件,而渴望、承諾、行動則致力於主動改變世界(或再一次,避免世界倒退)。我在此援引了最初由知名哲學家伊莉莎白.安思康姆在其經典著作《意圖》(Intention, Oxford: Basil Blackwell, 1957)中所提出的區別。此外,長期的政治掙扎能否被理解,不取決於個人對未來是否抱持希望和樂觀,針對這點,可參考凱瑟琳.諾拉克令人信服的論點。見:Kathryn J. Norlock, "Perpetual Struggle," Hypatia 34:1 (2019), p. 5–19.

3 這指的是,我們意識到我們的孩子也可能是跨性別男孩或非二元性別者,並主動歡迎這項可能性。

4 然而,值得記下一點,自由派圈子中針對養育男孩一事有一個常見的觀點,就是和女孩相比,男孩需要更多的協助,好讓他們可以觸及與表達自身情緒,但這個觀點似乎缺少堅實的實證基礎。在一項大型的綜合分析中,研究者發現,男孩和女孩在情緒表達上的差異一般說來很微小、隱晦,並與脈絡高度相關。見:Tara M. Chaplin and Amelia Aldao, "Gender Differences in Emotion Expression in Children: A Meta-Analytic Review," Psychological Bulletin 139: 4 (2013), p. 735–65.

277

能再新的新手。

不過,在撰寫本書的過程中,我確實發現自己有些想法,希望我的女兒可以感覺到她有資格獲得與享有哪些事物。這些事物是所有人都應該有資格享用的,不論其性別為何。但女性往往在社會化的過程中,不僅感到自身不如男性重要或優秀,也自覺較沒資格獲得某些形式的基本人道對待和基本禮儀。根據我在本書所寫的,資格感,最常指涉的是某些人不正當地認定自己應該享有什麼,或別人應該給予他們什麼,儘管如此,資格感本身不是一個髒字,資格感可以名副其實、有憑有據,並且合理公正。

此處我認為,準父母的視角在概念上有幫助,基於至少兩個原因。一是,我們談論女性真正值得獲得或被給予什麼時,太容易掉進責怪受害者的陷阱裡。生活在這個不公的社會裡,我鮮少因為一位女性沒意識到自己在道德上有哪些資格,或因為她不敢開口主張而責怪她。但在事後帶著評斷意味地說「女性應該要想辦法維護自己」和「盼望我的女兒與她的同代人,能以一種著眼未來的方式擁有並運用這種力量」,兩件事情並不相同。當然,這不表示她永遠能有機會且安全地主張自己的權力:因為這正是厭女情結監管和禁止的事項之一。然而,我希望她至少可以清楚知道自己有哪些資格,並準備好在情況允許時維護這些資格。情況不允許時,我希望她可以頭腦清明地感到憤怒,並為了自己、也為了特權較少的人,奮力爭取結構上的改革。

(10) 永不氣餒——女孩的資格感
Undespairing—On the Entitlement of Girls

因此，有一個有益的做法——讓我們在此著眼未來，把焦點放在道德發展之上。我認為，強調這些努力是道德發展的面向之一，將有幫助。了解一個人有資格獲得什麼，勢必要——或至少應該要——伴隨著學習自己應該給予他人什麼。尤其重要的是，我們的女兒能夠覺察到她作為一名白人女孩，有著高教育程度、相對富有、中產、順性別、異性戀，並基本上身心健全的雙親，所享受的特權。這不只涉及到一個著實關鍵的任務，也就是教導她理解並擁抱人與人之間的不同、多樣性、各種脆弱性，也包括了教導她承擔某種特殊的義務，在她自己不會遭受到邊緣化和壓迫的同時，保護並支持受制於這類待遇的人們。舉一個明顯的例子，她將不只有義務不去容忍社會裡對黑人和褐膚身體的法律與非法律監管，更不該參與其中。同樣的，她有義務不像過去許多白人女性一樣，剝削式地「俯身取用」非白人女性的情緒和物質勞動。此外，她對資格感的認定，必定總是調和了另一種認知，關於她作為一個生來就享有多重特權的人，沒有資格做什麼、說什麼，或仰賴什麼。

那麼，我想要我女兒知道，她有資格獲得哪些事物呢？我想要她知道，她有資格感受疼痛，不論是生理或情緒上的疼痛，接下來她也有資格呼叫或求助，受到關懷、安撫、照護。我想要她知道，她的生理和情緒需求有資格被相信，而且她就和任何一個人一樣值得受到照顧，不論是在醫療還是其他面向上都是。

我想要她知道，她有資格享有身體自主權，當某個人對她表達欲望，她可以選擇要不要

279

被觸碰、什麼時候被觸碰、如何被觸碰（是的，對方必須尋求她的同意，而不只是假設她同意）。我想要她知道，不論他人懷有多少善意，擁抱和親吻永遠都出於自我的選擇。他人可能侵占她的身體時，我想要她不會因為拒絕任何人而感到內疚或羞恥。當時候到了，我想要她知道，她有資格完整掌控自身的生育能力，要不要生育子女是她自己的決定，不是其他任何人的。

我想要她知道，她被假定的性別，就只是我們的一個假設，她完全有資格告訴我們，我們錯了。我想要我們的孩子知道，想當男孩或非二元性別者不只是可行的選項，更會在我們家受到正面的歡迎和支持，而我們會一次次地試著讓世界變成一個更好的所在，讓所有跨性別和非二元性別的孩子與成人都能健壯生長。

我想要我的女兒知道，女性與非二元性別者就和男性一樣，有資格獲得來自他人的支持，履行成人的責任。我很欣慰，她的成長過程裡將會在家中看到她的父親就和母親一樣常（甚至更常）做飯、洗碗。研究顯示，父親平等分擔家務工作時，學齡女孩會更有野心，舉例而言，她們會說自己想成為律師或醫師，而不是遵循某種特定的陰柔屬性路徑，說想成為教師、護理師，或在家育兒。[5] 倘若母親在家中負責較多的家務工作，就算雙親都明確擁護性別平等的主張，也不會改變上述的傾向。很顯然，坐而言不如起而行。不管這種傾向會不會轉變成長期的人生目標與職業選擇，它都顯示，在勞動的性別分工上，孩子們吸

280

(10) 永不氣餒──女孩的資格感
Undespairing—On the Entitlement of Girls

收到的資訊比人們以為得更多。

我想要我的女兒知道,她有資格用各種方式使用並享受自己的身體:運動、音樂、舞蹈、自我刺激(stim),包含表達喜悅、悲傷、恐懼或全然的傻氣。我想要她知道,她有資格痛快地吃、占據空間、大聲說話,能不因自己的身體感到扭捏,後者是我一心嚮往卻不可得的。甚至,在懷孕期間,我都已經可以想像,不管她的身體是什麼形貌、大小、是否有任何身心障礙、有哪些特徵等等,我都會很樂意殺死任何讓她因為自身身體感到羞恥的人。(在此澄清,我清楚知道自己沒有資格這麼做。)

我想要我的女兒知道,人類的性表現有許多不同的形式,她有資格當一個異性戀、酷兒、雙性戀、無性戀,或其他。當她長大,我想要她知道,她有資格徹底享受自己的性,無論是以什麼形式表現,而無須感到絲毫羞恥或汙名。我想要她知道,她同樣有資格對性說不,不必因此感到絲毫羞恥或汙名。我也想要她知道──這件事情很難下筆──不管是在性還是其

---

5 當這些陰柔屬性的路徑是每一種性別的自由選擇,我們顯然應該予以讚揚,但此處的論點單純是在說,如果孩子的視野一開始就遭到篩選,是很可惜的。並且在此篩選過程上,父親的選擇看來會對女孩造成重大的不同。還有一件值得留意的事,令人傷心地,男孩的選擇看來會遇到更為一致的篩選:在男孩的研究上,不論父母如何分工,選擇一條符合典型性別選擇的路徑都是常態。此研究的概述可參考:Emily Chung, "Dads Who Do Housework Have More Ambitious Daughters," CBS News, 2014/05/26, https://www.cbc.ca/news/technology/dads-who-do-housework-have-more-ambitious-daughters-1.2655928。

281

他方面，任何她可能遭遇到的暴力虐待、騷擾或侵犯，都是道德上令人唾棄之事。我還沒想好要怎麼要告訴她、又要告訴她多少，關於男性在性上的資格感和暴力的現實，在過去這幾年間，占據了我的意識，包括在我懷著她時、在撰寫這本你正閱讀的書時，它們都在。在這件事情上，我無話可說。[6]

我想要我的女兒知道，她有資格、有義務表達她的想法，指出不正義，就算這麼做會讓周遭一些人感到不自在。我想要她知道，她有資格說話，就這麼簡單。研究發現，男孩在課堂上仍舊遠比女孩更常被叫到，這個現象在科學、科技、工程、數學（STEM）領域中尤其根深柢固。[7] 我想要她知道，就算這個情況通常是無心之過，也仍舊是極度不正義的。而我希望她了解，假如發生了這樣的情況，錯不在她，而在體制。我想要她知道，她有資格精通事物並解釋給別人聽，不必受到後續的反撲或專橫的男性說教。不言自明，我也想要她成為一個優秀的傾聽者，意識並留意到比她專業之人的知識。

我想要她知道，她沒有責任要為了迎合他人感受，量身訂做關於自己身體或心智的事實，包括對我們——她的父母，都是一樣。是的，我認為煤氣燈操縱之所以成為如此四處潛伏的現象，甚至也可能發生在充滿愛、立意良善，且顯然運作良好的家庭之中，原因之一就是父母沒有給予子女空間，讓他們完整體驗和表達自身感受。「你不能這樣覺得」和「你不該這麼說」的一類句子，可以輕易用來讓兒童感到瘋狂或內疚，最終，讓他們埋藏自己的真

282

(10) 永不氣餒——女孩的資格感
Undespairing—On the Entitlement of Girls

實情緒。我想要我的女兒知道，她有資格憤怒、悲傷、焦慮，或僅僅單純感到不確定。

我想要我的女兒知道，她有資格享有權力，並偶爾與他人競爭，包括和享有特權的男性競爭。我想要她知道，假如她最終獲勝，或以其他方式獲得了比他們高的地位，她也就有資格占據一個處於他們之上的權力或權威位置。我想要她成為一個仁慈且無懼的領導人，當然，我也想要她成為一個懷抱感恩之心的落敗者。我想要她合群無私。與此同時，我想要她覺得自己有資格犯錯，道德錯誤也不例外。不同於許多女性，我想要她知道，就算在她膽怯時，她也值得被愛、被原諒；她無可避免地犯錯時，我想要她準備好，能夠充分並不感拘束地向人道歉，承認自身的錯誤。

我也想要我的女兒知道，她在這些方面所享有的資格，與一些她最重要的道德義務至關

---

6 當然，男性也會遇到性暴力、侵害、騷擾，儘管比例一般來說低於女性（且我猜測，也低於非二元性別者，非二元性別者可能和女性一樣弱勢，甚至更甚）。但不論受害者性別為何，犯下性暴力的行為人絕人多數都是男性。例如可見：Liz Plank, "Most Perpetrators of Sexual Violence Are Men, So Why Do We Call It a Women's Issue?" Divided States of Women, 2017/11/02, https://www.dividedstatesofwomen.com/2017/11/2/16597768/sexual-assault-men-himthough，有相關討論。

7 見：David Sadker and Karen R. Zittleman, *Still Failing at Fairness: How Gender Bias Cheats Girls and Boys in School and What We Can Do About It* (New York: Scribner, 2009).

283

相關。這是我們每一個人不分性別都共有的義務，促成一個結構不正義能得到積極更正的世界。我們必須共同為世界奮鬥，讓女性可以在我們的社會、法律、醫療制度裡受到珍視、關懷，並且被相信；我們必須共同為世界奮鬥，讓女性的身體不會常規性地受到控制、性化、騷擾、侵犯、傷害，甚至被徹底摧毀。我們必須共同為世界奮鬥，讓每一個女性都得以安全、自由地做自己，而不是讓她們被交付任務，在大多數的時候扮演付出者，給予特權男性被默許得到的性、關懷、愛。當然，為了要在我們的道德社群裡達成每位成員的正義，這些只是小部分迫切需要做出的結構性變革，儘管如此，它們仍很基進。事實上，在我寫作的此刻，它們甚至難以想像。

因此，我寫下這些話語時，我無法想像自己可以成功教導女兒這每一件事。我們的文化中有這麼多的反向訊息，我有這麼多的事情要教導她，我自己卻從未學習過它們──沒有適當、充分學習過。我還是很難想像一個世界，在其中，女性可以確實主張自己有資格獲得什麼，更別提想像她們確實能夠獲得。這是一場漫長而可能永無止盡的戰役，但是為了她，我能夠說：我加入。

284

謝辭
Acknowledgments

儘管實際寫作時間不長，但本書花了我將近六年準備。太多人給了我幫助，我怎麼感謝他們都不夠。但首先，一個不完整且不適當的開場是：我非常感謝我在皇冠出版社（Crown）的編輯亞曼達・庫克（Amanda Cook），她提供了精采的洞見與編輯意見，並在本書進行的過程中給予我始終如一的支持和信任。我也極為感激我在英國企鵝出版社（Penguin）的編輯卡西安娜・依歐尼塔（Casiana Ionita），她敏銳的評論讓這本書大有進步，同樣地，她所表現出來的支持讓每一個作者的夢想成真。此外，我第一本書的編輯，任職於牛津大學出版社（Oxford University Press）的彼得・歐林（Peter Ohlin）以驚人的耐心、仁慈、洞見督促我寫出《不只是厭女》，儘管這一次我們並無機會共事，但假如沒有他，我根本不可能構思出本書。

我要大力感謝我的經紀人露西・克里蘭（Lucy Cleland），在我寫作本書的過程中，滿懷感激，她是另一個令人讚歎的靈感與支持來源。我也對史黛芬妮・史戴克（Stephanie Steiker）滿懷感激，她在書的發想階段給了我關鍵幫助。

我要謝謝我在各地的聽眾，包括福特漢姆大學、密西根大學、北卡羅萊納大學教堂山分

285

校、麻省理工學院、印第安納大學布魯明頓分校、羅徹斯特理工學院、阿拉巴馬大學伯明翰分校、布魯克林公立圖書館、伍斯特學院、拿索社區大學、普林斯頓大學、紐約市立大學、紐約州立大學水牛城分校、阿默斯特學院、康乃狄克大學、衛斯理學院、康乃爾大學人文學會、南伊利諾大學愛德華城分校、普吉特灣大學、格林內爾學院，與南加州大學，他們針對本書囊括的各項素材提供了慷慨並敏銳的意見。我也極為感激我在康乃爾大學哲學學院的同儕與研究所學生，他們創造了一個美好的學術氛圍，讓我得以在其中進行我所做之事。

在比較私人的層面上，我必須大大感謝我的父母，安和羅伯，及我的妹妹露西，他們是一個人所可以想像最美好的家人，他們為我打造了一個「安全基地」，讓我可以從那裡出發，窮盡一生探索各種具爭議性、有時甚至會製造分裂的主題。我因為他們給予我的個別支持以及他們的真實樣貌，深深感激他們。

最後，假如沒有我的丈夫丹尼爾，我完全不可能做到這件事。他是我的基石、我的安全港，他在每一天給予我支持，不論是在學識上、物質上，還是情緒上，我總是可以信賴他。他是我的第一個讀者、我最好的朋友，如今也是我的育兒夥伴。但願有一天，我能夠稍稍配得上他。

名詞對照表

《紐約時報》 The New York Times
《酒吧五傑》 It's Always Sunny in Philadelphia
《飢餓：你只看見我的身體，沒看見我內心的痛》 Hunger: A Memoir of (My) Body
《國家評論》 National Review
《情緒管理的探索》 The Managed Heart
《救救我的羅曼史》 Modern Romance
《被拒絕的青年》 The Rejected Youth
《被隱形的女性》 Invisible Women
《這是我的名字》 Know My Name
《陰道聖經》 The Vagina Bible
《揭露》 Reveal
《揮灑烈愛》 Frida
《華盛頓郵報》 The Washington Post
《意圖》 Intention
《楊朵》 Yentl the Yeshiva Boy
《煤氣燈下》 Gas Light
《當她是好女人的時候》 When She Was Good
《經濟學人》 Economist
《解密陌生人》 Talking to Strangers
《過得還不錯的一年：我的快樂生活提案》 My Happiness Project
《像個母親》 Like A Mother
《厭女的資格》 Entitled: How Male Privilege Hurts Women
《福斯新聞》 Fox News
《衛報》 The Guardian
《聯邦主義者》 The Federalist
《難，置信》 Unbelievable
《髒鬼約翰》 Dirty John

其他──────
一致犯罪通報計畫 Uniform Crime Reporting, UCR
三德爾塔（姊妹會） Tri Delta
太平洋島國論壇 Pacific Islands Forum
心臟再同步化治療器 cardiac resynchronization therapy device, CRT-D
卡帕‧阿爾發（兄弟會） Kappa Alpha
皮尤研究中心 Pew Research
米爾格倫實驗 Milgram Experiment
阿法斐（姊妹會） Alpha Phi
皇家檢察署 Crown Prosecution Service, CPS
美國勞動統計局 U.S. Bureau of Labor
英國改良生育中心 Center for Better Births
英國醫療研究委員會 British Medical Research Council
強暴、虐待、亂倫全國網絡 Rape, Abuse, and Incest National Network, RAINN
媒體心理學研究中心 Media Psychology Research Center
樂施會 Oxfam
調查報導中心 Center for Investigating Reporting
澳洲勳章 Order of Australia

蕾拉‧伊布拉罕 Layla Ibrahim
蕾秋‧麥金儂 Rachel V. McKinnon
賽蒂‧羅德里奎斯 Sadie Rodriguez
黛安‧霍夫曼 Diane E. Hoffmann
黛博拉‧拉米雷茲 Deborah Ramirez
黛博拉‧紐威爾 Debra Newell
藍迪‧凡內 Randy Vanett
羅珊‧蓋伊 Roxane Gay
羅莉‧安德魯斯 Lori Andrews
羅斯‧杜賽 Ross Douthat
羅蘋‧丹布洛夫 Robin Dembroff
羅灣‧拜克斯特 Rowan Baxter
譚美‧尼登 Tammy Nyden
關‧阿勞霍 Gwen Araujo
麗芙‧立特 Liv Little
蘇珊‧布里森 Susan J. Brison
蘇珊‧柯林斯 Susan Collins
蘇珊‧瑞伊 Susan Wray
蘇珊‧戴瑪斯 Susan J. Demas
蘿貝卡‧庫克拉 Rebecca Kukla
蘿拉‧道斯沃斯 Laura Dodsworth

地名————————————
加州爾灣市 Irvine
布許維克 Bushwick
伊斯拉維斯塔 Isla Vista
坦佩市 Tempe
拉古納海灘市 Laguna Beach
偉恩郡 Wayne County
塔拉赫西 Tallahasse
新港灘 Newport Beach

書報節目作品名————————
〈大夥們買艘船〉The Guys Buy a Boat
〈六號女孩〉Girl 6
〈他一直都仇視女人〉He Always Hated Women
〈尼克森將如何贏得選戰〉How Nixon Will Win
〈我和我的陰戶：一百個女人揭露一切〉Me and My Vulva: 100 Women Reveal All
〈沒有人相信黑人女性會痛，而疼痛正在殺死我們〉Nobody Believes That Black Women Are in Pain, and It's Killing Us
〈男人愛說教〉Men Explain Things to Me
〈呼喊疼痛的女孩〉The Girl Who Cried Pain
〈美國賤人〉American Bitch
〈渴望勝任〉Dying to Be Competent
〈愛貓人〉Cat Person
〈墮胎對治療子宮外孕而言真的必要嗎？〉Is Abortion Really Necessary for Treating Ectopic Pregnancies?
《大西洋》The Atlantic
《女孩我最大》Girls
《不才專家》Master of None
《不只是厭女》Down Girl: The Logic of Misogyny
《六十分鐘》60 Minute
《天才雷普利》The Talented Mr. Ripley
《天使街》Angel Street
《可恥》Disgrace，又名《屈辱》
《白鯨記》Moby Dick
《她的身體與其它派對》Her Body and Other Parties
《我如何忍住不踹孩子的爸》How Not to Hate Your Husband After Kids
《我的扭曲世界》My Twisted World
《李爾王》King Lear
《每日電訊報》The Daily Telegraph
《使女的故事》The Handmaid's Tale
《所有的憤怒：母親、父親，及平等伴侶關係的神話》All the Rage: Mothers, Fathers, and the Myth of Equal Partnership
《拒絕失衡的「情緒勞動」》Fed Up: Emotional Labor, Women and the Way Forward
《服從權威：有多少罪惡，假服從之名而行？》Obedience to Authority: An Experimental View
《政客》Politico
《洛杉磯時報》Los Angeles Times
《為貝托而跑》Running for Beto
《美國賤人》American Bitch
《時代》Time
《格爾尼卡》Guernica
《紐約》New York
《紐約客》New Yorker

名詞對照表

莫拉・多尼根 Moira Donegan
陶德・亞金 Todd Akin
陶德・韋伯 Todd Webb
陸天娜 Kirsten Gillibrand
雪洛・崇利 Cheryl K. Chumley
麥可・基默 Michael Kimmel
麥可・麥吉森 Michael Magidson
麥可・歐尼爾 Michael R. O'Neil
麥克・彭博 Mike Bloomberg
麥特・墨菲 Matt Murphy
麥爾坎・葛拉威爾 Malcolm Gladwell
麥德琳・海曼 Madeline Heilman
傑佛瑞・艾普斯坦 Jeffrey Epstein
傑佛瑞・洛許 Jeffrey Rush
傑克・曼寧漢 Jack Manningham
傑辛達・阿爾登 Jacinda Ardern
傑森・卡薩爾茲 Jason Cazares
傑森・史丹利 Jason Stanley
傑琳・威利 Jaelynn Willey
凱・艾維 Kay Ivey
凱文・史貝西 Keven Spacey
凱文・威廉森 Kevin Williamson
凱文・菲利浦 Kevin Phillips
凱文・魯德 Kavin Rudd
凱特・皮爾森 Kate Pierson
凱特・亞布蘭森 Kate Abramson
凱特・杭特 Kate Hunt
凱特・哈汀 Kate Harding
凱特琳・弗蘭納根 Caitilin Flanagan
凱蒂・魏 Katie Way
凱爾・史黛芬 Kyle Stephans
勞麗・佩妮 Laurie Penny
喬・拜登 Joe Biden
喬治・麥戈文 George McGovern
喬治・華勒斯 George Wallace
喬琪・博爾曼 Georgi Boorman
喬登・彼得森 Jordan Peterson
提姆・墨菲 Tim Murphy
斯巴達克 Spartacus
湯姆・麥可戴維 Tom McDevitt
湯姆・雷普利 Tom Ripley

湯瑪斯・艾維迪夫 Thomas Avdeef
琳奈・派特羅 Lynne M. Paltrow
琳達・格林豪斯 Linda Greenhouse
琳達・維拉羅莎 Linda Villarosa
菲利浦・羅斯 Philip Roth
菲利斯・斯拉夫萊 Phyllis Schafly
賀錦麗 Kamala Harris
塔拉娜・伯克 Tarana Burke
塔莉亞・美伊・貝特契 Talia Mae Bettcher
塔瑪吉 Herman Talmadge
奧斯丁・羅林斯 Austin Rollins
愛麗絲・巴洛 Alice Barlow
溫特 Winter
瑞吉諾・端恩・貝茲 Reginald Dwayne Betts
瑞娃・西格爾 Reva B. Siegel
瑞秋・路易絲・史奈德 Rachel Louise Snyder
葛瑞琴・魯賓 Gretchen Rubin
葵爾・庫克拉 Quill R. Kukla
賈斯汀・溫伯格 Justin Weinberg
達西・洛克曼 Darcy Lockman
雷貝嘉・索爾尼特 Rebecca Solnit
雷貝嘉・崔斯特 Rebecca Traister
雷根・潘納路納 Regan Penaluna
圖茜・加巴德 Tulsi Gabbard
漢娜・克拉克 Hannah Clarke
漢娜・霍爾瓦斯 Hannah Horvath
瑪姬・謝伍 Marge Sherwood
碧央卡・戴文斯 Bianca Devins
翠西亞・希爾・柯林斯 Patricia Hill Collins
蜜雪兒・卡托 Michelle Cottle
蜜雪兒・歐柏曼 Michelle Oberman
德偉恩・巴寇 Dwayne Buckle
歐佛・夏隆內 Ofer Sharone
潔西・史密斯 Jessi Smith
潔思敏・喬伊尼爾 Jazmine Joyner
潔瑪・哈特莉 Gemma Hartley
潘蜜拉・魯特雷基 Pamela Rutledge
魯迪・朱利安尼 Rudy Giuliani
賴瑞・納薩 Larry Nassar
蕾・佛羅瑞克 Rae Florek
蕾吉娜・麥可奈特 Regina McKnight

不只是厭女
DOWN GIRL

克莉絲蒂・道森 Kristie Dotson
克絲汀・鮑爾斯 Kirsten Powers
克萊兒・坎普・達許 Claire Kamp Dush
克萊德・錢布利斯 Clyde Chambliss
希拉蕊・柯林頓 Hillary Clinton
狄恩・什夫 Dean Sherf
貝托・歐洛克 Beto O'Rourke
貝蒂娜・阿恩特 Bettina Arndt
辛蒂・荷蘭 Cindy Holland
辛蒂・賽斯沃斯 Cindy Southworth
亞曼達・馬寇特 Amanda Marcotte
亞莉・羅素・霍希爾德 Arile Russell Hochschild
亞莉珊卓・歐加修－寇提茲 Alexandria Ocasio-Cortez
亞歷山大・阿寇斯塔 Alexander Acosta
奈文 Nevin
奈吉爾・理查森 Nigel Richardson
奈特・席維爾 Nate Silver
奈麗・鮑斯 Nellie Bowles
彼特・布塔朱吉 Pete Buttigieg
林賽・葛蘭姆 Lindsey Graham
金・沃西 Kym Worthy
金妮・佛萊文 Jeanne Flavin
金柏利・克倫肖 Kimberlé W. Crenshaw
阿米亞・斯里尼瓦桑 Amia Srinivasan
阿姆菲爾 Armfield
阿茲・安薩里 Aziz Ansari
阿蓮恩・哈特 Arlane Hart
保羅・漢茲 Paul Heinz
哈洛德・葛芬柯 Harold Garfinkel
哈維・溫斯坦 Harvey Weinstein
威格尼 Wigney
查克・帕摩爾 Chuck Palmer
查爾斯・強森 Charles Johnson
派蒂・金尼斯利 Patty Kinnersly
派翠克・漢米爾頓 Patrick Hamilton
珊卓・艾倫 Sandra Allen
珊娜・費雪 Shana Fisher
珍・岡特 Jen Gunter
珍西・唐恩 Jancee Dunn
珍妮佛・帕爾米耶里 Jen Palmieri

珍妮佛・魯賓 Jennifer Rubin
珍娜・波特 Janet Porter
約翰・米漢 John Meehan
約翰・艾德華 John Edwards
約翰・麥肯 John McCain
約翰・爾里齊曼 John Ehrlichman
約翰・薩賓尼 John Sabini
迪米崔歐・帕果斯 Dimitrios Pagourtzis
迪奇・格林立夫 Dickie Greenleaf
香奈兒・米勒／張小夏 Chanel Miller
唐納・川普 Donald Trump
埃德沃德・邁布里奇 Eadweard Muybridge
席尼・鮑爾 Sydney Power
柴克・卡列夫 Zach Calef
柴克・博尚 Zack Beauchamp
格蕾塔・桑伯格 Greta Thunberg
泰勒・沖本 Tyler Okimoto
泰瑞・瑞爾 Terry Real
索托馬約爾 Sonia Sotomayor
索拉雅・切梅利 Soraya Chemaly
茱莉・布朗 Julie K. Brown
茱莉・泰特 Julie Tate
茱莉・斯維尼克 Julie Swetnick
茱莉亞・吉拉德 Julia Gillard
茱莉亞・塞拉諾 Julia Serano
馬可・賈奇 Mark Judge
馬汀・哲林 Martin Gelin
馬克・格林布萊特 Mark Greenblatt
馬克・湯瑪遜 Mark Thompson
馬克・費伊 Mark Fahey
崔西・里歐斯 Tracy Rios
崔西・麥克米蘭・卡頓 Tressie McMillan Cottom
強納森・柴特 Jonathan Chait
荷西・梅羅 Jose Merel
莉娜・丹恩 Lena Dunham
莎拉・席佛曼 Sarah Silverman
莎拉・薛普－蘇利文 Sarah Schoppe-Sullivan
莎莉・哈斯藍爾 Sally Haslanger
莎蒂・多爾 Sady Doyle
莫亞・貝利 Moya Bailey

名詞對照表

人名
大衛・布魯克 David Brooks
大衛・保羅 David Paul
大衛・柏爾 David Ball
大衛・魯睿 David Lurie
小山繪美 Emi Koyama
小威廉絲 Serena Williams
巴比・康 Bobbi Cohn
巴利・懷茲 Bari Weiss
比利・維克 Billy Vickers
毛利・席維爾 Maury Silver
以薩・辛格 Issac Bashevis Singer
加隆・奈伯爾 Jaron Nabors
卡門・瑪麗亞・馬查多 Carmen Maria Machado
卡洛琳・克里亞朵・佩雷茲 Caroline Criado Perez
卡根 Elena Kagan
史考特・保羅・拜爾勒 Scott Paul Beierle
史考特・柯川 Scott Coltrane
史考特・莫里森 Scott Morrison
史考特・德加雷斯 Scott DesJarlais
史考特・羅伊德 Scott Lloyd
史蒂夫・罕醉克斯 Steve Hendrix
尼可拉斯・克魯茲 Nikolas Cruz
尼可拉斯・提姆斯 Nicholas Tilmes
布洛克・透納 Brock Turner
布萊特・卡瓦諾 Brett Kavanaugh
布萊特妮・庫柏 Brittney Cooper
布戴 Buday
布蘭登・克拉克 Brandon Clark
伊娃・韋柏格-伊澤 Eva Wilberg-Itzel
伊茲拉・克萊恩 Ezra Klein
伊莉莎白・多爾 Elizabeth Dole
伊莉莎白・安思康姆 Elizabeth Anscombe
伊莉莎白・華倫 Elizabeth Warren
伊斯蘭 James Eastland
吉兒・亞佛斯奇 Jill Yavorsky
吉兒・菲力波維奇 Jill Filipovic
吉姆・阿斯德 Jim Alstead
吉雅・托倫提諾 Jia Tolentine
安可・塞姆洛維茲 Anke Samulowitz
安古拉・蓋比斯 Angela Garbes
安妮塔・塔錫安 Anita Tarzian
安娜可・格林 Anneke E. Green
安博拉・古提爾茲 Ambra Gutierrez
安德魯・博爾特 Andrew Bolt
米依沙・切利 Myisha Cherry
米蘭達・弗里克 Miranda Fricker
艾力克・米納西恩 Alek Minassian
艾希莉・妮可・布萊克 Ashley Nicole Black
艾咪・圖特尤 Amy Tuteur
艾美・克羅布查 Amy Klobuchar
艾倫・裴斯基 Aaron Persky
艾倫・瓊斯 Allen Jones
艾略特・布洛伊迪 Elliott Broidy
艾略特・羅傑 Elliot Rodger
艾莉沙・米蘭諾 Alyssa Milano
艾琳・琴・諾威爾 Eryn Jean Norvill
艾爾・佛蘭肯 Al Franken
艾瑪・德考尼斯 Emma de Caunes
艾蜜莉・高森斯基 Emily Gorcenski
艾德・威斯維克 Ed Westwick
伯尼・桑德斯 Bernie Sanders
伯尼斯・永恩 Bernice Young
佛羅瑞斯 Lucy Flores
克里斯・哈潑-梅瑟 Chris Harper-Mercer
克里斯多夫・高法 Christopher Goffard
克林南柏格 Eric Klinenberg
克莉絲汀・布雷斯・福特 Christine Blasey Ford
克莉絲汀・魯本尼恩 Kristen Roupenian

厭女的資格
父權體制如何形塑出理所當然的不正義？
【時代前行暢銷新版】

Entitled: How Male Privilege Hurts Women
Copyright © 2020 by Kate Manne
Published by arrangement with
Frances Goldin Literary Agency, Inc.,
through The Grayhawk Agency.
Traditional Chinese translation copyright
© by 2025 Rye Field Publications,
a division of Cité Publishing, Ltd.
All rights reserved.

厭女的資格：
父權體制如何形塑出理所當然的不正義？
【時代前行暢銷新版】／
凱特·曼恩（Kate Manne）著；巫靜文譯.
．－二版．－臺北市：麥田出版：
英屬蓋曼群島商家庭傳媒股份有限公司
城邦分公司發行，2025.09
　面；　公分
譯自：Entitled : how male privilege hurts
women
ISBN 978-626-310-927-8（平裝）
1.CST: 性別歧視　2.CST: 性別差異
544.52　　　　　　　　　114008001

封面設計　朱 疋
印　　刷　中原造像股份有限公司
二版一刷　2025年9月

定　　價　新台幣420元
Ｉ Ｓ Ｂ Ｎ　978-626-310-927-8
e Ｉ Ｓ Ｂ Ｎ　9786263109308（EPUB）

All rights reserved
版權所有·翻印必究
本書如有缺頁、破損、裝訂錯誤，
請寄回更換

作　　者	凱特·曼恩（Kate Manne）
譯　　者	巫靜文
責任編輯	翁仲琪（二版）、賴逸娟（初版）
國際版權	吳玲緯　楊　靜
行　　銷	闕志勳　吳宇軒　余一霞
業　　務	李再星　陳美燕　李振東
副總編輯	何維民
編輯總監	劉麗真
總 經 理	巫維珍
事業群總經理	謝至平
發 行 人	何飛鵬

出　　版

麥田出版
地址：115020台北市南港區昆陽街16號4樓
電話：(02)2500-0888　傳真：(02)2500-1951
網站：http://www.ryefield.com.tw

發　　行

英屬蓋曼群島商家庭傳媒股份有限公司城邦分公司
地址：台北市南港區昆陽街16號8樓
網址：http://www.cite.com.tw
客服專線：(02)2500-7718；2500-7719
24小時傳真專線：(02)2500-1990；2500-1991
服務時間：週一至週五 09:30-12:00; 13:30-17:00
劃撥帳號：19863813　戶名：書虫股份有限公司
讀者服務信箱：service@readingclub.com.tw

香港發行所

城邦（香港）出版集團有限公司
地址：香港九龍土瓜灣土瓜灣道86號
　　　順聯工業大廈6樓A室
電話：+852-2508-6231　傳真：+852-2578-9337
電郵：hkcite@biznetvigator.com

馬新發行所

城邦（馬新）出版集團【Cite(M) Sdn. Bhd.】
地址：41-3, Jalan Radin Anum, Bandar Baru
　　　Sri Petaling, 57000 Kuala Lumpur, Malaysia.
電話：+603-9056-3833　傳真：+603-9057-6622
電郵：services@cite.my